Peter Brügge

Die Anthroposophen

Waldorfschulen · Biodynamischer Landbau
Ganzheitsmedizin · Kosmische Heilslehre

Dokumentation
Elfried Söker

SPIEGEL-BUCH

Bildnachweis:
Archiv für Kunst und Geschichte Berlin, S. 24 oben
Süddeutscher Verlag, S. 24 unten
Manfred Richter, S. 25

16.–30. Tausend Mai 1984

Umschlagentwurf SPIEGEL-Titelgrafik
Veröffentlicht im Rowohlt Taschenbuch Verlag GmbH,
Reinbek bei Hamburg, Mai 1984
Copyright © 1984 by SPIEGEL-Verlag
Rudolf Augstein GmbH & Co. KG, Hamburg
Satz Times, Utesch Satztechnik GmbH, Hamburg
Gesamtherstellung Clausen & Bosse, Leck
ISBN 3 499 33050 4

Inhalt

Vorwort

Dies ist das Buch eines Reporters. Es befaßt sich mit den Handlungsweisen und Handlungsmodellen von Anhängern Rudolf Steiners: Von sogenannten Anthroposophen also. Das sind Zeitgenossen, die sich im Gegensatz zur Mehrheit im Besitz von Antworten auf sämtliche Sinn- und Schicksalsfragen ihres Lebens wissen. Das befähigt sie zu unvergleichlich konsequenten Bemühungen um einen gesellschaftlichen Wandel.

Zur Beobachtungsweise des Reporters – freilich nicht nur seiner – gehört es, festzustellen, was geschieht, und zu fragen, warum es geschieht. Anthroposophische Tätigkeiten und Wirksamkeiten in der Gesellschaft weiten sich aus, verändern die Lebenshaltung von Hunderttausenden und werden doch öffentlich kaum wahrgenommen als das, was sie sind.

Soweit nämlich die Öffentlichkeit sie zur Kenntnis nimmt, geschieht dies unter kunstfertiger Aussparung der Frage nach dem Warum. In einer Gesellschaft, die unentwegt nach Motiven sucht und sie jedweder Tatbeschreibung eilfertig beimengt, werden die eigentlichen Beweggründe der Anthroposophen von den Werken der Anthroposophen abgetrennt und aus den Schilderungen ausgeblendet. Meist wird darüber geschwiegen, daß es sie überhaupt gibt.

Eine Erklärung dafür findet sich schnell: Diese Motive sind schwer zu verstehen und noch schwerer zu erklären. Sie führen ins Übersinnliche, Uferlose, in Bereiche, wider die sich die nach wie vor herrschende cartesianische Naturwissenschaft seit Jahrhunderten vorsätzlich abschirmt. Es handelt sich um Motive kosmischen und karmischen Ursprungs. Für Anthroposophen sind sie so real wie für die Beobachter zunächst nur die darin wurzelnden Taten der Anthroposophen es sind: Das Lehren, das Heilen, der andere, organische Umgang mit Boden und Natur und Kapital.

Anthroposophen scheuen allerdings – und das behindert sie im Umgang mit der Öffentlichkeit – die Abwehrhaltungen derer, die sich bei flüchtiger Begegnung mit anthroposophischem Denken ob seiner Befremdlichkeit und Unergründlichkeit ereifern oder erheitern. Dabei gibt es an dem, was Anthroposophen bewegt, vieles, was auch ihnen selbst zunächst – und nicht selten anhaltend – unerklärlich bleibt. Bemerkenswert erscheint das insofern, als Bildungsgrad wie Ausdauer anthroposophisch Engagierter zweifelsfrei weit oberhalb des Durchschnitts eingeordnet werden müssen.

Dies ist das Buch eines Reporters, der zwei Jahre lang unterwegs war, um beides zu begreifen und ohne esoterische Umschweife darzustellen: Die Taten und die Motive; den Vollzug und das sich darin immer wieder abzeichnende Grundmuster einer okkulten Welt- und Lebenserklärung. Anthroposoph ist er dabei nicht geworden, wohl aber ein Steiner-Leser. Denn ehe einer anfängt, von Anthroposophen etwas über ihre Arbeit zu erfahren, tut er gut daran, sich erkundend umzusehen nach Rudolf Steiners Lebenslauf und Lebenswerk. Die Webfäden dieser tätigen Denk-Bewegung gehen samt und sonders von dort aus. Wir werden ihnen in der zu beschreibenden anthroposophischen Praxis, auch in den gesellschaftlichen Eigenarten von Anhängern Steiners in immer neuen Variationen begegnen.

München, im April 1984   Peter Brügge

1
Mit Geometrie und Goethe ins Übersinnliche

Rudolf Steiner und die Anthroposophie

Rudolf Steiner begegnete schon in seinen Knabenjahren dem, was eine mittlerweile aufgewertete Grenzwissenschaft «außersinnliche Wahrnehmungen» (ASW) nennt und durchaus ernstnimmt. Steiners Vater, ein aus dem niederösterreichischen Waldviertel stammender Bahnbediensteter der Donaumonarchie, lehnte dergleichen «Aberglauben» ab. Er war ein Telegrafist, stand der Kirche fern und hielt sich für einen Freigeist. Ihm und den anderen in der Familie fehlte jegliches Verständnis für jene okkulten Fähigkeiten des Erstgeborenen.

Der Knabe hatte Anlaß, die entsprechenden Gesichte für sich zu behalten als ein «Fremdling im Elternhaus», wie er später geschrieben hat. Dem 1861 im Grenznest Kraljevec, am Zusammenfluß von Mur und Drau geborenen und katholisch getauften Rudolf Joseph Lorenz Steiner wurde durch seine mathematische Begabung und die Wünsche des Vaters, dessen Anerkennung es zu verdienen galt, der Weg zu naturwissenschaftlich-technischen Studien gewiesen – mit dem ehrgeizigen Ziel einer Ingenieur- oder Gymnasiallehrer-Laufbahn.

Noch während seiner Jahre auf der Realschule in der Wiener Neustadt – die Familie lebte mittlerweile in der Nähe von Wien – las er Immanuel Kant und bald darauf Johann Gottlieb Fichte, obwohl er bereits durch Nachhilfestunden zu seinem Lebensunterhalt beizutragen hatte. An der Technischen Hochschule in Wien belegte er ab 1879 Mathematik, Chemie und Naturgeschichte. Nebenbei hörte er an der Universität philosophische Vorlesungen beim Aristoteles-

Forscher Franz Brentano und bei Robert Zimmermann, einem Vertreter der Philosophie von Johann Friedrich Herbart. Für Herbart war die Seele eines jener letzten «einfachen Wesen», denen er unveränderliche und dauernde Eigenschaften beimaß und nach mathematischen Gesetzen beizukommen gedachte.

Das seit dem 16. Jahrhundert bekannte Wort Anthroposophie, («Weisheit vom Menschen»), das Steiner später für sein eigenes Werk voll und völlig neu in Anspruch zu nehmen begann, hörte er bei seinem Lehrer Zimmermann zum erstenmal. «Anthroposophie im Umriß» hatte dieser sein Hauptwerk genannt, eine um philosophische Logik bemühte Verbindung zwischen der Forschung über den Menschen (Anthropologie) und der mystischen Lehre von seiner Wiedervereinigung mit Gott (Theosophie).

Der für Rudolf Steiner wichtigste Lehrer und Förderer aber wurde der Goethe-Forscher Karl Julius Schröer. Er war nebenbei ein Experte deutscher Mundartdichtung aus Ungarn und hat Steiner unter anderem mit jenen Oberuferer Weihnachtsspielen bekannt gemacht, die heute zum festen musischen Repertoire der von Anthroposophen geleiteten sozialen oder kulturellen Einrichtungen gehören.

Steiners Studien liefen auf ein Wechselbad zwischen mechanistisch-naturwissenschaftlicher und philosophischer Erkenntnissuche hinaus. «Den einzig möglichen Ausgangspunkt für eine wahre Erkenntnis» erkannte er schließlich «in der Tätigkeit des menschlichen Ich». Es handelte sich um einen im «metaphysischen Idealismus» von Fichte angebotenen Gedanken zur Bewußtseinsfindung. Rückblickend stellte Steiner später fest: «Daß das Ich, das selbst Geist ist, in einer Welt von Geistern lebt, war für mich unmittelbare Anschauung.»

Aus dem Studium der Philosophie Friedrich Hegels, der vom Geist als dem «sich selbst tragenden absoluten realen Wesen» gesprochen hatte, und aus dem Umgang mit höherer Mathematik bezog der junge Steiner Wegweisungen für seine Idee einer wissenschaftlich begründbaren Erkenntnis übersinnlicher geistiger Wirklichkeiten. Was sich in den okkulten Wahrnehmungen seiner Knabenzeit unter fühlbarer familiärer Abneigung angemeldet hatte, wurde von ihm in wissenschaftlich abstrahierendem Denken neu erschlossen; ehrenwert nun und in vieler Hinsicht unanfechtbar.

Daneben allerdings besorgte der Student sich Wissen von einem Kräutersammler und Naturheiler namens Felix Koguzki, mit dem er häufig zusammentraf. Das waren Erkenntnisse aus einem ganz anderen Nährboden. Steiner tat da «tiefe Blicke in die Geheimnisse der Natur».

Die Begegnung mit jenem seltsam wissenden Dörfler Koguzki aus Trumau bei Wien war aber nur das Präludium für das Zusammentreffen mit einem großen anonymen Spender übersinnlicher Weisheiten bald danach. Von einem «Agenten d. M.» (des Meisters also) ist da in Steiners Notizen die Rede. Weiterführende Impulse aus einer verborgenen Geisteswelt habe der ihm vermittelt.

Derlei ließ sich für ihn mit Mathematik durchaus vereinbaren. Ohnehin erachtete der Studiosus höhere Mathematik für eine erste Stufe übersinnlicher Anschauung. Synthetische Geometrie, damals gerade aufkommend, verhalf dem Kleinbürgersohn aus Inzersdorf bei Wien bereits zu Vorstellungen über Raum und Zeit, wie sie ähnlich eines fernen Tages beim Atomphysiker Werner Heisenberg wieder auftauchen sollten. Es habe sich, schrieb Steiner, vor seiner «Seele» die Anschauung eröffnet, «daß eine Linie, die nach rechts ins Unendliche verlängert wird, von links wieder zu ihrem Ausgangspunkt zurückkommt». Der nach rechts liegende «unendlich ferne Punkt» sei derselbe wie der «nach links liegende unendlich ferne».

Wenn so sich die Raum-Illusion in sich selber auflöste, war vielleicht «eine Vorstellung» möglich, die «durch ein Fortschreiten in die unendlich ferne Zukunft ein Zurückkommen in die Vergangenheit ideell in sich enthält». Es mutet an wie eine Rückspiegelung der zweieinhalb Jahrtausende alten Philosophie des Griechen Heraklit, für den sich die Weltvernunft in einem ewigen, Anfang und Ende vereinen-

11

den Strom des Werdens und Vergehens sowie in einem Kampf der Gegensätze und deren Harmonie verwirklichte.

Aus diesem ins Außersinnliche schweifenden philosophisch-mathematischen Raum-Zeit-Begriff Steiners nähren sich dessen spätere Beschreibungen von Evolution und Devolution in einem sowohl materiellen wie seelisch-geistigen Universum. Er wird zu einem Schlüssel für seine Sicht von kosmischer Entwicklung, vom Schicksal und von den Wiedergeburten des Menschen.

Dank einer Empfehlung seines Lehrers Schröer wurde Steiner, einundzwanzigjährig mit der Neuausgabe von Goethes naturwissenschaftlichen Schriften in Kürschners «Deutscher Nationalliteratur» und danach in der berühmten Weimarer Sophien-Ausgabe betraut. Im Gegensatz zur herrschenden Naturwissenschaft hielt er Goethes Farbenlehre für zutreffend, nicht die von Newton. Nach Steiners Erkenntnissen kamen die Farben nicht aus dem Spektrum des Lichtes, wie Isaac Newton das vorführte. Vielmehr war Licht für ihn ein außersinnliches Phänomen, «eine geistige Entität». Es brachte Farbe nur jeweils dort zur Erscheinung, wo ihm «Hindernisse seiner freien Entfaltung» entgegenstanden.

Allein die Farbenlehre Goethes versah Steiner in der von ihm besorgten Neuausgabe mit fast 1500 Kommentaren. Goethes Formenlehre und Idee von der Metamorphose der Urpflanze eröffneten ihm einen Ausweg zu qualitativer, wahrhaft ganzheitlicher Naturbetrachtung. Damit hoffte er die alle Weltbilder zerstückelnde atomistische Naturwissenschaft im Gefolge Descartes' und Newtons spirituell neu zu beatmen. Mit den Gedanken Goethes, der die intuitive Art der eigenen Erkenntnis wohlweislich nicht einem selbstbeobachtenden Denken hatte aussetzen wollen, verfuhr Steiner freizügig. Er wollte daraus ein auch auf die letzten Schlüssel-Geheimnisse des Daseins und des Universums durchdringendes Erkenntnis-System herleiten und dieses einer Erneuerung von Wissenschaft und Kultur, einer Neuvermählung von Philosophie und Naturforschung dienstbar machen. Ähnlich eigenwillig ernannte er die strikt materialistische Evolutionslehre Ernst Haeckels zur geeigneten Basis seiner durchaus okkulten Betrachtung der Entwicklungsgeschichte. In diese sind die geistigen Impulse aus Goethes «Urpflanze» ebenso eingegangen wie jahrtausendealte Menschheits-Mythen.

Mit 30 Jahren erst hat Steiner in Rostock seine Doktorarbeit eingereicht. Ihr Thema war «die Verständigung des philosophischen Bewußtseins mit sich selbst». Es handelte sich um ein Vorspiel mit dem Leitmotiv seiner künftigen Weltschau. Bald darauf, 1894, gab er sein bedeutendstes Werk heraus, in dem sich die Grunderkenntnis seiner hellsichtigen Ich-Suche bündelt: «Die Philosophie der Freiheit».

Der Mensch, darauf zielte Steiners «Philosophie», könne durch entsprechend geschultes Denken alle vermeintlichen Erkenntnisgrenzen überschreiten und jenseits des sinnlich Wahrnehmbaren introspektiv in die «Ideenwelt» vordringen, das «Prinzip allen Seins», die andere, höhere Wirklichkeit erfahrend. Er werde auf diesem Wege der Idee des freien, sittlichen Handelns gewahr. 70 Jahre vor der «antiautoritären Welle» hat sich Steiner so von den künstlichen Pflichtbegriffen einer repressiven Gesellschaft losgedacht.

In einer bald darauf verfaßten Schrift über den ihm sinnesverwandten Friedrich Nietzsche («Friedrich Nietzsche – ein Kämpfer gegen seine Zeit») lehnte Steiner noch allen Glauben «an ein Jenseits» als des freien Menschen unwürdig ab: «Man kann sich keiner größeren Verirrung hingeben, als wenn man hinter den Erscheinungen dieser Welt Wesenheiten annimmt, die der menschlichen Erkenntnis unzugänglich sind.»

1897 ging er von Weimar nach Berlin, wurde Herausgeber eines literarischen Magazins, Vortragsredner diverser wissenschaftlicher Gesellschaften, Mitglied der Literatur-Boheme, Lehrer an der sozialdemokratischen Arbeiterbildungsschule und schließlich deutscher Generalsekretär der internationalen, esoterische Geheimwissenschaft pflegenden «Theosophischen Gesellschaft». Gemeinsam mit Marie von Sivers, seiner Gefährtin und späteren zweiten Ehefrau, stieg er auf in den eingeweihten Kreis der sogenannten «Esoterischen Schule» (E.S.) und zum Hochgrad der geheimen Freimaurer-Loge «Mystica Aeterna». Der Goethe-Forscher wandelte sich zum Guru und verwies öffentlich auf die «okkulte Grundlage in Goethes Schaffen». Zu seinen Anhängern zählte bald auch der junge Romano Guardini, aus dem nachher ein katholischer Religionsphilosoph geworden ist.

Vermittels seiner eigenen geisteswissenschaftlichen Methoden hatte Steiner inzwischen seine Art von Christentum entdeckt. «Das Christentum als mystische Tatsache und die Mysterien des Altertums» hieß ein entsprechendes Buch, zusammengefügt aus Vorträgen, die er den eigentlich nach östlicher Weisheit strebenden Theosophen gehalten hatte. Griechische und germanische Mythen bezieht er neben denen des Ostens in seine Vorträge ein und vertieft sich in die Mysterien der Geheimbruderschaft der «Rosenkreutzer», die im 17. Jahrhundert eine Reform von Religion und Staat erstrebten.

Okkulte Themen beherrschen von da an sein Werk. Die Buchtitel lauten entsprechend: «Wie Karma wirkt», «Theosophie, Einführung in übersinnliche Welterkenntnis und Menschenbestimmung», «Wie erlangt man Erkenntnisse der höheren Welten?», «Aus der Akasha-Chronik» (Name einer nur von okkult Eingeweihten aus dem Weltall «herauszulesenden» Gesamtgeschichte der Menschheit) und «Die Geheimwissenschaft im Umriß».

Die ihm eigene Erkenntnismethode und die Arbeit mit den Theosophen führten Steiner immer weiter ab von den Bereichen, in welche die nüchterne, die quantifizierende materialistische Wissenschaft ihm folgen konnte. Mit einer ausgerechnet durch einen Streit über Christus provozierten Sezession Steiners und seiner Anhängerschaft aus der Theosophischen Gesellschaft nahm 1911 die anthroposophische Bewegung ihren Anfang.

Steiners alte Idee organischer Kulturerneuerung wuchs sich aus. Sämtliche nennenswerten Lebensbereiche der Gesellschaft bezog er nach und nach ein.

In einer Reihe von vier «Mysteriendramen» ließ er in geheimnisschwerem Deutsch Muster-Menschen über jenseitige Begegnungen und die eigenen geistigen Metamorphosen zu höchstem, übersinnlichem Dienst an der ganzen Menschheit berichten. Dem Kräuter-Weisen Felix Koguzki begegnen wir da unter dem Namen Felix Balde wieder.

Der in München-Schwabing geplante Bau eines eigenen Mysterientheaters zerschlug sich. Dafür entstand in Dornach bei Basel bis zum Ausbruch des Ersten Weltkriegs ein Zentrum der anthroposophischen Bewegung, Kunst und Wissenschaft: das «Goetheanum». An ihm – und seinem nach einer Brandkatastrophe in der Nacht zum 1. Januar 1923 völlig veränderten Nachfolgebau – betätigte sich Steiner als pathetisch richtungweisender Architekt, Freskenmaler und Bildhauer.

Mit der holländischen Ärztin Ita Wegman begründete er in Dornach eine neue, ganzheitliche Spielart der Medizin, die bis heute sorgsam bemüht bleibt, nicht in Widerspruch mit der Schulmedizin zu geraten.

Mit Sozialarbeitern entwickelte er neue Regeln für den Umgang mit Behinderten. Großagrariern gab er eine Rezeptur für einen von ihm schon damals als Heilung des Bodens und der Natur, ja der Gesellschaft überhaupt gedachten Landbau – Vorläufer der ökologischen Bewegung.

Von ihm kamen Impulse zu einer neuen Sprachgestaltung und einer neuen Bewegungskunst, der Eurythmie.

Er fühlte sich aufgerufen, die gesamten Industriestaaten umwälzend neu zu gliedern, parallel zur russischen Revolution. Kultur, Staat und Wirtschaft gelte es, ihrer Natur gemäß, auseinanderzuflechten. 1919 veröffentlichte Steiner die Schrift «Kernpunkte der sozialen Frage», eine dementsprechende Evolutions- und Sanierungstheorie. Nach seinem «Sozialen Hauptgesetz» hat sich der bisher zwingende Zusammenhang zwischen Arbeit und Bezahlung aufzulö-

15

sen: Das Ende der Leistungsgesellschaft faßte er somit bereits ins Auge.

Unter Steiners Obhut wurde 1920 eine Kombination von Unternehmungen gebildet, die neue, dreigegliederte Gesellschaftsordnung in einem Mikrokosmos ins Werk zu setzen. Die Stuttgarter Zigarettenfabrik Waldorf-Astoria und die pharmazeutische Firma Weleda gehörten dazu. Einzig fortpulsierendes kulturelles Institut aus diesem Versuch ist die Freie Waldorfschule.

Rudolf Steiner starb am 30. März 1925 an einem geheimgehaltenen Leiden, von dem seine Frau nachher altvertrauten Anhängern berichtet hat, es sei Magenkrebs gewesen. Ihr hatte Steiner noch im letzten Stadium seiner Krankheit in einem Brief mitgeteilt, nach dem Brand des ersten Goetheanums sei bei ihm «die Verbindung der höheren Glieder» seines Wesens mit seiner «physischen Organisation» bedrohlich aus der Ordnung geraten.

Die Vollendung des zweiten Goetheanums hat er nicht mehr erlebt. Von den drei Klassen der seinen Anthroposophen zugedachten Erkenntnisschulung mit den aufwärtsführenden Stufen Imagination, Inspiration, Intuition hat er nur die erste noch zu bewältigen vermocht. Und es gab nicht einen, der dies hätte fortführen können. Im Herbst 1925 meldete sein Unternehmensverbund «Der kommende Tag» Konkurs an.

Die anthroposophische Bewegung hingegen fing erst zu leben an.

2
Das Gute tun aus Lust am Guten

Die anthroposophische Bewegung

Anthroposophie, hat Rudolf Steiner erklärt, sei «ein Erkenntnisweg, der das Geistige im Menschenwesen zum Geistigen im Weltall führen möchte». So etwas ist zweifellos schwer zu fassen. Doch auch da, wo es sich in allgemein zugänglichen Fakten niederschlägt, werden diese heute fast geflissentlich übersehen. Die meisten denken gerade noch an Schule und Naturdünger, wenn sie den Namen Steiner hören. Anthroposophen, das sind für die Mehrheit ihrer Mitbürger eben die mit der Waldorfschule, sind Ur-Ur-Grüne, die sich beim Zerstäuben ihrer Hornmist-Präparate angeblich nach dem Mond orientieren, so eine Art Sektierer ...

Wie die Freimaurer wurden sie im Dritten Reich von der Gestapo beschnüffelt und fanden einen Fürsprecher in Rudolf Heß, dem Stellvertreter des Führers. Der interessierte sich für ihre Bio-Düngung und für ihre Transzendenz. Erst nach seinem Absprung in England ist auch die letzte Waldorfschule im Reich geschlossen worden. Es war die in Dresden.

Keine dieser Freien Schulen ist in der DDR wiederentstanden. Anthroposophie verklärt das Ich. Das können sie dort nicht brauchen.

Ganz anders in der Bundesrepublik. Da reichen 80 Schulgründungen noch lange nicht, da melden Eltern mitunter Ungeborene bald nach der Zeugung für den Waldorf-Kindergarten an, so lang sind die Wartelisten.

Das ist ein Spektrum, das scheinbar Unvereinbares aufnimmt und hervorbringt. Ulrike Meinhof besuchte eine an-

17

throposophische Schule. Der Grüne Otto Schily, in Stamm-
heim Gudrun Ensslins Verteidiger, ist von Anthroposophen
erzogen worden, auch der Märchenschreiber Michael Ende.
Bundeskanzler Helmut Kohl, auf verständlicher Flucht vor
dem öffentlichen Schulwesen, vertraute der Waldorf-Pädagogik einen Sohn an, Hamburgs Regierender Klaus von
Dohnanyi, vormals Bundes-Bildungsminister, die Tochter.
Unter den mitredenden Sympathisanten anthroposophischer Bildungseinrichtungen sitzen Wirtschaftsmächtige wie
Egon Overbeck, der Chef des Mannesmann-Konzerns.

In all diesen Köpfen Anthroposophie? Dieses mystisch-
phosphoreszierende Menschenbild des Dr. Rudolf Steiner?
Ein verschwiegenes Ja somit zu Seelenwanderung und kar-
mischem Denken? Ein erster Trugschluß böte sich so an.

Davon, daß ihr Schöpfer Steiner das kosmische Auf und
Nieder von Körpern, Seelen und Geistern seherisch durch-
schaut hat, geht zwar die gesamte Waldorf-Pädagogik aus.
Doch müssen sich darum Eltern und Schüler nicht scheren.
Anthroposophen, hat Steiner gesagt, dürfe diese Art Schule
gar nicht heranziehen wollen, nur eben den autonomen
Menschen. Mittlerweile sind meist nicht einmal mehr die
Lehrer von Steiner-Schulen in der fortwirkenden Metaphy-
sik ihres Curriculums recht zu Hause.

Der Expansion des Wirkens dient diese Verdünnung sehr
wohl. Wahrscheinlich läßt sich so etwas wie das strikte häus-
liche Fernsehverbot für den Waldorf-Schüler den Eltern
leichter ins Bewußtsein drücken, wenn von Ahriman und
Luzifer, den um solches und anderes elektronisches Blend-
werk unsichtbar miteinander ringenden Geisterfürsten, bis
auf weiteres geschwiegen wird.

Geschwiegen wird über das meiste, und das nicht allein im
Schulbereich. Für den Geschmack mancher beim Lesen von
Steiners Werken ergrauten Anthroposophen verbindet sich
mit dieser Verengung auf gutverdaulich Vordergründiges
etwas wie Selbstverleugnung, fast schon Verrat. Vornehm,
doch vernehmlich haben sie in den Jahresversammlungen
der «Anthroposophischen Gesellschaft in Deutschland»

18

aufbegehrt, weil die von ihresgleichen gegründete Universität in Witten/Herdecke, die erste vom Staat nicht bevormundete Hochschule in der Bundesrepublik, der Steinerschen «Geisteswissenschaft» kaum Platz in ihrem Lehrplan einräumt.

Ist das, fragten sie, nötig bei der doch nun allseits pulsierenden Ausweitung anthroposophischer Wirkungen? Oder ist es etwa der Preis dafür? Sollen statt des subtilen Geisteswissens etwa bloß noch dessen soziale Konsequenzen sich ausbreiten in Form gemeinnütziger Dienstbarkeiten?

Seltsam hügelige Dachformen geben das weithin sichtbare Zeichen dafür, wie sich das ausbreitet und wo überall. Über Schulen, Behindertenschulen, Hochschulen, Heilstätten, Krankenhäusern, Mysterienbühnen, Sozialstationen, Werkstätten, neu entstandenen dörflichen Lebensgemeinschaften ist das die architektonische Mütze von Doktor Steiners Weltenkunde. Die selber zieht darunter nur ganz sachte ein.

Dafür sprechen praktische, sogar taktische Erwägungen. Zu vieles von dem, was erhebend ernstzunehmen eingeweihte Anthroposophen die Fähigkeit erwerben, weckt bei jenen, die einzig auf eine materialistische Wahrheitsfindung bauen, schnelle Affekte. Was für einen Vers soll so einer sich darauf machen, wenn der Anthroposoph Peter von Siemens, Atomkraft-Exporteur, Präsident der Weltenergiekonferenz, auf einmal anfängt, sich der Kult-Sprache seiner Überzeugung zu bedienen?

Den notabene von Tausenden deutscher Anthroposophen verurteilten Kernkrafthandel des Hauses Siemens hat er folgendermaßen verteidigt: «Der Weltenplan, von dem Rudolf Steiner gesprochen hat, vollzieht sich unerbittlich. In der Mitte des vierten Jahrtausends . . . wird die Erde beginnen, sich zu astralisieren, das heißt, sie wird in eine Form der Schwerelosigkeit übergehen. Wenn wir jetzt in sehr vorsichtiger Form gewisse erste Stufen der Radioaktivität, also der Dritten Kraft für Energiezwecke verwenden, so vermag ich darin nichts Verwerfliches zu sehen.»

Peter von Siemens liest seit 40 Jahren mit Hingabe Steiners Werke. Dank der für ihn damit verbundenen «meditativen Beschäftigung», sagt er, habe er in sich «den klaren Eindruck fundiert», daß der satanische «Herrscher der festen Materie, Ahriman» die Elektrizität, den Magnetismus und die Kernenergie «eingemacht hat». Kernkraftnutzung, darauf läuft die Siemenssche Elektro-Mystik hinaus, sei aber durchaus im Sinne Rudolf Steiners, auf daß «die Erde stufenweise in neue Daseinsformen überführt werde».

Den Laien könnte es in aussichtslose Nachdenklichkeit versetzen, was da von einem berufenen Technokraten offenbar völlig ernsthaft für wahr «erkannt» worden ist. Leute aus der «ersten Klasse» der Allgemeinen Anthroposophischen Gesellschaft – nach wie vor wird diese höhere Stufe erst den verbürgt intensiver «erkennenden» Mitgliedern eröffnet –, die dürfen es sich so einfach nicht machen. Sie kennen ihren Steiner und dessen Kosmos des Übersinnlichen und weisen die Aussage des Herrn von Siemens würdevoll zurück. «Eine leider völlige Fehldeutung», seufzen sie hinter ihren angeschrägten Türen, «der Arme hat ja alles mißverstanden. Rudolf Steiner hat mit der Dritten Kraft doch nicht die Kernenergie gemeint! Er hat überhaupt nicht gesagt, was er damit gemeint hat!»

Selbst nach längerer Beschäftigung mit dem geistig höchst verwobenen Stoff kann Steiner-Lesern derlei widerfahren. Da hilft auch nicht, wenn sie sich wie Peter von Siemens einen anthroposophischen Sekretär genehmigen.

Phantasten sind das ja meist nicht. Unverkennbar übt Steiners Werk gerade auf Vertreter streng empirischer akademischer Disziplinen eine besondere Anziehungskraft aus. Ich habe höchst qualifizierte Anhänger der Anthroposophie im Göttinger Max-Planck-Institut für Strömungsforschung ebenso gefunden wie in Münchens Amt für Öffentliche Ordnung. Heinz-Dietrich Stark, der bislang experimentiermutigste Leiter des Strafvollzugs in Hamburg-Fuhlsbüttel, bekennt sich zu ihr und handelte in Steiners Geist, indem er

Straftätern mit meist positivem Ergebnis Urlaub auf Ehrenwort bewilligte. Professor Ernst Schuberth, der in Bielefeld Mathematik doziert, überfüllt Vortragssäle mit dem anspruchsvollen Vorsatz, Seelenwanderung vermittels höherer Mathematik begreifbar zu machen.

Joseph Beuys, der auch erst nach einem mathematischen Studium zum Künstler und Anthroposophen wurde, schilderte mir ohne Zaudern die in seinem Leben immer wiederkehrende, ihm stets bewußte Erscheinung aus dem Bereich des Übersinnlichen, die ihm seinen bisherigen Weg gewiesen habe. Eine immaterielle Gestalt sei das gewesen, «einmal sehr hell und durchsichtig, einmal schwarz, man könnte sagen, ein Engel». Aufgetaucht sei die schon früh, längst bevor er, als Kriegsheimkehrer, Steiner lesen lernte. Von diesem habe er die Gewißheit seiner Wiedergeburt nicht erst einholen müssen.

Bislang visionslos sitzt in der Direktion der Pegulan-Werke, Frankenthal, der fünfunddreißigjährige Anthroposoph Hans-Peter Schreiner. Ihn hat, steigender Steiner-Nachfrage wegen, der Verlag S. Fischer verpflichtet, aus dem erschlagenden, in Dornach gehüteten Gesamtwerk eine achtbändige Ausgabe von Hauptwerken herauszuschälen. Sogar er hat vieles von Steiner erst noch zu lesen und vom Gelesenen vieles bislang nicht verstanden.

Von Steiner überzeugt, kann er freilich (ohne Zuhilfenahme einer Religion) die landläufige materialistische Vorstellung zurückweisen, Seele und Geist seien einzig Reflexe körperlichen Daseins. Er kann im Menschen das Ergebnis einer Evolution sehen, die vom Leblosen über das Belebte und das Beseelte bis ins Unvergängliche reicht. Sterbliches und Unsterbliches sind in dieser Existenz miteinander verwoben, und zwar vierfach: Erstens gibt es da den physischen Leib, der ohne Leben in seine stofflichen Bestandteile zerfallen wird; zweitens wirkt darin ein «Lebensleib» oder «Ätherleib», dem vergleichbar, was in jeder Pflanze atmet; drittens kommt mit einem «Astralleib» die Seele und jene bereits höhere geistige Organisation ins Spiel, die sich bei

21

Tieren, von der Ameise bis zum Zebra, zeigt; all dies gipfelt viertens im «Ich», aus dem sich die allein dem Menschen mögliche Fähigkeit zum Denken und zur Freiheit entfaltet. Die Freiheit wiederum befähigt einen Anthroposophen wie Schreiner zu der Vorstellung, sein Ich sei ein zur Wiedergeburt bestimmtes geistiges Potential, sei, wie Goethe von sich behauptet hat, «schon tausendmal dagewesen» und werde «wohl noch tausendmal wiederkommen».

«Anthroposophen», beneidet ihn ein Freund, der das so nicht akzeptieren kann, «sehen kein Chaos wie die anderen alle. Sie sehen einen geordneten geistigen Kosmos.» Jedoch, was der Manager Schreiner nicht müde wird zu wiederholen: «All das ist nur ein Denk-Angebot ohne jedes Dogma.»

Es gibt 20 000 Bundesbürger mit dem Mitgliedsausweis einer anthroposophischen Gesellschaft, aber schon mindestens fünfzigmal mehr, die sich dem Angebot tastend nähern. An Steiners prachtfarben gebundenem Œuvre führt da kein Weg vorbei. Natürlich auch nicht für den Reporter.

354 Bände umfassen noch nicht alles, woraus die mir begegnenden Jünger des «Doktors» ihre Motive, Rechtfertigungen und Handlungsvollmachten schöpfen. Der Doktor hat bis zu seinem Tode im März 1925 insgesamt 5965 Vorträge gehalten, philosophische, theosophische, anthroposophische, sozialkritische, Vorträge über nahezu alles außer Sex. Stenographen haben zitabel auf die Nachwelt gebracht, wie er sich die Wiedererweckung der Alten Welt, der geistig einheitlichen, unter dem Fehlboden der neuen, der materialistisch zerstückelten Welt vorstellte; welche Auren der höher Eingeweihte um welche Leute in welchen Lebenslagen erschaut; wie dick die Luft und das Wasser in urgeschichtlichen Evolutionsphasen waren; wie sich Erde und Mensch in unendlich fernen planetarischen Entwicklungsstufen heraufverwandelt haben; wohin das alles noch führt, und, und.

Fast jeglicher Bewegungsmöglichkeit von Materie wie Geist hat er sich ohne langes Fragen, immer eigentlich schon wissend, häufig aus dem Stegreif denkend, angenommen. Selbst Anthroposophen, denen dieses Werk aus meditationsgelichteten Augen brennt, verblüffen einander stets aufs neue mit ihren, solcher Unerschöpflichkeit entrissenen und oft durchaus widersprüchlichen Zitaten.

Durchnummeriert haben sie die Absätze der Gesamtausgabe (GA), nach dem bei weitem übersichtlicheren und sprachmächtigeren Beispiel der Bibel. Das erhöht den Gebrauchswert wie ihre Zuversicht, sich handelnd und denkend auf Steiners Kurs zu halten. Es sieht nicht aus, als verlaufe so der wahre Weg. In seinem ersten Hauptwerk, seiner «Philosophie der Freiheit», hat er die «voraussetzungslose Selbsttätigkeit des Denkens» zum obersten Gebot der Ich-Findung erhoben. Einzig durch die Befreiung des höheren Ichs – von vorgegebener Moral, von sittlichen Zwängen – steigt der Anthroposoph auf zur «vollen, wahren Menschennatur», die das Gute will aus Lust am Guten.

Andererseits hat Steiner später, in seiner «Theosophie», doch wie ein Guru die Denk-Demut des Schülers von den wahren Adepten seines Erkenntniswegs erwartet. Was nämlich der Lehrer gesehen habe, müsse der Schüler, solange er selber es noch nicht sehen könne, für eine hilfreiche Vorgabe nehmen. Auf dem schmalen Grat zwischen Denken und Glauben müssen Anthroposophen sich folglich halten – geistige Höhenwanderer in einer an Trugbildern reichen Stratosphäre.

Selbst jene, denen die strenge Sezier- und Beweispflicht moderner Naturwissenschaft beruflich auferlegt ist, versuchen in Steiners Nachfolge organische Natur immer wie Lehrlinge Goethes sinngewiß zu betrachten: als eine aufsteigende Folge von Metamorphosen, mit dem Menschen ganz oben, höher und höher sich wandelnd. Ihr Meister war es, der bei der Herausgabe der naturwissenschaftlichen Schriften Goethes mit dem Satz begann: «Goethe ist der Kopernikus und Kepler der organischen Welt.»

Goethe, nicht Steiner, heißt der Allvater auf dem Stammbaum der Anthroposophie. Der architektonischen Hoch-

Rudolf Steiner mit dem Modell des ersten Goetheanums

Das neue Goetheanum, 1928 kurz vor der Fertigstellung

Das neue Goetheanum in Dornach, Zentrum der antroposophischen Bewegung, wurde, wie das am 31. Dezember 1922 abgebrannte, nach Entwürfen Rudolf Steiners erbaut – ganz aus leicht formbarem Beton. Steiner wollte Elementares gewächshaft schaffen. Herauskam eine

Mischung aus Bunker (links oben: Innenraum) und Kathedrale (unten: Vorderfront), eine Nachblüte des Jugendstils (rechts unten: Heizhaus)

burg der Bewegung, weithin sichtbar auf einen geschenkten Jura-Hügel zu Dornach bei Basel gesetzt, hat der Gründer vor dem Ersten Weltkrieg einen dies dokumentierenden Namen verliehen: «Goetheanum». Die bereits Goethe vorschwebende Aussöhnung östlichen und westlichen Geistes andeutend, verlieh der architektonische Dilettant Steiner ihr Symbolgestalt: Zwei Kuppeln schienen wie siamesische Zwillinge aneinandergewachsen. Alles bestand aus Holz und wurde zu Asche, als ein Unerkannter in der letzten Nacht des Jahres 1922 Feuer legte. In dem von Steiner eigenhändig mit ausgemalten Kuppelinneren hatte ein einziges Wort gestanden: ICH.

Das zweite Goetheanum hat mit jenem ersten die Fundamente, den Namen, auch den obersten Bauherrn und Formgeber gemeinsam. Was jedoch Baustoff und Form anbelangte, folgte der schöpferische Wiedererbauer Steiner 1924 völlig anderen Eingebungen. Beton entzückte ihn nun, weil sich mit ihm das von Hand Modellierte imposant nachformen ließ.

Was er modellierte, wuchs sich aus zu einer Mischung aus Kathedrale und Bunker, zu einer monumentalen Nachblüte von Jugendstil – zu etwas, das von Le Corbusier bis Hans Scharoun (Berliner Philharmonie) viele moderne Architekten inspiriert hat und manche noch immer verfolgt.

Steiners Urne und die des anthroposophischen Dichters Christian Morgenstern sind unten in dem betonierten Geistes-Pantheon beigesetzt. Weiter oben residieren die Vorstände der in der ganzen Welt weiterwirkenden Allgemeinen Anthroposophischen Gesellschaft (50 000 Mitglieder), einer Institution in vorwiegend deutscher Hand. Tonangebende Hochschule in sämtlichen Sachgebieten der Steinerschen Geisteswissenschaft muß das Goetheanum sein, dazu der Kunsttempel für die Mysterienspiele und Faust-Interpretationen im Geiste des Erbauers, oder dem, was heutige Anthroposophen darunter verstehen.

Dort in Dornach vor allem wird gehütet, exerziert und gelehrt, was goetheanisch Forschen heißt: Das in der Natur

26

sich Formende, sei es nun ein Löwenzahn oder ein Milchzahn, gilt es in «anschauendem Denken» zu erfassen, statt in der Manier materialistischer Fliegenbeinzähler. Intuitiv sollte das sein und bestrahlt von Goethes Lehrsatz: «In der lebendigen Natur geschieht nichts, was nicht in einer Verbindung mit dem Ganzen stehe.»

Für das, was mit dem lebendigen Anthroposophen geschieht und in ihm, soll das natürlich ebenfalls wahr sein: Dem Ich begegnend, hofft er dem All-Einen zu begegnen. Wie mit seinen Augen Farben und mit den Ohren Töne, so möchte er mit seinem Denken die von Rudolf Steiner (und vor ihm von Mystikern wie Jakob Böhme) für gleichfalls wahrnehmbar erklärten Botschaften einer geistigen Wirklichkeit auffangen lernen, erkennend, was die Welt im Innersten zusammenhält.

Ein Schulungsweg soll ihn auf dieses in einem Leben schwerlich erreichbare Ziel in geistiger Übung zuführen. Über die Selbstwahrnehmung weit hinaus, in den Bereich des «denkenden Selbstbestimmens» windet der Weg sich empor. Geduldige, regelmäßige Versenkung dient dazu, leiblich-sinnliche Einflüsse beim Denken zurückzudrängen und sich spirituell der Identität mit einem durch und durch geistigen Universum zu vergewissern.

Die dafür erforderliche Meditation unterscheidet sich fundamental von der indischer Gurus. Während jene ihre Schüler zum schieren Sein anleiten, verlangt es die Anthroposophen nach dem schieren Denken. Baghwan Shree Rajneesh, der Rudolf Steiner für einen «großen Geist» und für «beinahe übermenschlich begabt» hält, nannte diese Denkschule einen «Trugschluß». Bhagwan: «Der Weg ist: Wie verlernt man das Denken . . ., wie *ist* man nur . . . Der denkende Verstand war das westliche Ziel . . . Die Welt der Wissenschaft entstand aus diesem Streben . . . und so glauben die Leute, daß die gleiche Methode Erfolg hat, wenn man nach innen geht . . .»

Genau damit aber fasziniert Steiner seine Anhänger. Nach Selbstauflösung verlangt es sie nicht. Sie wollen über sich selbst hinaus und wohltuend hart an ihrem Karma, diesem Schicksals-Konto, arbeiten.

Rudolf Steiner hat viele dabei hilfreiche deutsche Meditationsworte (Mantren) hinterlassen, darunter geheime für die Mitglieder der «ersten Klasse». Unberufen konnte die höchstens die Gestapo lesen, als sie Material für das Verbot der Anthroposophischen Gesellschaft sammelte.

Unter anderem riet Steiner zur wiederholten geistigen Versenkung in ein garantiert keimfähiges Samenkorn auf dem Tisch. Dabei, heißt es, können die im Korn gespeicherten Wachstumskräfte in der Phantasie zur Pflanze entfaltet und danach plötzlich eine «kleine Lichtwolke» um das Samenkorn wahrgenommen werden. In der Regel ist diese Erscheinung leider eine Selbsttäuschung.

Aus solchem Stoff besteht das Instrumentarium des Erkennens, mit dem Anthroposophie sich anheischig macht, die überprüfbare Methodik der materialistischen Wissenschaft jenseits des sinnlich Wahrnehmbaren zu ergänzen. Die auf diesem eigenen Wege erreichbaren Forschungsergebnisse, heißt es, seien «auf ihre Art so exakt wie die Ergebnisse der wahren Naturwissenschaft».

Wörtlich so steht es in den noch von Steiner mitgestalteten Grundsätzen der «Allgemeinen Anthroposophischen Gesellschaft», deren Mitglied jeder werden kann, falls er in einer Einrichtung wie dem Goetheanum «etwas Berechtigtes» sieht. Von Beweisen dieser Forschung ist nicht die Rede. Was wahr ist und was nicht, darüber zu befinden erlaubt die, wie sie sich nennt, «durchaus öffentliche Gesellschaft» allein noch ihren in «stufenweiser» Schulung im Goetheanum aufwärts entwickelten Eingeweihten.

Weiter oben also ist die Gesellschaft geschlossen, und von mancher ihr erwünschten Wirksamkeit schließt sie sich damit selber aus. Geistiger Hochnebel zieht durch die kanonisierte Sprache dieser Goethe mitunter arg auswalzenden, ja manchmal sogar für kritische Anthroposophen nervgoethenden Denker. In ihrem Deutsch «kraften schaffende Wirklichkeiten», vom «schöpferischen Weltengrund» wer-

28

den «Gedanken abgezogen», und der «Gottesgrund» ist «jeder Ichheit eingeborenes Eigentum».

Eine ohnehin esoterische Lehre bedient sich der Sprache oft ganz ohne Not wie einer Jalousie, mit der sie hermetisch dichtmacht. Dabei hat der Gründer einst vorgelebt, wie einer mit so hohem geistigem Anspruch sich der übrigen Gesellschaft Schicht um Schicht erklären kann.

Von Weimar nach Berlin übersiedelnd, wandte der, wie einschlägige Fachlexika ihn nennen, «philosophische Schriftsteller» Steiner sich erst im Klub der «Kommenden» den Literaten und Intellektuellen zu. Stefan Zweig hat ihn bewundert und beschrieben: «In seinen dunklen Augen wohnte eine hypnotische Kraft.» Dann diente der «Geistesforscher» ein halbes Jahrzehnt lang in der von Wilhelm Liebknecht begründeten «Arbeiterbildungsschule». Er hat dort doziert, nicht agitiert wie bald darauf Rosa Luxemburg, und die Proletarier drängten zu ihm als einem bilderreich erzählenden Geschichtslehrer. Schließlich verdingte er sich der «Theosophischen Gesellschaft», wurde Vertrauter einer nach östlicher Geheimwissenschaft und Guru-Weisheit ausspähenden Bildungs-Bourgeoisie. Die in seinem Denken schon seit den Jahren im Weimarer Goethe- und Schiller-Archiv wetterleuchtenden Idee einer von ihm und seinem Goethe-Verständnis anzufachenden Reform von Naturwissenschaft und Kultur überhaupt weckte in keiner Gesellschafts-Etage sonderlich Resonanz.

Übersinnliches, Mystisches, Magisches, dazu östliche Weisheit war schon bei Goethe reichlich zu beziehen. Unter Theosophen lehrend, vollendete Steiner die Geistes- und Geistermischung seines abendländisch-morgenländischen Pandämoniums. Im Feuerofen seiner Phantasie vermengten sich Elemente der Alchemie und der christlichen Mystik, das Wissen von Freimaurern, Naturheilern und Darwinisten, Hinduistisches und Buddhistisches, alle Urmythen der Menschheit und Schlußfolgerungen der idealistischen Philosophie. Den Lichtbringer Luzifer und dessen Widersacher Ahriman samt ihren Untergeistern finden wir in der Besetzung seines Kosmos, dazu die Engel und Erzengel der Christenheit, unter denen die Anthroposophie Michael zur zeitgenössischen Bezugsfigur erhoben hat: Den Bezwinger des Drachens (Materialismus).

Steiners esoterische Werke und Vorträge überfluten den denkwilligen Wegsucher mit Bildern, Sinnbildern, Farben, Auren – einer vom hellsichtigen Lehrer geschauten «höheren Wirklichkeit». Sein Schulungsweg mutet den Schülern zu, all dies nicht so buchstäblich zu nehmen: eher für die anregende, in einem höheren Sinne gegenstandslose Wiedergabe einer Erkenntniserfahrung, die sich der Sprache wie der Bebilderung entzieht. Selber sollen sie sich mit Hilfe dieser Impulse meditierend und denkend neue, verfeinerte Begriffe bilden von einer «geistigen» Welt, welche, fand Steiner, «aus Verstehen, aus Licht, aus Logos» besteht. Viele Anthroposophen, aus gutem Grund, nehmen Rudolf Steiners Schilderungen dennoch uneingeschränkt passiv und außerdem wörtlich. Sie berufen sich darauf, daß dem Geist entkeimende Bilder niemals bloße Illustration sein können.

Und am Schnittpunkt aller Unendlichkeiten, günstigenfalls in sich, suchen, sehen die Schüler Christus. Streit um ihn war es, was Steiner und seine inzwischen etwa 2000 Anhänger 1911 zum anthroposophischen Exodus aus der Theosophie getrieben hat. Den kurz zuvor entdeckten indischen Knaben Krishna (später Krishnamurti) hatten hellsichtige Theosophen, seiner Aura wegen, aufpäppeln wollen zur Reinkarnation Christi. Das war zuviel für Steiner. Seines Erkenntnisweges sicher, war er längst zu seinem Damaskus gekommen, nämlich introspektiv, war einer dem Johannes-Evangelium entsprechenden Christos-Logos-Lichtgestalt begegnet. (Auf der Basis solch anthroposophischer «Christologie» gründete später ein Pastor namens Friedrich Rittelmeyer die «Christengemeinschaft» und wurde mit Steiners Segen deren «Erzoberlenker».)

Das Schisma von 1911 hatte ein Siechtum theosophischer Geheimzirkel zur Folge. Organisierte Anthroposophie nahm dafür ihren Anfang. Es beschleunigte sich die Verbreitung eines über viele Jahrhunderte hin in verschworenen esoterischen Zirkeln gehegten und verkapselten Geheimwissens. Steiner war ein Eingeweihter, der fast alles preisgab.

Sogar in die «Akasha-Chronik» habe er gelesen, dessen sind sich viele gescheite Anthroposophen sicher, wenngleich er über die Art seines Einblicks schwieg. Zumindest hat er diesen angeblich nur mit Hilfe übersinnlicher Fähigkeiten aus dem Weltall herauszulesenden Generalbericht über alle vergangenen wie kommenden Stufen und Taten der gesamten Menschheit in Bilder gefaßt und herausgebracht. Auch gedruckt liest sich das noch fremd genug:

> Als die noch mit dem Monde vereinigte Erde sich aus der Sonne herausspaltete, gab es noch nicht innerhalb der Menschheit ein männliches und weibliches Geschlecht. Jedes Menschenwesen vereinigte in dem noch ganz feinen Leib die beiden Geschlechter . . . Die niederen Triebe wirkten mit einer maßlosen Energie, und von einer geistigen Entwickelung war noch nichts vorhanden.

Wenige Wochen nach dem Ersten Weltkrieg hat der so Sehende in Dornach bei einer Erörterung der sozialen Frage sich zu einem Hinweis auf eine künftige «okkulte» Geburtenregelung veranlaßt gesehen. Diesen Text hat 1983 «die Drei», das Hausblatt der deutschen Anthroposophen, wohl seiner Aktualität wegen, präsentiert. Steiner 1918:

> Innerhalb der Bevölkerung des Ostens wird sich . . . ein instinktiv helles Wissen entwickeln . . . wie man . . . im Einklange mit gewissen Sternkonstellationen die Empfängnis einrichtet, dadurch Veranlassung gibt, gutgearteten oder übel gearteten Seelen den Zugang zur Erdenverkörperung zu verschaffen.

Diese nicht übermäßig sittlich anmutende Seelen-Auslese nennt sich «eugenetischer Okkultismus» und wird von kaum einem lebenden Anthroposophen verstanden.

Sehr viel diesseitiger und sozialer hatte der nämliche Geistes-Lehrherr ein Jahr zuvor sein unter heutigen Grünen immer noch nachglimmendes Rezept einer rettend anderen, nämlich naturgerechten Dreigliederung der Industiegesell-

schaft zu Papier gebracht: Kultur, Staat und Wirtschaft sollten auseinandergeflochten werden, ihrer Eigenart gemäß
funktionieren dürfen. Im Bereich des Geistigen habe Freiheit, im Staate Gleichheit, in der Wirtschaft Brüderlichkeit
einzukehren – und zwischen diesen Segmenten eine säuber-
lich geregelte Distanz.

Wie die meisten seiner Ratschläge hatte Steiner das auf
Anfrage ausgeworfen – auf die eines bayerischen Reichsra-
tes und Anthroposophen zunächst; später auch für das Berliner Auswärtige Amt und einen Berater des Kaisers in
Wien. Gerüstet mit dieser Idee des seherischen Eisenbah-
nersohnes aus der Donau-Monarchie sollten die Mittel-
mächte sich geistig und sozial der von Ost und West gleichermaßen dräuenden Umwälzungen innerlich erwehren können, der marxistischen wie der von Präsident Wilson ange-
kündigten demokratischen.

Vor letzterer scheute Steiner wegen der ahrimanischen
Macht, die er da vorab schmeckte. Einer Entfesselung von
«Volksegoismus» kam die gleich statt der von ihm, dem
hehrsten aller Anarchisten, ersehnten «Menschenbefrei-
ung». Züge des gefürchteten Woodrow Wilson entdeckten
Eingeweihte plötzlich im Antlitz des geschnitzten Ahriman
im Goetheanum, an den Rudolf Steiner damals selber Hand
angelegt hatte.

Dreigliederung der ganzen Gesellschaft, so fand er, entspräche einer Trias, die er in der Natur des Menschen für
vereint wirkend erklärte: dem «Nerven-Sinnes-System»
(Denken), dem «Rhythmischen System» (Fühlen) und
dem «Gliedmaßen-Stoffwechsel-System» (Wollen). Dieses
menschliche Funktions-Schema liefert eine Grundlage für
die Pädagogik, Heilkunst und Heilmittelsuche der Anthroposophen.

Einen Staatssekretär im Auswärtigen Amt Kaiser Wilhelms II. hatte die Einsicht in den Dreigliederungsvorschlag
zu der richtigen Bemerkung veranlaßt: «Dann müßte ja Seine Majestät zurücktreten.» Trotzdem trug er das, 1917, als
eine Art Evolutions-Spickzettel mit sich in die deutsch-russi-

schen Friedensverhandlungen zu Brest-Litowsk, ohne sich damit hervorzuwagen. Auf der Gegenseite saß immerhin Leo Trotzki, der an der marxistisch-materialistischen Beschaffenheit des von ihm bevorzugten Gesellschaftsentwurfes keinen Zweifel aufkommen ließ.

Steiners Idee ruhte ein wenig. In der Notzeit des Kriegsendes widmete er sich lieber der Verfeinerung seines Goetheanismus, einer spirituellen Rückschau nach den wahren Kriegsursachen oder der immer erneuten Ausdeutung des im anthroposophischen Magie-Kult schlüsselhaften Goetheschen Märchens von der grünen Schlange.

Andererseits feuerte er seine Anhänger zu sozialer Täterschaft an. Seine Anthroposophie hatte ja nicht bloß das Zeug dazu, mit einer an Netzpläne erinnernden Genauigkeit über die Wandlungen und Warteschleifen seelischer Feinstofflichkeit zwischen Mond, Sonne und Saturn bis ins siebte nachatlantische Zeitalter Denkhilfen zu erteilen. Weltanschauung war sie mit dem Auftrag zu sozialer Tat. Der zielte über die brüderliche, Arbeiter und Anthroposophen mittelalterlich vereinende Bauhüttengemeinschaft fürs Goetheanum hinaus.

Ein «Bund für Dreigliederung des sozialen Organismus» wurde erst 1919 in Stuttgart gegründet. Anthroposophen forderten von der Regierung Württembergs, Rudolf Steiner mit dem sofortigen Vollzug der Dreigliederung zu beauftragen, was auch immer das heißen sollte. Fixiert auf ihres Meisters alles durchdringende Weisheit, waren die meisten kaum in der Lage, über praktische Seiten der so beabsichtigten Entfilzung Bescheid zu geben.

Manche hatten sich versprochen, Steiners okkulter Fähigkeit und internationaler Reputation werde so nebenbei gelingen, über die den Mittelmächten zugefallene Kriegsschuld die tiefere – und das deutsche Volk entlastende – Wahrheit zu verbreiten. Statt dessen breitete sich bei vielen Industriellen, Gewerkschaftsfunktionären, sozialistischen und nationalistischen Politikern Argwohn wider diese Dreigliederung aus. Dagegen war selbst Steiner machtlos, wie herzenswarm er auch vor den Arbeitern Stuttgarts agitierte.

Hätte nicht Emil Molt, der Chef der Stuttgarter Zigarettenfabrik Waldorf-Astoria, die Mittel für eine erste, durch Rudolf Steiner selber zu gestaltende freie Schule gegeben, vom zweiten Anlauf in die Dreigliederung wäre nichts wirklich Funktionierendes hinterblieben. So aber nahm die Waldorf-Pädagogik ihren Anfang.

Folgen von Rudolf Steiners Menschenweisheit erlebt am schnellsten einer, der sich mit den von ihr angerührten Menschen einläßt. Aufbrechend folgen viele der «Philosophie der Freiheit» und handeln jenseits aller sittlichen Imperative und ohne alle Lichtreklame vorbildlich. Krampflos, auf eine sie selber ersichtlich ebenso aufrichtende wie aufzehrende Weise bemühen sie sich um Hinfällige, Behinderte, Kranke, Lernende. Zu spüren ist das in sieben von ihnen geführten Krankenhäusern, einem Dutzend Heilstätten, Dutzenden von Seniorenheimen und Behinderten-Dörfern und natürlich in den Waldorfschulen. Andere denken hauptsächlich in sich hinein. Wo sonst noch, außer in den Hörsälen von Rudolf-Steiner-Häusern versammeln sich Menschen, die ihre Feierabende damit verbringen wollen, sich mit äußerster Kraft mathematische Beweise ihrer Unvergänglichkeit zu erarbeiten? Lineal, Winkel und Zirkel, auch Farbstifte bringen sie mit zur Einführung in die «synthetisch-projektive Geometrie», mit der damals Rudolf Steiner selber abzuheben begonnen hatte.

Unausweichlich streifen einen andererseits Steiner Lesende, die von Mißdeutungen dieses Oeuvres befremdlich umwölkt sind. Hehr geben sie sich, herb und hären: Brahmanen einer Industriegesellschaft. Einer von geistiger Blindheit geschlagenen Umwelt schenken sie kein Lächeln.

Eine keineswegs arme Anthroposophin aus München schickte ihren Sohn zum Cello-Unterricht, ausgestattet mit einem Instrument, von dem die Cello-Lehrerin überzeugt war, es sei die Heimarbeit eines Hobby-Schreiners. Da sie den Jungen für ungewöhnlich begabt hielt, nahm sie die Mutter beiseite, flehte sie an, für ein ordentliches Instrument zu sorgen. «Was soll denn das?», sagte da die Mutter mit großem Ernst, «Wir wünschen, daß unser Kind nach innen spielt.»

Es geschah bei einer Jahrestagung deutscher Anthroposophen in Stuttgart, daß eine dieser Erwählten unter Mißbrauch der vorherrschenden Duldsamkeit das Mikrophon ergriff und eine halbe Stunde lang vor der angeblich geistfeindlichen Erfindung des Elektrorasierers warnte. Sanft ermahnend nahm eine anthroposophische Zimmervermieterin in Dornach der von ihr beherbergten Studentin aus dem Goetheanum die Dusche aus der Hand. Verabsäumt habe die, vor dem Bad die Lemniskate, das Unendlichkeitszeichen der liegenden Acht, in die Wanne zu sprühen.

Wasser gar durch Turbinen zu jagen, was für Unheil mag das heraufbeschwören? Der Turbinen-Fabrikant Hanns Voith aus Heidenheim hat an dieser Frage, da er Anthroposoph war, bis an sein Ende gelitten. Ein auf seine Kosten gegründetes Institut im Schwarzwald sucht noch immer, was, zum Ausgleich, für die Heilung des versehrten Elementes getan werden muß.

Es gibt reichlich Anthroposophen, die so etwas bloß rührend finden. Sie machen ihren Steiner wahr, indem sie vieles von ihm Überlieferte unter Berufung auf ihn selber ruhen lassen. Hat er nicht immer wieder davor gewarnt, aus der Flut seiner Aussagen Dogmen herauszusieben? Seine eigene Skepsis sogenannten Jüngern gegenüber war beträchtlich und hat ihn unter anderem bis kurz vor seinem Ende daran gehindert, Mitglied der Anthroposophischen Gesellschaft zu werden.

«Ständig schwirrten um ihn Leute, die ihm was abverlangten», bedauert der Mathematiker Ernst Schuberth, «aus dem Stegreif von ihm Hingesagtes hat man für ewig notiert.» Nachwirkungen beiläufiger Bemerkungen glimmen wie magischer Zunder bis auf den heutigen Tag. Auf dem Potsdamer Platz in Berlin hatte Steiner, um sich blickend, anno 23 vorweg bedauert, daß dies alles in wenigen Jahrzehnten in Trümmern liegen werde. Konnte man danach später überhaupt noch irgend etwas von ihm Gesagtes für Nebensächlichkeit nehmen?

Beispielsweise seine Bemerkung über das Mikrophon? Begleitern, die ihm die Wirksamkeit von Radio-Übertragungen schmackhaft ausmalten, hat er seinen Anschluß an diese Neuheit mit dem Hinweis verweigert: Allenfalls in ein «Flammen-Mikrophon» würde er sprechen. Er bezog sich dabei auf indische Gurus, die ihre Mantren in den Rauch eines Opferfeuers zu hauchen pflegten.

Lang ist es noch nicht her, da wurde einigen Auserwählten der Anthroposophischen Gesellschaft im Göttinger Max-Planck-Institut für Strömungsforschung von einem dort arbeitenden Anthroposophen bewiesen, wie von Steiner sogar damit Wahres angedeutet worden sei. Eine Gasflamme ließ sich tatsächlich wie eine höchst sensible Membran verwenden. Lediglich die Frage der Verstärkung hätte noch gelöst werden müssen. Es zeichnet den subtilen Steiner-Leser aus, sich in Gesprächen dieser Richtung tüchtig Selbstironie abzuverlangen: verstandesklar und dennoch unverbesserlich okkult. «Denken Sie nur», gestand mir einer belustigt beim Anblick meines Tonbandgeräts, «so ein ahrimanisches Zeug habe ich jetzt selbst gekauft.»

Einige nennen ihren Steiner «Rudi» und führen einen gleich von der Flurgarderobe weg vor die TV-Ecke, das Ausmaß ihrer Liberalität anzudeuten. Ja, sie unterbrechen sogar für einen Schluck die von Rudolf Steiner, des puren Denkens wegen, vorgelebte Alkoholabstinenz. Mühelos kann selbst dies ja mit einem Hinweis auf den vorübergehend süchtig trinkenden Meister begründet werden. Ein Bewunderer aus der Arbeiterbildungsschule rühmt sich, ihn sogar im Besitz einer als Steiner verkleideten Schnapsflasche gesehen zu haben. Und bei einer Befragung hat er während seiner Boheme-Zeit jedenfalls noch völlig unmißverständlich «Frankfurter Würste und Cognac» für seine «Lieblingsnahrung» ausgegeben.

Luzide Anthroposophen sehen beinahe eine Zumutung darin, kategorisch für ernst und edel erachtet zu werden. Einer hat ein Bein verloren und erläutert mir an seiner Situation die durch eine solche Verstümmelung nicht zu beeinträchtigende höhere Leiblichkeit Steinerscher Schule. «Ich genieße das Privileg», sagt er, «unangenehmen Leuten in den Hintern treten zu können, ohne daß sie davon was merken.»

Auch Besessene haben sich meiner angenommen. Solche, die keinen unbelehrt entlassen. «Begreifen Sie erst einmal, was goetheanistisch forschen heißt», sagte ein alter Waldorf-Lehrer, der das mit jedem macht, und legte vor mich wie zum Examen zwei scharf kontrastierende exotische Schneckengehäuse hin. «Anschauend denken» soll ich nun, wie Goethe es genannt hat, soll die Feinheiten und die Kontraste in mich aufnehmen: das eine Schneckenhaus tiefdunkel, mit Mustern von verschwommener Helligkeit; hell das andere, doch dafür dunkel gesprenkelt.

Mein Goetheanist ist erfüllt von der Überzeugung, aus solcher «Polarität» bilde die Natur ihr Nächsthöheres, und wie, das möge bitte ich mal entwerfen. Darauf spielen wir Schnecken-Metamorphose. Den wunderbaren Beweis dafür, wie goetheanistisch die Natur selber es gemacht hat, zieht er zum guten Ende aus der Hosentasche: ein Schneckenhaus, aufs prächtigste leopardisch gemustert, eine ersichtliche Edelmischung aus den zuvor besichtigten Kontrasten – eine Lösung, von der ich Anfänger mit meinem anschauenden Denken leider weit entfernt geblieben war.

Von der Schnecke auf weitere Naturbereiche – auch menschliche, gesellschaftliche, ja selbst kulturelle und geistige – spielen das Anthroposophen analog hinauf. Gestaltwandel ist ein Prinzip ihrer Hoffnung. Freilich ist Hoffnung ein vielen nicht ausreichendes Wort. Goetheanistische Geisteswissenschaft versorgt sie mit einem, wie sie meinen, Passepartout für alle Natur. Mein Schneckenlehrer lacht nur Hohn über den Einwand, daß weder Goethe noch Steiner die Anerkennung der herrschenden Naturwissenschaft gefunden hätten.

Es liegt nahe, daß in diesem Kreise der Hang zu spiritistischen Sitzungen etwas ausgeprägter ist als im Bundesdurchschnitt. Einem nicht eingeweihten, aber anregenden Gast bedeutet der eine oder andere Anthroposoph mitten im vertrauten Zwiegespräch jählings, man sei übrigens nicht mehr allein. «Haben Sie es bemerkt? Er ist da.» Es handelt sich um den körperlosen Doktor, von dem unsereiner nichts mitbekommt.

Speziell über Seelenwanderung hat Steiner in seinem letzten Lebensjahr noch ausgiebig zu seinen Anhängern gesprochen. Das füllt in der Gesamtausgabe Bände. Dort ist nachzulesen, welchen Weg die Seelen von Franz Schubert oder Voltaire genommen haben und wie im Jahre 869 nach Christus, zu Zeiten des achten ökumenischen Konzils, die geistigen Individualitäten von Harun al-Raschid, Aristoteles und Alexander dem Großen in der «übersinnlichen Welt» miteinander um die weitere Vermengung und Entwicklung von Okzident und Orient fürchterlich stritten.

Das sei, hat er berichtet, ein Streit gewesen, von dem sich selbst die (in giftigen Richtungszwisten geübten) Anhänger seiner Geisteswissenschaft nur ein blasses Bild machen könnten. Und wie alle Auseinandersetzungen in der «geistigen Welt» habe sich das ausgewirkt in entsprechenden, noch sehr lebendigen Entwicklungen hienieden.

Für eine anregende, spirituelle Art tieferer Geschichtserklärung nehmen das immerhin auch naturwissenschaftlich durchtrainierte Leute. Im übrigen verweisen sie auf Steiners Ringen um die Beschreibung von Unbeschreiblichem. Doch ihr hellhöriger, eher geistige Nähe zu Heisenberg suchender Zeitverstand hielt manche dann davon ab, zum Sommer-Festival der Anthroposophen nach Chartres zu pilgern, für dessen geheime Ursache gleichfalls ein Bericht über Reinkarnation erachtet werden muß.

Zu tun haben wir es hier mit einer um sechs Jahrzehnte verspäteten Würdigung etlicher durch Steiner im August

1924 preisgegebener Informationen aus der übersinnlichen Welt. Ihnen zufolge soll sich das Karma so mancher Anthroposphen aus der Berührung mit Geistern und Kräften herleiten, die im 13. Jahrhundert aus der damals blühenden Schule von Chartres aufstiegen. Davon angehaucht zu werden, war zusätzlicher Geheimnis-Genuß für die Festivalbesucher, obgleich die Intervalle zwischen den Wiederverkörperungen ein rundes Jahrtausend betragen und die Erdenleben sich abwechselnd in weiblicher und männlicher Leiblichkeit ereignen sollen. Keine Regel ohne Ausnahme.

Es wurde Bartók gespielt, über die von der Mönchsschule damals gepflegten Philosophen des Altertums referiert, und bis weit in die Nacht hinein lauschte die esoterische Gemeinde in der Kathedrale alter Chormusik. Die mächtigsten Stimmen stammten aus einer in Bochum gegründeten «Schule der Stimmenthüllung». Wie es der Sänger dahin bringt, die Töne sogar aus den Ohren zu verströmen, wird dort gelehrt.

Zu den Anregungen nach dem Kunstgenuß zählte dann die allen Gästen wohlvertraute Frage, was der eine oder andere im einen oder anderen seiner früheren Leben gewesen sein mag. Ein Dominikaner? Ein Zisterzienser? Mit den Zisterziensern, jenen verbürgten Freunden von Weisheit und Agrikultur wären die Förderer anthroposophischer Landwirtschaft besonders gerne ur-identisch. Wissen kann das ja keiner. Erinnerung geht auf dem Weg durch den Kosmos der Geister verloren, das wußte Steiner. Und die Weisen des Ostens wußten es lange vor ihm.

Einen allgemeinen Wandel des menschlichen Bewußtseins glaubt Michael Ende zu spüren. Zeitlich fast parallel zum Erfolg seiner Märchen-Romane hat das eingesetzt. Und er glaubt, ein «einschneidender Bewußtseinsumschwung» werde das sein, «wie derjenige in der Zeit um Galilei». Er, der Waldorfschüler, der später tatsächlich ein Anhänger Steiners geworden ist, erfährt das nicht bloß vermittels seiner Antennen. Fragende, sagt er, drängten an ihn heran. Vor allem junge Leute seien es, die da fragen – «nach dem Menschenbild, nach einer Weltvorstellung, nach dem Sinn». Ende schließt daraus, diese «junge Generation» suche nach der Konsequenz aus der Erkenntnis, daß all dies bisherige «rein begriffliche, vor allem das kausale Denken nicht mehr weiter führt».

Kräftig lädt das den Magnetismus von Steiners Lehren auf. Was das rumorende Sinnbedürfnis anbetrifft, haben die herrschenden Gruppen ja einfach keine Ideen. Anthroposophen haben die wohl. Aber es sind keine einfachen Ideen.

Alles hat bei ihnen seinen Sinn, seine sich vielfach gar für urnotwendig ausgebende Form. Einem kosmisch geweiteten Bezugssystem unterwerfen strenge Steiner-Interpreten letztlich alles: Sprache und Sprechen, Nahrung und Forschung, Töne und Tanz, Architektur und Design, Arbeit und Zins.

Geisteswissenschaftlich durchaus unbelesene Mütter fügen sich und ihren Säugling ahnungsvoll in diesen Kosmos ein, rüsten Kinderwagen und Kinderzimmer mit Vorhängen in einem gewissen, der Seelenformung freundlichen Purpurrot aus dem Steinerschen Naturfarben-Spektrum aus und ziehen gummierten Windelhosen solche aus kaum waschbarer Schafwolle vor. In kunstvoll primitiven Puppen, teuer geschreinerten Kinderrollern oder in den, Kristallines bloß vortäuschenden Lampenverkleidungen aus Acryl äußert sich das beiläufige Fortwirken geisteswissenschaftlicher Impulse. Anthroposophie nährt ein Geflecht ganz eigener Produktivität, was wiederum Arbeitsplätze nach ihrem Geschmack erzeugt.

Was die erhabene Freundlichkeit ihrer Innenarchitektur anbelangt, die glühende Farbigkeit von Bezugsstoffen und Wandanstrich, die augenfällige Erdenschwere der Tischlerarbeiten, ähneln anthroposophische Zentren einander wie die Glieder einer Motelkette.

Der ins Übersinnliche ausgreifende Sinn der Sache soll sich den Sinnen mitteilen. Bei «Kunst und Spiel» in Münchens Leopoldstraße, einem stark frequentierten Bazar für den anthroposophischen Geschmack, verführt täuschende Naturnähe mitunter Frauen aus der grünen Szene dazu, vor aller Augen ihr Baby zu stillen. Aber das im Sinne Steiners eingearbeitete Personal, das sich vor jedem Werktag in einer Viertelstunde der Besinnung vereint, erklärt ein solches Übermaß von Natürlichkeit für unerwünscht. Der Geschäftsführer, halb Künstler, halb Kaufmann und völliger Schüler Steiners, bejaht sogar die Zurechtweisung von Eltern, die in der Spielwarenabteilung «ihre Kinder nicht im Griff haben».

Formlose Freiheit ist nicht gemeint. Der sich frei Denkende findet sich vielmehr umfangen und kultiviert durch veredelte Formen oder Formalitäten, die sich von Erkenntnissen des Doktors herleiten. Und Naturgesetzlichkeit wohnt letzteren nach anthroposophischer Auffassung wohl inne.

Architektur führt das vor. Auf deutschem Boden jedenfalls geben sich noch fast sämtliche Neubauten anthroposophischer Gemeinschaften und Zweige wie erstgradige Abkömmlinge des vor 55 Jahren entschalten Dornacher Beton-Goetheanums. Ähnlich herrschaftlich gliedern sie sich unter ihren meist bloß noch gekünstelt urigen Dachformen. Das übertrifft an Originalität immer noch die Beton-Waben amtlicher Fertigteil-Architektur. Doch genormt wirkt es auch.

Dieses Bauen repräsentiert eine sehr wissentlich andere Gesellschaft: Feierstätten theatralischen Zuschnitts erweisen fast überall den im Innersten musischen, kultischen Anspruch der auf Steiner bezogenen Gemeinschaftsarbeit. Damit harmoniert es beispielsweise, wenn sich in einem neuen anthroposophischen Altenzentrum Dortmunds der Festsaal für die Aufbahrung der Toten in unmittelbarer Nachbarschaft zum Speisesaal befindet.

Anthroposophische Architektur weist sich aus durch eine Vorliebe für möglichst handwerkliche Variationen im Detail, durch abgeschrägte Ecken und andere Abweichungen von den Perspektiven der Rechtwinkligkeit. Im Großen jedoch bevorzugt sie Symmetrie.

Eine nach Steiners Vorbild in Wachs oder Ton vormodel-

lierte, somit ursprüngliche Form bedeutet den anthroposophischen Bauherren bei der Gestaltung von Säulen oder
Trägern noch immer so viel, daß sie sich vom Beton kaum
losreißen können, ja in ihm wider alle ihnen geläufigen Ar-
gumente der Baubiologie geradezu schwelgen. Säulen und
Träger sollen die Schwere des auf ihnen Lastenden dem Auge plastisch mitteilen. Die ersichtliche Leichtigkeit heutiger
Bauelemente gerät in Widerspruch zu dem von Steiner
übernommenen Bedürfnis, «Gewachsenes» hinzustellen.

Er hatte einst bereits nach der eigenständigen Ausgestal-
tung der Säulen seines ersten Goetheanums die Überzeugung gewonnen, er handle so im Bunde mit «der schaffen-
den kosmischen Welt selber». Ornamente formend, fühlte
er sich «in das Naturschaffen hineinverwoben» und glaubte,
selber zu schaffen – «wie die Natur».

Anthroposophen, die sich in der verständnislosen Umwelt oft fühlen wie die Urchristen im heidnischen Rom, gehen davon aus, daß dem distanzierten Beobachter eine solche geistige Identität mit den Gesetzen des Organischen
noch lange wird fremd bleiben müssen. «Entweder man ist
Anthroposoph, um solche Architektur zu begreifen», meint
ein eher optimistischer Berliner Waldorf-Lehrer,» oder man
wird es durch sie».

Manfred Schmidt-Brabant, ein ehemaliger Jazzpianist
und Privatgelehrter aus Berlin, nun aber Repräsentant des
Vorstandes der Allgemeinen Anthroposophischen Gesellschaft, führt seine Geschäfte in einem Inbegriff solcher Architektur: Sein Büro ist einer der düster fürstlichen Betonsä-
le des Goetheanum II. Dort erlaubt er sich vor Besuchern
immerhin weltmännisch Scherze ob des verschwenderischen
Aufwandes von Heiz-Energie, der zu den unzeitgemäßen
Folgen des fortwirkenden Architektur-Vorbildes gehört.

Metamorphose in Zement. Feierliches Wahrzeichen für die
Gefahr einer kulturellen «Versteinerung». Gegen den ge-
priesenen Gestaltwandel, dem Spontaneität, Improvisa-
tion, das leicht Bewegliche dienlicher wären, sperren sich

die von zuvielen nur nachgebeteten Kulturanweisungen eines Meisters, der, Ewigkeit im Augenblick ergreifend, auf sein Gesamtkunstwerk zustrebte.

Wie er sich zutraute, das Elementare, das in ewigem Fluß Befindliche formend dingfest zu machen, so unternahm er seine Art von Durchstich zu dem, was er für die Ursprünge von Sprache und Bewegung erachtete. Vokale, fand er unter anderem, reflektierten innere Empfindungen, Konsonanten äußere Vorgänge. Und das wahre, urmenschliche Sprechen, das sei ein künstlerisches, ein rhythmisches. Dokumente einer demgemäß bemühten Sprachkultur haben wir in den Texten seiner Mysterien-Dramen. Bei deren Aufführung verausgaben sich anthroposophisch geschulte Schauspieler heute noch in einer an längst vergangene Zeiten des Burgtheaters erinnernden Sprechtechnik. Die Wiedergabe eines jeden Vokals oder Konsonanten, jedes Hinauf oder Hinab der Stimme, jegliche Geste des Redenden oder Angeredeten sind vorbestimmt durch eine auf Steiner gründende Seelen-Dramaturgie. Den dabei im gewöhnlichen Zeitgenossen entstehenden Eindruck vollkommener Künstlichkeit hat der Dramatiker Friedrich Dürrenmatt folgendermaßen kommentiert: «Es gibt nichts Komischeres, als uneingeweiht in den Mysterienspielen der Anthroposophen zu sitzen.»

Ein aus ähnlichen Brunnenschächten gehievtes Kunstprodukt ist die Eurythmie. Diese durch Rudolf Steiner erdachte Leibesbewegung soll Seelisches vors Auge heben und entstand auf Anfrage einer Verehrerin, die sich vom Meister für ihre Tochter eine Art musische Gymnastik gewünscht hatte. Seine Antwort war unwiderstehlich: Ein Kult. Für jeden Schritt, jede Bewegung von Haupt oder Händen war er überzeugt, zwingende Impulse aus Urquellen menschlichen Ausdrucksdranges beziehen zu können. Jeder Buchstabe wurde durch ihn übersetzt in den angeblich einzig gemäßen Körperausdruck. Daraus setzen die Eurythmisten, von farbigem Seidenchiffon ätherisch umflort, in streng geregelter Choreographie Gedichte in Szene.

Ein durch Steiners Sprachschule gegangener Rezitator trägt diese Poesie in lautmalendem Pathos wie ein Musikstück vor. Entsprechend werden auch, Ton für Ton, musikalische Werke vorgeführt in streng gefügter Leichtigkeit, die auf körperlicher Schwerstarbeit beruht. Die Lauflinien künstlerischer Eurythmie-Darbietungen sind auf dem Papier vorgezeichnet und muten an, als habe man den Lebensweg eines Glühwürmchens mitgeschrieben.

Waldorfschülern verordnet das Curriculum die für sie befremdlich unsportliche Pflichtübung dieses seelischen Turnens. Für ihr weiteres Leben haben sie damit dann zumeist nichts mehr im Sinn. Kranken und Behinderten beinahe jeder Art hingegen hilft die notfalls auf schwächste Handbewegungen therapeutisch reduzierbare Ausdrucksskala einer medizinischen Variante von Eurythmie. Tiefer eingeweihte Anthroposophen aus dem medizinischen und dem pädagogischen Bereich schließlich bedienen sich ihrer bei der Einschätzung von Seelenbefunden oder Charaktereigenschaften, und das mit einer Treffer-Quote, die neben der anerkannter Test- und Psychotechniken wohl bestehen kann.

Bis zur mindesten Tauglichkeit im medizinischen Bereich oder sogar bloß zur eurythmischen Bühnenreife führt eine siebenjährige Ausbildung. Zu deren harmlosesten Anforderungen gehört es, mit den Zehen Spiegelschrift zu schreiben.

Wo sie Musik und nicht pathetisch deklamierte Verse in Körpersprache übersetzt, auch da, wo sie nur ein vergeistigtes Schreiten vorführt, erreicht Eurythmie allmählich über den Kreis der Anthroposophen hinaus ein allgemeines Publikum. Götz Friedrich bediente sich ihrer bei einer Inszenierung von Wagners «Parzifal», August Everding holte sie in Pendereckis Oper «Paradise Lost» auf die Bühne des Stuttgarter Staatstheaters. Das Ensemble des Stuttgarter «Eurythmeums» hatte dort 1983 mit seiner eigenen abendfüllenden Choreographie von Griegs «Peer Gynt» Erfolg wie ein Weltstadt-Ballett.

Weniger solche Bühnenerfolge als die Expansion der anthroposophischen Heilpraxis und der Waldorfschule führen

44

dazu, die Nachfrage nach fähigen Eurythmisten rapid zu steigern. Der Andrang zu den Eurythmieschulen in ganz Europa – darunter denen in Stuttgart, Dornach, München, Hamburg, Berlin, Wien, Den Haag und Kopenhagen – überfordert bei weitem deren Ausbildungskapazität. Viele Hunderte von Anwärtern werden zurückgewiesen. Krasser als hier ist das Mißverhältnis zwischen Bewerbern und Ausbildungsplätzen nur noch im Bereich der anthroposophischen Landwirtschaft, wo auf jede Lehrstelle heute drei Dutzend Bewerber treffen.

Selbst Japaner und Chinesen fangen an, sich nach den von Rudolf Steiner formulierten Ausdrucks-Gesetzen zu bewegen. Im Eurythmeum Stuttgart, unter der beschwingten Autorität der aus Neu-Guinea stammenden Else Klink schreiten und schweben sie zu einer im Tonfall des 19. Jahrhunderts zelebrierten deutschen Dichtkunst.

So ein zeitfremdes Pathos tönt aus zahlreichen Steiner-Jüngern bereits, sobald sie an ein Rednerpult treten, und sei es zu einem Rechenschaftsbericht. Der Drang zum Wortgebären und zur Wortgebärde behängt noch das bürokratische Deutsch mit Schleiern der Gründerzeit. Öffentlich verklärt ein anthroposophischer Bankprokurist aus Bochum eurythmisch das Wort Risiko: «Im krönenden Schlußbuchstaben – deutet das Allumfassende des O in seiner Stille auf etwas Überpersönliches hin.»

Auch solch bewegte, an Stefan George gemahnende Abwendung von der Sprachwirklichkeit, signalisiert, wie der zementierte Formen-Kanon anthroposophischer Architektur, Erstarrung; esoterische Abkapselung ohne Not. Kritische Anthroposophen beunruhigt das entsprechend. An sich selber beobachten sie einen geradezu unwiderstehlichen Drang zu diesem, neben ihrem tadellosen Umgangsdeutsch gravitätisch einherstolzierenden Herrschaftsidiom, einer Kunstsprache eben. Mit ihr verständigen sie sich untereinander als Eingeweihte in den subtilen Fragen höherer Spiritualität, doch nicht minder über Banalitäten.

Der Stuttgarter Waldorf-Spezialist Stefan Leber ist Absolvent des Berliner Otto-Suhr-Instituts. Mit seinen sieben Kindern oder mir spricht er völlig leger. Tritt er vor Kollegen hin, hebt, auch wo nur über Schulwerkstätten diskutiert werden soll, wie von selbst das Hohepriesterliche an: «In der muskulären Gestalt wirken vergangene Schicksale. Denn unser Gliedmaßen- und Muskelsystem ist es, das uns zur Begegnung mit anderen Menschen, zum schicksalsmäßigen Ausgleich hinträgt . . .»

Muß das so sein? Es müsse, sagt Leber. «Diese Sprache wird erwartet.» Andererseits lobt der ebenso eingeweihte Schriftsteller Christoph Lindenberg vor Anthroposophen einen Autor: Der schreibe «wie ein Nichtanthroposoph . . . und dadurch originell». Und der Münchner Alt-Anthroposoph Walter Beck, der noch selber an Steiners Dramatischem Kurs teilgenommen hat, schwört sogar, dort sei dieses Pathos abgelehnt worden. «Das Gesäusel hat erst unter Steiners Witwe angefangen.»

Die Beengung wird empfunden. Zur Metamorphose reicht das nicht aus. Allenfalls einem Original-Genie wie einst dem Steiner-Leser Wassily Kandinsky oder einem Joseph Beuys mag diese gelingen wie ein natürlicher Vorgang. Beuys insbesondere erweist Steiners Gesamtkunstwerk Reverenz, indem er einfach, ohne Rückspiegel, in sein eigenes fortschreitet. Darin werden wie von seiner berühmten «Honigpumpe» auf der Documenta 1977 Steiners Ideen umgewälzt – frei von Steiners Formalismus. Auf «Dreigliederung» als einen Schlüssel gesellschaftlicher Neubesinnung bezieht sich ein großer Teil der Arbeit von Beuys. Dies ist für ihn die längst wirkende «Grundgestalt allen sozialen Geschehens».

Gern hätte er seine zwei Kinder in die Düsseldorfer Waldorfschule geschickt. Doch sie tragen seinen Namen, und der, glaubt Joseph Beuys, hätte auf den gutbürgerlichen «Freien Schulverein» am Ort gewirkt wie ein rotes Tuch. Die Beuys-Kinder absolvierten eine öffentliche Schule. Einen fortgeschrittenen Anthroposophen verkraftet heutzutage manche Waldorfschule gar nicht mehr.

3
«Verfrühte Brüderlichkeit enthält Sprengstoff»

Anthroposophische Wirtschafts-Gemeinschaften

Das Konto, von dem hier die Rede ist, wurde von 20 Anthroposophen bei der Commerzbank in Bochum eröffnet und sollte geführt werden nach den in Geldangelegenheiten bislang unerhörten Idealen «Freiheit, Gleichheit, Brüderlichkeit». So war's der aktenkundige Wille sämtlicher Zeichnungsberechtigter.

Jeder von ihnen bekam sein Unterkonto und die Möglichkeit, davon im Bedarfsfall auch über seine bisherigen Verhältnisse hinaus Gebrauch zu machen. Die Grundregel eines solchen Geldverkehrs mutet an wie ein Kinderspiel: Automatisch fließt ins große Gemeinschaftskonto, was jeder verdient, und jeder schöpft heraus, was er braucht; und die Bank macht jedes Minus, das beim einen entsteht, sogleich aus dem Haben der anderen, der Gesamtheit, glatt.

Das klingt nur so einfach. Denn, was braucht der Mensch? Woher soll er wissen, was er brauchen darf? Wie bald ersichtlich wurde, heben einige einen Bruchteil dessen ab, was sie überweisen. Bei anderen verhält es sich umgekehrt. Alle atmen tief durch und sagen dann frohgemut, so sei es recht. Sie wollen ein neues Gefühl für Geld einführen. Doch da hatte die Bankenaufsicht entschiedene Einwände. Die Commerzbank Bochum mußte das Gemeinschaftskonto wieder auflösen und begann die Unterkonten wie ganz gewöhnliche Konten abzuwickeln.

Die Gemeinschaft gab nicht auf. Sie begann den Konto-Ausgleich in eigener Buchführung von außen her zu regeln.

Damit hält sie das Experiment seit 1979 am Leben. Mittlerweile zählt sie 22 Mitglieder.

Ein neues Gefühl für Geld, das kostet einiges, was nicht unter Soll oder Haben steht. So muß gelernt werden, einigermaßen gelassen zur Kenntnis zu nehmen, wieviel sich die anderen genommen haben. Vorsätzlich unterdrücken die Teilnehmer und Teilgeber da ihre negativen Reflexe. Das fällt ihnen schwerer als gedacht.

Nicht nur mit dem Verdienten, vielmehr miteinander und mit sich selber möchten diese weltanschaulich einigen Bürgersleute anders verfahren. Und sie ertappen sich selber dabei, wie sie plötzlich bloß deswegen mehr als gewollt für sich in Anspruch nehmen, weil ihr Ego unberechenbar nach Selbstbedienung drängt. Der Umstand, daß sie einander nicht auch noch wie eine Wohngemeinschaft auf der Pelle sitzen, erleichtert ihnen die da hilfreiche ungestörte Selbstbetrachtung. Die anderen halten sich mit Kritik zurück. Keiner will dem naheliegenden Gedanken nachgeben, dem Konto-Partner, den er vielleicht gerade in einem neuen Nadelstreifen-Anzug aus dem neuen Wagen steigen sah, könnte vielleicht mal eine etwas schlichtere Lebensart oder Hubraumklasse anempfohlen werden. Dazu sehen sie in der Freiheit des Individuums einfach einen zu erhabenen Wert. Keinerlei Norm oder von außen verordnete Moral soll dessen geistiges Wachstum schnüren, keine Entwicklungsstufe dem Bewußtsein nur so abverlangt werden. Nicht nach Karl Marx und einem kollektiven Schrittmaß darf es hier gehen. Die Einkommens-, oder wie die Teilhaber selber es nennen, «Wirtschafts-Gemeinschaft» von Bochum richtet sich nach der Geldphilosophie Rudolf Steiners.

Anthroposophen sind sie nicht bloß, wo es sich um Geldsachen handelt. Nur eine von den zehn Frauen mit Kontovollmacht ist schiere Hausfrau. Die übrigen leisten – für bescheidenes Entgelt – soziale oder pädagogische Arbeit in der Nachfolge Steiners. Die meisten der zwölf Männer entwerfen Modelle für die Planung, Finanzierung und Verflechtung von Einrichtungen des von Steiner begründeten biologisch-dynamischen Landbaus, von anthroposophischen Schulen, Produktionsstätten, und gehen überdies zumeist noch einem regulären Beruf nach.

Das mit dem Konto ist nur einer ihrer sozialen Versuche. Es sind Prokuristen der Anthroposophen-Bank GLS («Gemeinschaft für Leihen und Schenken») unter ihnen, Manager, Rechtsanwälte, Steuerexperten, auch Lernende, die derlei werden wollen.

Die von der Commerzbank abgelehnte Bündelung der 22 Unterkonten zu einem kommunizierenden System des Ausgleichs von Haben und Soll besorgt nun Ingeborg Diederich, eine der Frauen aus der «Wirtschafts-Gemeinschaft» und von Beruf sogenannte «Agentin» für alternative Unternehmungen. Alarm zu schlagen hat sie erst, sobald Kontoüberziehungen die von ihr zu hütende Balance des Ganzen mit etwa 100 000 Mark ins Minus kippen lassen. Dann wäre es wieder einmal Zeit für ein etwas intimeres Geldgespräch innerhalb der Gemeinschaft. Es müßte erneut in konzilianter Form nach Grenzwerten für die Bedürfnisse des einzelnen gesucht werden, stets mit dem Seitenblick auf die anthroposophische Maxime aus Rudolf Steiners «Philosophie der Freiheit»: «Leben in der Liebe zum Handeln und Lebenlassen im Verständnisse des fremden Wollens.»

Nicht an ausgemachte Verschwender, sondern an den Gemeinsinn wird dann in tadelloser Form appelliert. «Sollten wir nicht alle», sagt einer der Herren und hat die helle Güte in den Augen, «etwas mehr sparen?» Selbst mit ein bißchen Heuchelei ist es ein hehres Bemühen. Auch Konsum gilt vielen Anthroposophen ja für ein Webmuster des jeweiligen Entwicklungsprozesses. In seiner planmäßigen Steuerung oder Bremsung sähen sie eine Sünde wider den im Konsumenten (hoffentlich) wohnenden Geist.

Genau besehen, war der Einbau von Bremsen aber eine Überlebensfrage der Bochumer Wirtschafts-Gemeinschaft. Gleich zu Anfang wurde auf einen Schlag der Preis für fünf neuerworbene Autos abgebucht. So etwas muß nicht sein. Ingeborg Diederich muß daher auch vor ungewöhnlich dikken Abbuchungen zu Rate gezogen werden. Erst nachdem sie grünes Licht gegeben hat, darf der einzelne das Nötige für eine große Anschaffung abzapfen. Über diese formale Kontrolle wird eine mehr innerliche Selbstregulierung angestrebt.

Die Bochumer wollten nicht auf einen Knalleffekt zutreiben wie eine Wirtschafts-Gemeinschaft niederländischer Anhänger Rudolf Steiners, die einem ihrer Mitglieder den Erwerb einer kleinen Motorjacht als Verbrauch hat durchgehen lassen. Daraufhin hätte sich dieser Anthroposoph vom gemeinsamen Konto beinahe ein zweites Boot gekauft.

Egoismus, über dessen Vehemenz sich der einzelne keine rechten Vorstellungen gebildet hatte, wird beim Abschiednehmen vom überschaubaren eigenen Einkommen lebendig. Derlei Facetten charakterlicher Entwicklungshilfe bringen eine Menge künstlichen Lichtes in solche Wirtschafts- und Konto-Koalitionen, von denen sich allein in den anthroposophischen Zirkeln des Ruhrreviers an die zwei Dutzend erproben. Unsere Bochumer Gruppe hebt sich von diesen Versuchen dadurch ab, daß sie früher anfing und die meisten Besitzbürger in sich vereinigt.

Unter Anthroposophen (und nicht nur unter ihnen) vergrößert sich generell das Verlangen nach praktikabler Abwendung von rein materialistischen Handlungsweisen. Angesichts apokalyptischer Perspektiven von Privat- und Staatskapitalismus wollen viele noch einmal die Realisierbarkeit dessen erproben, was Rudolf Steiner bereits beim Umsturz des Kaiserreiches als sein «Soziales Hauptgesetz» öffentlich anbot:

> «Das Heil einer Gesamtheit von zusammenarbeitenden Menschen ist um so größer, je weniger der einzelne die Erträgnisse seiner Arbeit für sich beansprucht, das heißt, je mehr er von diesen Erträgnissen an seine Mitarbeiter abgibt, und je mehr seine eigenen Bedürfnisse nicht aus seinen Leistungen, sondern aus den Leistungen der anderen befriedigt werden.»

Solcher Abkehr vom egoistischen Lohn-Leistungs-Prinzip huldigen heute in Abstufungen die Mitwirkenden anthroposophischer Schulen, Sozialeinrichtungen, Werkstätten, Landgemeinschaften. Nirgendwo jedoch wird der Kernsatz der Steinerschen Soziallehre so hoch hinauf transformiert wie in Bochum.

Wilhelm Ernst Barkhoff, ein von Steiners Gedanken ersichtlich weißgeglühter Steueranwalt und Gemeinnützigkeits-Experte aus Bochum, hat diesen Kreis mit seinem Mut zum vielleicht lebenslänglichen Verzicht aufs Selbstverdiente mitgerissen. Seine drei Junior-Partner, sämtlich Familienväter, stiegen mit ein. Was immer einer aus dieser lukrativen Anwalts-Sozietät am Bochumer Husemann-Platz an Honoraren berechnen mag, es geht in den Gemeinschaftstopf. Zuvor wird es in vier gleiche Teile gesplittet und einzeln versteuert. So eine Kontogemeinschaft genießt beim Fiskus einer Leistungsgesellschaft naturgemäß keine Vergünstigungen. Die Betroffenen haben einen Bonus für ihre experimentelle Brüderlichkeit auch gar nicht erwartet.

Schon eher nimmt sie wunder, was alles in ihnen selbst sich querlegt. Das Ego kriecht, manchmal sieht es aus, als wolle es umkehren. So bricht aus einer der Frauen beim Anblick einer anderen vom Konto-Kreis die Frage hervor: «Wieso braucht denn die schon wieder 'nen neuen Mantel?» Andere bedrückt, was ihnen Zinsen bringt. Frau Diederich besitzt etliche Häuser, von denen sie ab und an eins für anthroposophische Zwecke drangibt; überdies gehört ihr ein florierender Eisengroßhandel. Immer neu ringt sie mit dem von ihr empfundenen Anspruch, daran die von Haus aus geringer Bemittelten noch stärker teilhaben zu lassen.

Über das Arbeitseinkommen hinaus Privatvermögen zur Disposition zu stellen, darauf hatte die Gemeinschafts-Regel sich gar nicht erstreckt. Also disponiert die Kontohüterin über den Löwenanteil ihrer Revenuen noch so souverän, daß ihr das ein bißchen mißfällt. Dem Bankprokuristen Rolf Kerler, der sich vom selben Konto ausschließlich nährt, hat sie aus ihrem Vermögen zu Hausbesitz verholfen. Doch wie ein völlig anonymer Akt buchhalterischen Vermögensausgleichs läuft so etwas denn doch nicht.

51

So verbindet eigentlich keiner mit dem Gemeinschaftstopf die Hoffnung auf eine schnelle Metamorphose des tie-
fersitzenden Eigentumsbegriffes. «Unser Verhalten», sagt
Kerler, «ändert sich nur sehr allmählich.» Fragt ihn einer,
wieviel er verdient, kommt es spontan: «5400 brutto» – als
ginge ihn die Summe noch etwas an.

Ihr Experiment besteht aus den wirtschaftlichen Fakten
und dem Vertrauen auf den guten Willen aller Teilnehmer.
Von einem regen Meinungsaustausch ist es keineswegs begleitet. «Man verbalisiert nicht alles», sagt Barkhoffs Sozius
Ingo Krampen. Falls sich jemand vom gemeinsamen Konto
einen Überschuß an freundschaftlichen odere familiären
Gefühlen erhofft haben sollte, hätte der fehlkalkuliert.
«Unsere engsten Freunde», sagt Krampen, «sind da auch
nicht drin.»

Und entgegengesetzte Regungen? Unmut über ökonomi-
sche Bocksprünge der jeweils anderen? Derlei Emotionen
sind zumindest unerwünscht. Es obsiege, sagt Krampen, immer wieder «irgendwo der Gedanke, ach, vielleicht lerne ich
den doch ertragen, vielleicht sehe ich selber das bald neu».

Geduld hat Vorrang. Analyse könnte schaden. Zum Höheren entwickeln kann und muß sich alles: der andere, man
selber, der Kontogemeinschaftssinn. Anthroposophen fühlen sich stets auf dem Anstieg, warten, daß der Blick sich
weitet. Wie schleppend auch immer – Veränderungen sind
in ihnen allen vorgegangen. Ingo Krampen beschreibt es:
«Es beeinflußt zwar keiner den anderen moralisch, wie und
was er ausgeben soll . . . wir könnten immer noch in die
Düsseldorfer Altstadt fahren und groß ausgehen . . . Aber
was man sich auch leistet, immer hat man jetzt die anderen
mit im Bewußtsein.»

Damit sich das in rechnerisch verläßlichen Größen niederschlägt, wurde vereinbart, zehn Prozent aller Einkünfte
regelmäßig zu sparen. Das hat schon deshalb Sinn, weil sie –
obschon der einzelne jederzeit all das aufkündigen kann – in
diesem Konto-Bund doch etwas fürs Leben, ja sogar bereits
für die nächste Generation erblicken. Einige von ihnen kön-

nen nicht mit einer Rente rechnen. Deren Alterssicherheit sollen alle anderen und das Vertrauen aller in alle garantieren. Und für die Ausbildung sämtlicher Kinder soll der Gemeinschaftstopf natürlich gleichfalls herhalten.

Berufliche Unabhängigkeit soll er erzeugen, nicht Trägheit. Ein Mitglied, der Bochumer Industrie-Manager Albert Fink, quittierte seinen lukrativen Job und widmete sich nun völlig dem Entwurf eines alternativen Wirtschaftssystems im Sinne Rudolf Steiners. Dafür wird er weniger gut bezahlt. Die bloße Existenz gemeinschaftlicher Finanzen, glaubt Fink, habe ihm diesen Übergang erleichtert. Dennoch führt er immer noch dem Gemeinschaftstopf mehr zu, als er von seinem «Unterkonto» abzapft.

Ein Sohn Finks zählt zu denen, die auf Kosten der Gemeinschaft bereits studierten. Später wurde diesem jungen Mann angeboten, selber Mitglied mit Vollmacht über das Konto zu werden, das ihn bislang finanziert hat. Er schlug das erst einmal aus. Vorerst verlangte es ihn nach einem uneingeschränkt eigenen Guthaben. Ein individueller Anspruch, wie Anthroposophen ihn achten. Nach kurzem Ausflug in die finanzielle Ellenbogenfreiheit schloß er sich dem «Club» der Alten dann doch an.

Bürgerlichen Anstrich hat das zweifellos, von der Motivation bis zum Stil des Verzichts und der Zuversicht in Geldfragen. Die Älteren in der Gemeinschaft – Frau Diederich ist dafür Beispiel – verfügen über Immobilienbesitz und haben begonnen, sich von ihm zugunsten der Jüngeren zu trennen. Sie möchten damit ein Muster für die Erfüllung des anerkannt leeren Artikels 14 Grundgesetz schaffen, wonach «Eigentum verpflichtet». Die Jungen, insbesondere die Anwälte, kneten dazu immer neue, übereinander hinausführende Vertrags- und Grundbuch-Versionen.

Sehr viel schneller als Rudolf Steiners geheimnisträchtiges Werk in ihre Köpfe und Gemüter Eingang zu finden vermag, reift darin sein organischer Eigentumsbegriff, den zu praktizieren es sie drängt. Die älteren Teilnehmer des Wandlungsversuchs haben längst alle aus privatem Vermögen zugeschossen. Alle zusammen haben sie dann zur Übung ein Mietshaus gekauft.

Damit wähnen sie sich ein Schrittchen weiter in ihrem Wandel des Privaten: Erstens können die Erwerber alle mit gleichem Anspruch ins Grundbuch, egal, wieviel sie beigesteuert haben. Zweitens sollen diejenigen von ihnen, die mit ihren Frauen und Kindern als Bewohner von dem Haus Besitz ergreifen durften, nämlich Wilhelm Ernst Barkhoffs drei junge Anwaltspartner, auf die Wahrnehmung aller althergebrachten Eigentümerrechte verzichten – folglich auch auf ihre Eintragung im Grundbuch.

Das entspräche der Wunschvorstellung dieser bürgerlichen Utopisten von einem entgifteten Eigentumsrecht: Gesplittet soll es werden zwischen Nutzern und Haltern. Grund und Häuser sind für sie keine willkürlich häufbare Vermögensmasse. Bei ihrem Entwurf haben die Nutzer das Haus für sich wie Besitz, solange sie es bewohnen, und müssen es entsprechend pflegen. Verkaufen, beleihen oder vererben dürften es nur die Halter, doch einzig im Sinne einer Gemeinnützigkeit, die jeden Gedanken an Spekulationen oder sonstigen Mißbrauch ausschließt. Das nennen die Bochumer «individuelles Gesamteigentum».

Die Nutzer leisten eine Nutzungsentschädigung, wenn sie können. Sie mündet in einen Fonds, der alsbald ähnliches Wohnungseigentum für andere finanziert. Tatsächlich zahlen die drei Anwälte jetzt, was der ortsüblichen Miete entspricht. Theoretisch könnten sie sich mit einer Mark im Monat aus der Affäre ziehen. Ihre Verträge, immer am Rande des geltenden Rechts, sind noch immer Spielmaterial. Ausgenommen Anthroposophen, könnten die keinen Zeitgenossen zuverlässig festlegen. Anthroposophen hingegen bräuchten vielleicht gar keine Verträge, ginge es nicht um dieses Fahnden nach neuen, höheren Formen: nach der Eigentums-Metamorphose. «Noch tappen wir im Dunkeln», scherzt einer, «wie jemand, der nach einer vielleicht gar nicht vorhandenen Katze sucht und ruft: ich habe sie!»

54

Einige aus der Kontogemeinschaft wollten deswegen bloß finanziell, nicht im Grundbuch dabei sein. Nach gewissenhaftem Zaudern haben sich zwölf von 22 da eintragen lassen, darunter kurioserweise allerdings die Bewohner, die doch bloß Nutzungsrecht beanspruchen wollen: jene jungen Anwälte also, aus deren Köpfen das alles entsprungen war. So widersprüchlich reagieren in Fragen des alten Habens vermeintliche Repräsentanten eines neuen Seins, wenn es zum Schwur kommt.

Bisher ist es keinem geglückt, bis ins letzte trennscharf und rechtswirksam ihren voraneilenden Eigentumsbegriff in Paragraphen zu kleiden. Selbst die bloße Beschreibung dessen, worauf sie hinauswollen, leidet unter dem Mangel an verwendbaren Begriffen. Das alte, im römischen Recht verwurzelte Eigentumsdenken hat auch die Sprache besetzt. «Es muß», sagt der Alternativ-Manager Albert Fink, «eine Art Vertrauensrecht gefunden werden . . . ein bewegliches Recht.»

Dem einzelnen wollen sie das Zusammenraffen von Immobilien unmöglich machen. Undurchsichtigen Institutionen wie dem Staat oder anonymen Kollektiven trauen sie als Steiner-Leser natürlich ebensowenig. Dem einzelnen das Gehäuse für seine eigene angstfreie Entfaltung zu sichern – nicht weniger, nicht mehr –, erscheint ihnen ein System aufeinander bezogener Teilhaber und Treuhänder am ehesten tauglich.

Mit Immobilien möchten sie es genau so halten wie mit ihrem Verdienst. Die Einbahnstraße der Selbstversorgung wünschen sie zu verlassen – und fahren dann darauf doch voller Unbehagen weiter. «Es ist ja doch die paradoxe Situation», sagt Albert Fink, «daß wir erst verstehen, was wir tun, wenn wir es tun.» Um Tun wie Verstehen gleichermaßen bemüht, hat die Kontogemeinschaft ihre Sachwalterin Ingeborg Diederich angewiesen, nun auch noch fünf Prozent aller in ihre Buchführung mündenden Haben-Beträge automatisch auf den neuen gemeinsamen Wohnbau-Fonds zu übertragen.

Mit dem, was damit gebaut werden kann, möchten sie auf die nächsthöhere Stufe kommen. Da sind sie auf ihre noch ungeborenen Ideen gespannt. «Nimmt man alte Leute rein?» fangen sie jetzt an nachzudenken, «oder vielleicht Behinderte?» Albert Fink hat eine maßlose Perspektive: «Alles, was staatliche Sozialarbeit ist, muß zurück in den privaten Bereich.» So ein verbal mächtiger Anlauf tut immer wieder not, wenn am Ende wenigstens kleine Veränderungssprünge gelingen sollen. Mitunter ermuntert einer von ihnen ferne Gesinnungsfreunde zu experimentellen Wagnissen, bei welchen sie selber in ihrer reformerischen Springprozession noch nicht so recht gelandet sind.

Sie sind keine Umstürzler. Noch weniger sind sie Heilige oder Helden. Samariter ist auch nicht das richtige Wort. Wohltat ist ihr Handeln zu allererst für sie selber – weil es sich mit ihrem Denken befriedigend deckt; weil es ihr Ich aufwärts läutert für künftige Inkarnationen. Auf die hin orientieren sie sich. Sie denken ähnlich über den Besitz von Haus und Leib: alles ist vorübergehend. Doch einen Umzug ins Nichts, den fürchten sie weder von da noch von dort.

Erst muß der Bewerber begreifen: viel, vielleicht sogar Enormes wird von seiner Mitarbeit erwartet. Dann soll er die mit seinem Leben und dem der Seinen verbundenen Kosten nennen. Daraus ergibt sich, was man ihm wird zahlen müssen. So werden unter Anthroposophen Gehälter heute ausgehandelt.

Ähnlich gilt das für Stipendien aus Stiftungen, von denen rund 150 Studierende an den pädagogischen Seminaren der deutschen Waldorf-Bewegung, an der anthroposophischen «Alanus»-Kunsthochschule bei Bonn oder den Lehrstätten für Eurythmie, nicht selten unter der Ebene von Bafög, geschwisterlich auskommen. Mit gewählten Vertrauensleuten wird der Monatswechsel vereinbart. Wer gejobt oder geerbt hat, erstattet freien Willens Geld zurück. Die Unterrichtsstätten werden oft von ihren Studenten gratis geputzt und instandgehalten.

Menschliche Leistung, da sind sie alle bereit, Rudolf Steiner zu folgen, ist keine Ware, sondern eigentlich unbezahlbar. Für andere wird sie vollbracht. Einer vom anderen sollen die Leute leben, sonst, hat Steiner prophezeit, würden auf Dauer nur «Elend und Not» erzeugt. Geld gibt es zur Befriedigung der Bedürfnisse, nicht als Arbeitsentgelt.

Wieder sind wir beim Sozialen Hauptgesetz. «Für die Mitmenschen arbeiten und ein gewisses Einkommen zu erzielen», das sind danach «zwei voneinander ganz getrennte Dinge». Daraus erwuchs das Ritual einer Bedürfnisbestimmung außerhalb jeglicher Tarifordnung, das sich ausbreitet, wo die wachsende Gefolgschaft Steiners ihre Kräfte vereint.

Nichts weist darauf hin, daß diese Besoldungsreform den Arbeitswillen herabsetzt. In Waldorfschulen, anthroposophischen Krankenhäusern oder den neuerdings eigenen Geldinstituten der Bewegung, in Forschungslaboratorien oder in biodynamischen Gärtnereien begegnen wir einem entsprechend ausgeprägten Typus von edel Überarbeiteten, die sich zu ihren kargen Einkünften in fast schon masochistischer Offenheit bekennen.

Aber das Soziale Hauptgesetz ist kein Dogma. Annahmepflicht verbindet sich in Wahrheit nur mit einem der anthroposophischen Leitmotive: eigener Einsicht zu folgen sei des freien Menschen einziger Imperativ.

Das öffnet ein weites Feld für Deutungen und Dissonanzen, insbesondere in der Einkommensfrage. «Info 3», eine anthroposophische Zeitschrift für kritische Alternative und Grüne in Frankfurt, erschrickt ein bißchen über die neuerlichen Sprungversuche einer von Steiner abgeleiteten Geldumwertung. Auszuhalten sei eine Kontogemeinschaft Bochumer Machart auf die Dauer bloß bei uneingeschränkter Nächstenliebe, mahnt das Blatt. «Den anderen in seinem ganzen Wunsch- und Triebleben in sich auferstehen zu lassen», heiße es da, «sich so mit ihm zu identifizieren, daß man seinen Handlungen genauso tolerant gegenübersteht . . . wie den eigenen.» Fazit: Das ist was für Heilige oder Scheinheilige.

Manche lassen vorsorglich von sich hören, daß sie das nicht bringen würden.

Szene aus dem Rudolf-Steiner-Haus in Stuttgart, Uhlandshöhe, wo 1919 die erste Waldorfschule in einem Caféhaus entstand: Frank Teichmann, der Leiter eines anthroposophischen Studienseminars, und Heten Wilkens, der Geschäftsführer der Anthroposophischen Gesellschaft in Deutschland, räsonieren über dieses schleichende Ansinnen, ein rechter Anthroposoph hätte seinen Geldbedarf zu definieren. Wilkens ist ein Nachfahre Bremer Großbürger, und sein Weg zu Steiner hat mit einer Verwundung im Krieg begonnen, bei der er das vorübergehende Abheben seiner Seele aus dem Leib glorios erfahren haben will. Der Geldfrage entzieht er sich wie einem Knebelungsversuch. «Frage mich niemand nach meinen Bedürfnissen», entrüstet er sich, «sonst brauche ich nämlich 30 000 Mark im Monat!» (Mit einem knappen Siebtel davon begnügt er sich in Wahrheit.) Teichmann stimmt zu. Er, der noch ein bißchen weniger bezieht, fabuliert: Sein Bedarf bewege sich sogar um die 50 000 im Monat. Zwei Weltreisen pro Jahr, die habe er eigentlich nötig.

An der Fähigkeit zu gelassenem Zurückstecken, an einem Maß für Bescheidung mangelt es den beiden nicht. Was sie verteidigen, ist der nach ihrer Meinung mit dem eigenen Einkommen vorerst noch untrennbar verbundene Vorzug abgeschirmter Selbstverwaltung. Unter gar keinen Umständen, schwört Wilkens, würde er sich einem Topf wie dem Bochumer anschließen. Ihm kommt das um Jahrhunderte zu früh. «Die Bedürfnisfrage», das ist seine derzeitige Quintessenz aus Steiner, «mündet in Heuchelei und Unfrieden.» Dafür sprechen nach seiner Meinung okkulte Zusammenhänge, wie sie sich dem geistig weiterschweifenden Anthroposophen auch durch Meditation erschließen: «Noch leben wir im Zeitalter des Egoismus! Vorverlegte Brüderlichkeit enthält Sprengstoff!»

Den Beobachter anthroposophischer Sozialreformen darf es nicht verwirren, wenn ein in Steiners Geistes- wie

58

Sozialwissenschaft höher Klimmender einen Zusammenhang zwischen Lohntüte und Weltenplan in Erwägung zieht.
Diese Lehre beabsichtigt, anders als die von Marx, eine Um-
wälzung mit Transzendenz. In ihr existiert nichts vorder-
gründig Vollziehbares, wozu es nicht auch Perspektiven ins
Unerfaßliche gäbe.

Kalendersprüche für ungetrübten Geldgenuß sind da
zwar keinesfalls herauszupicken. Trotzdem verstehen Se-
nioren der Anthroposophie mit Steinerscher Geistigkeit ein
vor allem standesgemäßes Leben völlig zu vereinbaren: Bio-
Bauern, die sich bei ihrer Bodenbehandlung demütig allen
von Steiner erdachten Mühen unterwerfen, ziehen häufig
Steiners Eigentumsidealen unerschüttert das Erbhof-Den-
ken vor. Der Elektro-Magnat Peter von Siemens hat bei seiner Unternehmer-Praxis auch nicht das Soziale Hauptgesetz
im Auge behalten. Statt dessen, das bescheinigt ihm «Info 3», hat er «wie ein Nikolaus mit einem Sack voller Ge-
schenke», mit «Geldspenden, Rabatten oder abgeschriebe-
nen Büromöbeln» zahlreiche anthroposophische Einrichtungen bedacht.

Der Münchner Anthroposoph Walter Beck, einer der wenigen noch vitalen Kursanten Steiners aus dessen letzten Le-
bensjahren, mehrte sein Vermögen mit dem Bau von Waldorfschulen und anderer an Steiner orientierter Architektur. Seinen Beitrag für die Sache sieht er darin, mitunter
günstig Grundstücke für die Steiner-Gesellschaft besorgt
und, ungeachtet der normfremden Details, «Anthroposophisches» gegen normales Honorar gebaut zu haben.

Als Beispiel für eine seinen Idealen entsprechende Ver-
mögensumschichtung erwähnt er lobend die von ihm ge-
schaffenen Eigentumswohnungen in besten Gegenden
Münchens. Fürst Johannes von Thurn und Taxis, sagt er,
habe davon eine für sich genommen.

Mag sein, daß anthroposophische Praxis dieser Güte die
studentischen Rebellen der sechziger Jahre dazu anregte, an
entsprechende Hauswände zu schmieren: «Steiner – das ist
auch so einer.»

Später näherte sich sogar einer wie Rudi Dutschke einem auf dem Bodensee-Hügel von Achberg tagenden anthroposophisch rot-grünen Kreis. «Am Ende seines Lebens», behauptet der Anthroposoph und Grüne Joseph Beuys, «stand Dutschke in den Zusammenhängen unserer Arbeit.» Auf ihrer weiteren Suche nach Sinn und Lebensordnung wechselten viele aus der damaligen Studentenbewegung von Marx zu Steiner über, willens, sich bei ihm Anleitungen zum Handeln herauszuschreiben – speziell wo es ums Geld ging.

Was linken Kommunen beim Umgang mit ihren Kassen überhaupt nicht gelingen wollte, entwickelt sich in großen Lebensgemeinschaften anthroposophischer Sozialarbeiter mittlerweile weitgehend fieberfrei zu einem geregelten Dauerzustand: Aller Einkommen dient aller Auskommen.

So nördlich vom Bodensee in Lehenhof, Hermannsberg oder Brachenreuthe, Dorfgründungen der anthroposophischen Camphill-Bewegung, in denen an die zweihundert geistig Behinderte mit etwa halb so vielen Gesunden in Familiengemeinschaften leben. Zwar verfügen hier die Behinderten noch alle über eigenes Geld. So erzwingen es die Gesetzes-Automatik ihrer Entmündigung und der dazugehörige Taschengeld-Tarif der öffentlichen Hand. Die sogenannten Unversehrten überantworten sich freiwillig mehr und mehr dem Sozialen Hauptgesetz und seinen vorerst kaum übersehbaren Folgen.

Niemals dürfe einer, steht es dort, «die Früchte seiner eigenen Arbeit für sich selber in Anspruch nehmen». Die müßten «möglichst ohne Rest der Gesamtheit zugute kommen». Denn, so Steiner, «wenn ein Mensch für einen anderen arbeitet, dann muß er in diesem anderen den Grund zu seiner Arbeit finden, und wenn jemand für die Gesamtheit arbeiten soll, dann muß er den Wert, die Wesenheit und Bedeutung dieser Gesamtheit empfinden und fühlen.»

Die Räte der Dorfgemeinschaften haben das in ihre Satzung genommen, der sich in diesem Punkte keiner unbedingt beugen muß. Heilpädagogen, Lehrer, Landwirte,

Handwerker, selbst Ärzte überweisen ihr laufendes Einkommen auf ein Gemeinschaftskonto.

In Lehenhof verfügt jeder, der dem zustimmt, bei einer nahegelegenen Sparkasse über ein eigenes Unterkonto mit jährlichem Kredit-Limit und enthält fortan nur Auszüge, die ihm Soll-Beträge melden: die eigenen Abhebungen. So mag er sich selbst zu diszipliniertem Ausgeben erziehen.

Der Begriff «Haben» ist verschwunden. Alle Einkünfte, ausgenommen die aus eigenem Vermögen, fließen dem Sammelkonto zu, das die Sparkasse nicht verzinst. Abgerechnet wird alles am Jahresende. Dann werden die auf den Unterkonten aufgelaufenen Soll-Beträge aus dem gemeinsamen Plus gedeckt. Drei von der Wirtschaftsgemeinschaft gewählte Vertrauenspersonen haben freilich bis dahin die Ausgaben unter Kontrolle zu halten und kommentieren die oft sprunghaften Unregelmäßigkeiten bei der Sollerzeugung in regelmäßigen Gemeinschaftssitzungen mit kernigen Ermahnungen. Sogar zu Kreditrestriktionen sind sie von Fall zu Fall durchaus fähig.

Schon 30 Kilometer weiter, in Brachenreuthe, läuft die Prozedur völlig anders ab: Da gibt es überhaupt keine mit Personen verknüpfte Buchführung mehr. Die erst einmal vereinigten Einkünfte werden aufgeteilt auf wieder gemeinsame «Sonderkonten» für «persönliche Bedürfnisse», die «Ausbildung der Kinder» oder für «Ausgaben im Zusammenhang mit der Anthroposophie». Von denen zehren alle namenlos. Allerdings, nach dem Urbild der von emigrierten deutschen Anthroposophen 1939 in Schottland gegründeten ersten Camphill-Dörfer hütet ein von der Gesamtheit bestellter «Steward» die Konto-Balance. Wer größere Summen braucht, teilt ihm das vorher mit und erfährt durch ihn, was möglich ist.

Verdrießliche Geld-Debatten sind nicht auszuschließen. Umstritten ist dann etwa, ob der Besuch eines anthroposophischen Kultur-Ereignisses samt den dazugehörenden Reisespesen einem «persönlichen Bedürfnis» oder dem Vereinsziel entsprach.

Nur jeder zehnte von 30 Mitarbeitern Brachenreuthes spielte vorläufig nicht mit. Im viel größeren Lehenhof leben sämtliche 36 festen Mitarbeiter (mit 43 Kindern) von Soll-Konten der Wirtschaftsgemeinschaft. Noch einmal so viele, und das sind vor allem die jüngeren Helfer, bleiben draußen. Für sie ist das Dorf in der Regel nur Durchgangs- und Ausbildungsstation. Von Zeit zu Zeit richtet die Wirtschafts-Gemeinschaft für frisch angesiedelte Dauerbewohner eine separate Übungskasse ein. Keiner wird unvorbereitet oder unter Zwang einem ungewohnten Umgang mit dem Einkommen unterworfen.

Ist es schon kein Armutsgelöbnis, was hier angestrebt wird, so kostet es doch Überwindung – und Nerven. Zermürbende Grundsatzdebatten allerdings wie unter Linken oder auch Grünen entzünden sich nicht. Dafür gäbe es keine kollektive Richtschnur. Das Ich ist letzte Instanz. Und falls einen plötzlich wieder nach völlig eigenem Lohn verlangt – auch gut.

«Es ist manchmal wichtig, den eigenen Egoismus zu erfahren», sagte mir ein alter Werkmeister. Gerade hatte er am eigenen Sohn beobachtet, wie das jählings wieder aufbricht. Der ist ein Kunstschmied aus Lehenhof und wurde dort erwachsen. Nun hatte er geheiratet; eine Töpferin aus dem Dorf. Mit ihr wünschte er anders zu leben. «Ganz privatistisch» nannte es sein Vater und meinte, das werde sich geben. Der Junge müsse sich wohl bloß beweisen, «daß er mit seiner Arbeit eine Familie ernähren kann».

Gereiftere Familienväter, darunter einer mit sechs Kindern, haben dieses Verlangen in der Wirtschafts-Gemeinschaft vergessen. Benötigt eins der Kinder zur Entfaltung seines musikalischen Talents eine Klarinette für 10000 Mark, dann hat sich mit diesem Problem die Gesamtheit zu befassen – und abzufinden. In einer Gemeinde, die sich kein einziges Fernsehgerät genehmigt, war für derartige kulturelle Erfordernisse allemal Geld und Einsicht vorhanden. Später freilich wird der geförderte Klarinettist der Gemeinschaft sein Instrument wohl abstottern müssen. Nach verwöhnenden Wohltaten steht den Anthroposophen nicht der Sinn.

Anders als bei den Freunden in Bochum minimiert sich im Dorf der Abstand vom Nächsten und seinen Anschaffungen. Das schließt aus, daß individuelle Eigenarten sich erst über Kontozahlen offenbaren. Geredet wird schon zuvor. Trotzdem kommt es immer wieder zu verdrießlich sprunghaftem Anstieg der roten Zahlen. Von einer bereits ausreichend verinnerlichten Selbstregulierung kann noch lange nicht die Rede sein.

Im Grunde verlangt es das Menschenbild dieser Anthroposophen, sich auch in ihren Bedürfnissen ein bißchen voneinander zu unterscheiden. Der eine fährt Audi 100, der andere R 4. So weit dürfen die Spielräume schon sein. Wo brüderlich entnommen wird, verlieren Gegenstände ihren Statuswert. Außerdem wird für jedes neue Auto gleich eine Fahrgemeinschaft rekrutiert.

Das sind Experimente, wie sie sonst keiner durchhält: Verteilungsmodelle eines Mikrokosmos, der sich von der Besessenheit des großen Ganzen absondert – handelnd und ziemlich schweigsam. Auch einige von links kommende Steiner-Leser winken da ärgerlich ab. Das, sagen sie, sei der falsche Kurs. Sie beanstanden an solchen Übungen nicht den Zeitpunkt; ihnen mißfällt deren an Noahs Arche erinnernde Begrenztheit.

Energisch behauptet Wilfried Heidt, ein steinerisch angewandelter Soziologe aus dem Berliner Otto-Suhr-Institut, dem Verfasser des Sozialen Hauptgesetzes hätten nicht Versuche in der Nußschale vorgeschwebt. Der müsse einfach größere Zusammenhänge im Sinn gehabt haben. «Heute würden wir sagen», so dreht das Heidt, «ordnungspolitisch hat er's gemeint, gesamtgesellschaftlich, und nicht einfach so als Anweisung zum Gutsein.»

Gemeinsam mit dem Kunst-Prediger Joseph Beuys, einem Freundeskreis Hamburger Computertechniker und anderen aus dem sogenannten «Achberger Kreis» hat er deshalb etwas eingefädelt, was angeblich ein bißchen höher ansetzt: den Verbund von zwei Dutzend sehr unterschiedlichen Winzig-Unternehmen zur gemeinnützigen Stiftung «Dritter Weg».

Nein, sie haben sich dem Sozialen Hauptgesetz nicht buchstäblich gebeugt. Im weiteren Sinne Steiners wollen sie vielmehr der *Freiheit* des Geisteslebens dienen. Mit ihren Mitteln leisten sie den Grünen Forschungshilfe. So haben sie ein Rechtsgutachten über die Aussicht finanziert, die Bundesrepublik per Volksentscheid zu kurieren.

In den fünf Jahren seines Bestehen, heißt es, habe der Verbund solchen Zwecken insgesamt 600 000 Mark gewidmet. Abgemacht wurde das jeweils in den regelmäßigen Konferenzen von drei Dutzend dabei *Gleichheit* übenden Firmendelegierten. Denn aus den Überschüssen der angeschlossenen Firmen stammt das Geld.

Die erwähnten Software-Macher, ein aufblühender Garnhandel, alternative Teestuben oder das von den Grünen bevorzugte ehemalige Yoga-Hotel «Humboldt-Haus» in Achberg erwirtschaften das vorwiegend. Ein paar Forschungs-Grüppchen, ein Alternativ-Verlag oder die Freie Universität des Joseph Beuys steuern eher Verbales bei. Alles in allem erwarten sie voneinander *Brüderlichkeit*.

Damit glauben sie, der wahren Zielrichtung jener *Dreigliederung* gerecht zu werden, die Rudolf Steiner der gesamten Industriegesellschaft zur Rettung empfohlen hatte, eben dieser vielzitierten, vielgedeuteten: Freiheit im Geistesleben, Gleichheit vor Staat und Recht, Brüderlichkeit in der Wirtschaft.

Zur Brüderlichkeit, finden sie, gehöre völliges Vertrauen. Nur mündlich werden deshalb voreinander Geschäftsberichte erstattet. Alle halten sie auch so für wahr. Kontogemeinschaft mögen sie nicht sein, weder als Unternehmer noch als Gehaltsempfänger. Die Einkünfte bleiben privat, was auch immer darüber bei Steiner stehen mag. Allerdings: Bescheidene Einkünfte müssen es sein. Im bundesdeutschen Brutto-Durchschnittsgehalt sehen die vom Dritten

Weg eine Grenze nach oben. So gebiete das, sagt der Soziologe Wilfried Heidt, «unsere Einsicht in die Probleme der übrigen Welt».

Überzeugte Steiner-Leser wissen, welche Art Bewegung heilsam wäre für ihr Geld. Sie ihm zu verordnen fällt ihnen trotzdem schwer. Blindlings, wie die Fütterung eines Opferstocks, kann das sich nicht vollziehen. Einen eigenen Weg gilt es für Geld wie Geist zu verfolgen.

In Bochum widmet sich die Gemeinnützige Treuhandstelle dem Vollzug entsprechender Schenkungen. Manche zahlen dort langsam eine Schenkung an, für die sie einen Zweck erst ausmachen müssen. Einer schenkte 20 000 Mark und verlangte, davon müsse erst einmal sein eigener Sohn ein Darlehen zum Studieren kriegen. Zurückzahlen muß der das nicht dem Vater. Die Treuhandstelle erwartet das Geld. Sie kann es später immer wieder anderen Studenten geben.

Einer schenkt ein Haus. Das Haus ist vermietet. Die Miete will er weiter für sich. Nach einer Weile gesteht er sich ein, wie wenig er sie nötig hat. Soll er nun einfach darauf verzichten? Nein, er macht aus der Miete eine neue Schenkung. Deren anthroposophischen Zweck möchte er selbst regelmäßig angeben: Jahr für Jahr vielleicht einen anderen.

Es gibt Fabrikanten, die übersenden der Treuhandstelle plötzlich einen siebenstelligen Schuldschein. Das versperrt ihnen den Rückweg in den vertrauten Egoismus. Die auf dem Schein garantierten Schuld-Zinsen widmen sie, solange sie nur können, selber einer ihnen gerade am meisten zusagenden Gemeinnützlichkeit.

Hundert solcher Posten haben sich in Bochum angesammelt, daneben Geld und Revenuen Dutzender anthroposophischer Vereinigungen, die diese Teuhandstelle vor zwei Jahrzehnten gemeinsam begründet haben. Hier liegt ein Hort anthroposophischer Vermögenspolitik: 60 Millionen Mark. Die Hälfte davon besteht aus Schenkungen Alfred Rexroths, eines Hydraulik-Herstellers aus Lohr am Main, der mit so einem Millionen-Schuldschein angefangen hatte. Als er, wie die Anthroposophen sagen, «über die Schwelle ging», vererbte er ihnen seine sämtlichen Industriebeteiligungen.

Nur an Vereinigungen von verbürgter Gemeinnützigkeit darf das den Bochumer Treuhändern anvertraute Geld verliehen werden. Solche Vereine heißt es oft erst einmal zu gründen.

Den Treuhändern liegt besonders am Erwerb oder, wie sie es nennen, am «Freikauf» von Bauerngütern. Damit sich die erwünschte Gemeinnützigkeit da einstellt, muß sich zur anthroposophischen Agrikultur fast unausweichlich ein pädagogisches oder therapeutisches Vorhaben gesellen.

So entstehen vom Bodensee bis nach Holstein Landbau-Lehrstätten und Lebensgemeinschaften mit geistig Behinderten. Das füllt verlassene Höfe mit stadtflüchtigen Sinnsuchern, jungen Bio-Bauern, seelisch Kranken und clean gewordenen Junkies.

Kaum ist so ein Millionen-Darlehen heraus, da trommeln die von der Treuhandstelle schon wieder Geldgeber zusammen. Eine Gemeinschaft zahlungswilliger Sympathisanten sollen die bilden und, jeder zu kleinen Teilen, die Last eines vollzogenen Freikaufs auf sich nehmen. Es wird ferner angeregt, daß jeder auf die Zinsen für seine paar tausend Mark einem weiteren guten Zwecke zuliebe verzichtet. Mit dem dann zurückfließenden Geld kann die Treuhandstelle weiter Land freikaufen.

Nur, es ist nicht getan mit den Millionen für Höfe und Land. Ehe dort die Arbeit überhaupt anfangen kann, muß noch Geld her für den Einkauf von Vieh, Saatgut, Maschinen. Und das wiederholt sich alsbald. Für die Bochumer Geld-Verwalter – sie sind uns in diesem Kapitel bereits als Kontogemeinschaft begegnet – war das ein Ansporn, neben der schwerbeweglichen Treuhandstelle eigene Banken zu gründen.

Die erste hieß «Gemeinnützige Kredit-Garantie-Genossenschaft» (GKG). Die zweite nannten sie «GLS-Gemeinschaftsbank» oder «Gemeinschaft für Leihen und Schen-

66

ken». Die führt sogar Sparguthaben mit, auf Wunsch, marktgerechter Verzinsung. Unter ihren 3500 Einlegern schätzt sie besonders jene, denen es wichtig ist, daß ihr Geld gleich samt Zinsen für «sozial erwünschte» Vorhaben arbeitet. Die Bank selber ist ja so ein Vorhaben, an dem sich 4144 Mitglieder mit 2,5 Millionen Mark in kleinen Tranchen beteiligen, notfalls zum Nachschießen verpflichtet. Also winken viele Kunden bei der Frage nach der von ihnen erwarteten Rendite selbstlos ab, während die Banker ihrerseits einen Ehrgeiz darein setzen, Geld möglichst nur gegen eine Verwaltungsgebühr zu verleihen.

Leihen und Schenken gehen ineinander über. Dabei expandiert das Geschäft. 1983 beispielsweise haben die Bochumer Anthroposophen ein Geschäftsvolumen von 86 Millionen Mark erzielt (1982: 73 Millionen), zu ihrer Genugtuung ohne Gewinn oder Verlust.

Mit üblichen Banken läßt sich hier kaum etwas vergleichen. Nicht nur, daß es unter den 20 Mitarbeitern der GLS welche gibt, die von der Firma kein Salär nehmen, da sie über etwas Vermögen verfügen. Diese Bank verlangt von ihren Kreditnehmern meist keinerlei «dingliche Sicherheit». Sie kann das, solange die Kreditnehmer überwiegend Anthroposophen sind. Unter anderen stehen 175 Waldorf-Schulvereine, Kindergarten- und Jugend-Initiativen, 59 Landbau-Gruppen, 83 Heilstätten und 31 alternative Handelsorganisationen bei der GLS in der Kreide.

Sie zieht dem Alleinschuldner «Leihgemeinschaften» vor. Im Kreditgeschäft, ausnahmsweise, vertrauen selbst Anthroposophen eher einem Kollektiv (von allerdings namentlich Haftenden). Das gilt fürs Geldnehmen wie fürs Geldgeben. Bochumer Rezept ist es, um ein kreditwürdiges Projekt eilends eine «Darlehens-Gemeinschaft» zu flechten und den einzelnen Darlehensgeber möglichst gleich noch zur Mitsprache zu berechtigen.

Das Wirtschaften in «Demeter»-Betrieben, speziell auf «freigekauften» Höfen wird so kreditiert – von Leuten aus der Stadt meist, die sich plötzlich, Aug' in Aug' mit Bio-

Bauern, für Anbau wie Vermarktung zu interessieren haben. Was da durchschlägt, ist ein Rezept: Geld wird rundum Heil- und Bindemittel; es darf sich nur nirgendwo festsetzen.

Darlehens-Gemeinschaften, mal etliche Hundertschaften stark, dann wieder bloß ein Grüppchen, finanzieren Werkstätten und Fuhrunternehmen, doch ebensogut Vorhaben, die einzig geistigen Nutzen versprechen. Sie ermöglichen die Überbrückung der oft schwindelerregenden Finanzierungslücken beim Bau neuer Waldorfschulen, für den weithin die Regel gilt, daß ein Schulverein sein gerade nicht benötigtes Guthaben einem anderen zur Verfügung stellt, der gerade nach Geld jappt. Jeder borgt jedem. Darauf kann jeder bauen.

Und können sie nicht borgen, so können sie immer noch bürgen. Die GLS bündelt die Bürgschaften. So, indem sie viele sind, können Rudolf Steiners Leser mit ihren verbürgten Tausendern, die sie nur notfalls drangeben müssen, Millionenkredite bewegen. «Geld», schwärmt Albert Fink, «ist etwas ungeheuer Flüssiges, das alles durchdringt.» Die heute herrschenden Vorstellungen davon hinkten nur verhängnisvoll weit hinter den heilsamen Möglichkeiten her.

Der Anthroposoph Joseph Beuys genießt die erwähnte Flüssigkeit auf seine Weise: 7000 Eichen und 7000 Stelen aus Basalt werden in seinem Namen und von gespendetem Geld bis zur Dokumenta 1987 in Kassel gepflanzt. Die dafür nötigen 3,5 Millionen Mark kommen aus der ganzen Welt und bei weitem nicht nur von Anthroposophen. Andererseits wurde von ihm bei dem Versuch, selbständig nach Bochumer Art für vielversprechend Alternatives zu bürgen, gelegentlich zu großzügig quergeschrieben. Reichlich 40 000 Mark gingen ihm dadurch verloren, und mit seiner Frau hat er Verdruß bekommen. Drum will Joseph Beuys in Zukunft «nur noch schenken». Weniger natürlich.

Steiners philosophische Maximierung des «Ich» trifft sich günstig mit den bedeutend naiveren Sonntags-Eingebungen sinnsuchender Kapitalisten. Manche lassen sich dabei ihren patriarchalischen Egoismus durchsonnen. Sie verwenden sich und ihr Geld für seine Reformideen. Nur in ihren Firmen kommen sie damit nicht weiter.

Steiner ergebene Unternehmens-Patriarchen wie der Turbinen-Bauer Hanns Voith aus Heidenheim an der Brenz oder der Nürnberger Bleistift-Fabrikant Rudolf Kreutzer (Staedtler Mars) konnten zwar Erben und enge Mitarbeiter für die Anthroposophie gewinnen. Sie konnten entsprechenden Stiftungen ihre Gewinne oder sogar ihre Geschäftsanteile widmen. Doch außer einer Beimengung von Waldorf-Pädagogik in der Lehrlingsausbildung und gewissen Verzierungen des Betriebsklimas findet sich heute in der Praxis so großer Firmen nichts, worin sich wahrer Steiner niederschlüge.

Zu «seelischem Austausch» werden in Nürnberg regelmäßig Abteilungsleiter und Meister der Firma «Staedtler Mars GmbH» eingeladen; zu einem Gespräch über «Lebenskrisen und Lebenschancen» die Programmierer. Eine Weile erfuhren Arbeiter und Angestellte des Schreibwaren-Riesen auf Wunsch eine Anleitung zum Malen oder zu ersten Übungen in Eurythmie. Vertreter müssen sich darin trainieren, ans Wohl des Abnehmers etwas inniger zu denken als an die Rendite des Erzeugers. Der Bleistift, mit dem sie sich das aufschreiben, trägt die Inschrift: «Konsequent aufs Positive reagieren.»

Dem Betriebsrat zeigt der Geschäftsführer und Anthroposoph Kurt Ebert freien Willens, was die Firma Staedtler Mars und er verdienen. Er spricht von «gläsernen Taschen» und von seiner «offenen Tür» und macht kein Hehl daraus, daß Arbeiter sich scheuen, durch letztere hereinzutreten. Eher schon schließen die sich feierabends einem für alle Fragen offenen Gesprächskreis des Hauses an. Dort reden sie allerdings viel lieber über Frühverrentung als über Rudolf Steiner.

Firmenrechtlich ist das ehemalige Familienunternehmen mit seinen 3200 Beschäftigten und einem Jahresumsatz von

360 Millionen Mark längst unlösbar mit der Anthroposophie verwoben, Generator einer Stiftung, die deren Zielen dient. Das ändert nichts an Eberts Fazit: «Aus meiner Sicht gibt es keinen einzigen anthroposophischen Betrieb.»

Das ist wahr. Und die berühmte «Weleda AG» macht keine Ausnahme, obwohl sie ihre Heil- und Pflegemittel nach Steiners Natur-Einsichten gewinnt und ihre Aktien den Auguren der Allgemeinen Anthroposophischen Gesellschaft in Dornach gehören. Weitab vom Sozialen Hauptgesetz zahlt die unter dem Namen einer germanischen Heilspriesterin international florierende Firma ihren Mitarbeitern 13 Gehälter und – bei 80 Millionen Mark Gesamtumsatz im Jahr – sogar Gewinnbeteiligung. Die staffelt sich nach einer Gehaltshierarchie, welche Geschäftsführern höchstens das Siebenfache des Mindestlohns zuweist.

Steiner in homöopathischer Dosierung. Das macht einen netten Arbeitgeber mehr, nichts weiter. Dem Beschäftigten steht für seine Mittagspause ein eigener Liegestuhl zu und fürs Büro eine Farbe nach Wahl. Vorgesetzte gibt es, keine Vorzimmer; einen Mitarbeiterrat, keinen Betriebsrat; eine gewisse Mitsprache, aber gewiß keine Mitbestimmung. Und die Preise werden gestaltet wie anderswo auch.

Brüderliches Wirtschaften, verflochten gar mit einem «freien Geistesleben» und einem, wie Steiner doch meinte, die «Gesamtheit» erfüllenden Geist, das hat sich in den Bereichen der Industrie einfach nicht ausbreiten wollen. Die von Rudolf Steiner selber unter solcher Zielsetzung 1920 mitbegründete Stuttgarter Aktiengesellschaft «Der Kommende Tag» ist der bislang einzige Versuch einer solchen Konstruktion geblieben.

Steiner, der zwanzig Jahre zuvor in der «Arbeiterbildungsschule» doziert hatte, erreichte, im Gegensatz zu allen seinen Anhängern seither, immerhin das Ohr des Proletariats. Dennoch: «Der Kommende Tag» ging unter, und kein Arbeiter weinte ihm nach.

Die Urzelle der Weleda hatte dazugehört und vorübergehend die Stuttgarter Zigarettenfabrik Waldorf-Astoria, deren Direktor Emil Molt für die Kinder seiner 1500 Mitarbeiter eine Schule nach Steiners Intentionen finanziert hat: die erste Waldorfschule.

Zu jenem an der Inflation und seinen Unternehmern gescheiterten Verbund eine neue Variante zu knüpfen, juckt es die Bochumer Gemeinschafts-Banker offenbar in den Fingern. Eine dazu verwendbare Holding zu schaffen, hatte ihnen der Spender Alfred Rexroth geholfen und ihr den Namen «Neuguß» gegeben. Damit verwalten sie sein industrielles Erbe sowie die ihnen von noch lebenden Anthroposophen überantwortete gutgehende kleine Kaltenkirchener Wachsfabrik «Stockmar»; die wiederum beliefert anthroposophische Einrichtungen in aller Welt.

Insbesondere aber hält die Neuguß einen 50-Prozent-Anteil an der hessischen Glashütte «Süssmuth», der ersten und einzigen von ihren Arbeitern in Selbstverwaltung genommenen Fabrik der Bundesrepublik.

Die 1970 errichtete Arbeiter-Gesellschaft geriet in hoffnungslose Geldnot. Allein die Anthroposophen waren bereit, da einzusteigen – mit einer halben Million zunächst und der vagen Hoffnung, der Geist des «Kommenden Tags» werde vielleicht wiederkehren.

Von 250 auf 125 Arbeitsplätze ist das Unternehmen abgemagert. Aber auch die seien auf Dauer nur dann zu erhalten, so predigt nun Albert Fink im Namen der Neuguß, wenn die Einstellung zur Arbeit und zum Lohn sich völlig wandle. Die Neuguß wolle einfach nicht weiter zuschießen.

In den Glasbläsern soll die Bereitschaft für ein alternatives Modell wachgeredet werden. Eines zum Überleben, eines, bei dem sich das Einkommen und die Arbeit, siehe Steiner, voneinander lösen. Fink spricht von dem Plan, die Glashütte krisensicher und heilend mit einer biodynamischen Landwirtschaft zu verbinden sowie mit Werkstätten für Autoreparatur und Kunsthandwerk.

Er, der selber in einer Einkommensgemeinschaft zufrieden lebt, empfiehlt sie nun dringend den Arbeitern. So ließen sich die unvermeidlichen Lohnunterschiede zwischen

Bauernarbeit und Fabrikarbeit familiär ausgleichen, findet er. Es wäre dann leichter, von der eingefahrenen Arbeitszeit herunterzukommen und Arbeit wie Geld vernünftig unter alle aufzuteilen.

Die Glasarbeiter haben sich gerade noch dazu verstanden, in der Nähe die Tochterfirma «Wilhelmsthal» zu eröffnen, wo nun Glaskunst und Teppichweberei gepflegt werden – eine Art Handwerkshof. 15 Arbeitsplätze hat das gebracht. Vom Tariflohn wird nicht abgewichen. Das wären Visionen einer Brüderlichkeit, für die, sagt vorsichtig der Arbeiter-Chef Ulrich Oskar Kriwet, «in der Glashütte erst noch viel Bildungsarbeit geleistet werden müßte». Durch die Brille der zuständigen Industriegewerkschaft liest sich das ohnehin alles anders, nämlich politisch. Die kennt zur Zeit allenfalls ein soziales Hauptgesetz, das nicht von Steiner stammt. Das lautet: Arbeitszeitverkürzung bei vollem Lohnausgleich.

Zu guter Letzt jedenfalls haben die Anthroposophen von der Neuguß noch einmal fast eine halbe Million zubuttern müssen, ohne damit auch nur das Geringste im Sinne Steiners zu bewirken. Die Glasbläser haben schon gemerkt: So einen Betrieb einfach fallen zu lassen, das vertrüge sich schlecht mit den Idealen der Rechner aus Bochum.

4
Die Seele des Schülers langsam enträtseln

Die Waldorfschulen

Kein lebendes Wesen erregte in Elternversammlungen von Waldorfschulen solch ein Ärgernis wie E.T., der kosmische Gnom aus Hollywood. Die Pädagogen eines anthroposophischen «Elternbriefes» aus Freiburg im Breisgau reflektieren dieses Mißbehagen. Der «Extra-Terrestrische», fürchten sie, diese «Mißgeburt aus Gummi und Plastik», diene einem «Generalstab des Teufels» dazu, den Menschen «jedes sinnvolle und ernsthafte Erlebnis des Überirdischen auszutreiben». Anthroposophie macht sich anheischig, ihren Anhängern, also auch dem wahren Waldorf-Lehrer, zu diesem Erlebnis zu verhelfen.

Eltern brauchen sich damit eigentlich kaum zu quälen. Sie sollen eben versprechen, ihre Kinder vor der Begegnung mit E.T. und derlei Kunstfiguren zu bewahren, selbst so harmlosen wie Donald Duck, der Mickymaus, Asterix oder denen aus der Sesamstraße. Rudolf Steiner hat anno 1906 sogar vor vollkommenen, vor zu schönen Puppen gewarnt, weil sie im Kind die «schöpferische Kraft ertöten». Aber die meisten Eltern nehmen es nicht so genau.

Ihre von E.T. entzückten Kinder verwirren dann in der Waldorfschule die Kinder der Einsichtigen. Das entfacht Streit, mitunter unerbittlichen und grundsätzlichen. Manchen dämmert erst bei solchen Gelegenheiten, wie in die von ihnen teuer erkaufte Pädagogik Rudolf Steiners Kosmisches hereinspielt und die Idee der Wiedergeburt.

Nicht E.T., sondern der Mensch selber kommt, ein in mancher Hinsicht extraterrestrisches Wesen, von da draußen herein, sagt Doktor Steiners Anthroposophie. Wiedergeborenes, sagt sie, richte sich ein in einer noch neuen Physis. Und binnen dreier Entwicklungsstufen von jeweils sieben Jahren soll es sich darin unter erzieherischer Obhut entfalten; Farbe und Form von Spielzimmern und Klassenzimmern, selbst noch von Klassenzimmer-Türen haben dabei tiefere Bedeutung. Ätherische und astrale (aus dem Pflanzen- und Tiererbe im Menschen heraufsteigende) Kräfte und das keimende Ich gilt es im richtigen Stadium zu fördern, und dabei auch sonst Nebensächlichem Bedeutung beizumessen. Rudolf Steiner hat sehr detaillierte okkulte Einsichten darüber hinterlassen. Wenn niemand sonst – die Steiner-Pädagogen in Waldorfkindergärten und Waldorfschulen haben dies entschieden ins Kalkül zu ziehen.

Aber was sollen die Eltern damit? An Kosmisches und Karmisches haben sie bei ihrer Schulsuche bestimmt nicht gedacht. Waldorf-Pädagogik, das hieß für sie: Keine Noten, kein Sitzenbleiben, keine sture Paukerei, keinen Ärger mit Hausaufgaben und lebensfernen Lehrbüchern.

Knaben lernen das Stricken wie Mädchen, und Mädchen hobeln an der Werkbank wie Knaben. Koedukation ereignet sich, musisch und sozial eingestimmt, in einer Einheit von Grundschule und höherer Schule. In wochenlangen «Epochen» konzentriert sich der Unterricht auf einen Stoff, gemeinschaftsfördernde Feste fesseln die Energien, Eurythmie-Aufführungen, Basare, dazu der biodynamische Kräutergarten. Dafür sind finanzielle Opfer zu bringen. Aber auch mitreden und mitgestalten können Eltern dabei.

«Angstfrei lernen», das vor allem sollen ihre Kinder dürfen. So verhieß es eingängig der Titel eines Bestsellers, mit dem der Freiburger Waldorf-Pädagoge Christoph Lindenberg einem Mitte der siebziger Jahre stürmisch auflebenden Interesse an diesem subtil freien Modell von Gesamtschule entgegenkam (Waldorfschulen: angstfrei lernen, selbstbewußt handeln, Rowohlt Taschenbuch Verlag). Ähnliche Faszination war ein Jahrzehnt zuvor von der antiautoritären Schule in Summerhill ausgegangen, deren Elemente viele zu Unrecht in den Waldorfschulen wieder suchen.

Beim Streit über E.T. kommen manchmal auch solche Mißverständnisse zutage. Da wird klar: Es ist oft mehr die Antipathie wider das seelenlose öffentliche Schulsystem als die Übereinstimmung mit Rudolf Steiners Ideen gewesen, was die Eltern von derzeit 37 000 deutschen Waldorfschülern bestimmte.

Den Methoden gilt der Beifall. Der Geist bleibt hinter dem Vorhang. Mit ihm haben die meisten Mütter und Väter, doch auch verblüffend viele der 2700 deutschen Waldorf-Lehrer nur äußerst flüchtig Bekanntschaft gemacht. Ausdrücken kann sich das unter anderem in kräftigen Ohrfeigen, zu denen sie sich hinreißen lassen.

Der Vorgang ist paradox: Aus Sorge vor dem vermeintlichen Streß der Regelschule stürzen sich Eltern mit ihren Kindern in das keineswegs streßfreie Abenteuer der Anmeldung bei einer Waldorf-Institution. Bei den rund 170 deutschen Waldorfkindergärten fängt das an. Deren Zöglingen nämlich steht es zu, von der nächsten Waldorfschule einigermaßen automatisch übernommen zu werden.

Diese Kindergärten sind oft überfüllt. Es herrscht Mangel an dafür ausgebildeten Fachkräften. Und die Waldorf-Bewegung kann nicht einmal darauf erpicht sein, immer neue Kindergärten zu gründen. Mangelt es ihr doch weiterhin an Schulraum für den wünschenswerten, ja seelen-notwendigen Anschluß. Den zu bauen müssen heute oft erst einmal genügend enttäuschte Eltern sich zusammentun.

Das Erlebnis des Mangels wird zum Generator der Bewegung. Wie eine soziale Animation schildern Eltern die erfahrene Zurückweisung. Eine Waldorf-Kindergärtnerin hat abgewinkt, weil sie ihr Kind schon fernsehen haben lassen. Eine andere hat ein anderes Kind nicht nehmen wollen, weil dessen Mutter die den Anthroposophen zu trieborientierte Psychoanalyse Sigmund Freuds praktiziert. Einem jungen Unternehmer wurde eingeprägt, er möge sich nicht einfallen lassen, zu den fälligen ehrenamtlichen Anstreich-Arbeiten im Kindergarten einen seiner Angestellten abzuordnen.

In der Waldorfschule geht es dann erst richtig los. Prüfend nimmt ein Komitee sich Kind und Eltern vor. Es setzt sich zusammen aus dem anthroposophischen Schularzt, einer auf des Kindes Körperausdruck konzentrierten Eurythmistin und dem Lehrer, der für seine künftige Klasse die rechte Mischung von Temperamenten anstrebt. Darüber hinaus wird hier, des Platzmangels wegen, souverän auch nach Kriterien entschieden, die Rudolf Steiners Ideen von der Würde und Entwicklungsmöglichkeit jedweden Menschenkindes schmerzlich zuwiderlaufen.

So, unter anderem, war es in den vergangenen Jahren in München. Hunderte von Müttern und Vätern wurden bereits in telefonischen Vorgesprächen planmäßig abgewimmelt. Von den danach noch angemeldeten Kindern ist vielleicht jedes zehnte in das überfüllte Schwabinger Haus der Münchner Rudolf-Steiner-Schule aufgenommen worden.

Erst nachdem der Schulverein 1983 im Osten der Stadt ein weiteres Haus für 600 Schüler eröffnete, wurde es ein wenig leichter. Die Baupläne für ein drittes, im Westen Münchens, hat eine Eltern-Initiative mittlerweile dem widerstrebenden Bayerischen Kultusministerium eingereicht. Und diese Eltern kämpfen um ihre Schule wie um eine Quelle des Heils.

Angefangen hat das 1980 mit der geschilderten Ablehnung durch das Aufnahme-Komitee. Zwei Dutzend Familien schlossen sich zusammen, ihren Kindern auf eigene Faust einen Waldorf-Lehrer samt Schulzimmer anzumieten, und konnten weder das eine noch das andere finden. Um die öffentliche Schule kamen sie nicht herum.

Dennoch begann der Kreis, gemeinsam wenigstens etwas von Steiner zu lesen. Manchen dämmerte, wie weit diese Pädagogik von ihren antiautoritären Idealen entfernt ist, und sie empfahlen sich wieder. Dafür tauchten neue auf, sogar solche, deren Kinder noch in den Windeln lagen. An eine Steiner-Schule kann man nicht früh genug denken.

Wie aber sollte den bereits schulpflichtigen Kindern geholfen werden? Konnte denen nicht wenigstens nach dem Unterricht in der Staatsschule eine kleine, heilsame Sonderschicht in der Waldorfschule gewidmet werden? Es konnte. Das überlastete Kollegium der Münchner Waldorf-Pädagogen erteilte ihnen einmal in der Woche in Schwabing drei Nachmittagsstunden lang etwas,was sie Freizeit-Unterricht nennen und was auch in anderen Städten mittlerweile regelrecht als Zweitschule für die armen Abgewiesenen gedeiht.

Indessen waren die Eltern des nächsten Jahrgangs bereits wieder auf der Suche nach einem eigenen Waldorf-Lehrer. Wie die Aufkäufer von Raritäten reisten sie zu den Ausbildungsstätten der Waldorf-Bewegung: Nach Stuttgart, nach Mannheim, nach Witten-Annen, nach Nürnberg. Aus Dornach, von Rudolf Steiners Schweizer Gralshügel, endlich lief ihnen so ein begehrter Neulehrer zu. Unter der Obhut erfahrener Kollegen durfte man den ans Werk gehen lassen.

Das bedeutete: erneutes Flehen bei der Münchner Waldorfschule, die, um Unterrichtsraum zu gewinnen, bereits ihren Hausmeister ausquartiert hat. Wieder gab die Schule nach, richtete außer Plan eine Klasse mit dem Neuen ein, und im Jahr darauf wiederholte sich das Spiel mit einem erneut von den Eltern direkt besorgten Lehrer.

Dafür hatte der Elternkreis versprochen, binnen weniger Jahre sein eigenes Schulhaus zu bauen. «Förderverein Rudolf-Steiner-Schule im Westen Münchens» nannte er sich nun, war, 300 Mitglieder stark, eine von derzeit 75 Schulbau-Initiativen der deutschen Waldorf-Bewegung geworden. Einige der Mitglieder sind selber Lehrer in staatlichen Schulen. Der Abneigung gegen die von ihnen mitverkörperte staatliche Erziehungsbürokratie stimmen sie zu.

Was sich hier vereint und Opfer bringt, gehört vorwiegend zur mäßig verdienenden Intelligenz von liberal bis links. Junge Anwälte, Staatsanwälte, Ingenieure, Studienräte, Architekten, Programmierer, Betriebswirte, Bankangestellte, Mediziner, aber auch Studierende beiderlei Geschlechts geben den Ton an, Arbeiter gibt es kaum, und am allerwenigsten richtige Anthroposophen. Nur sechs aus dem Kreis sind von der Rudolf-Steiner-Gesellschaft München.

10 000 Mark für ihren Schulbau zu spenden, das überstiege den finanziellen Spielraum aller. Aber Geld, das ist es, was sie brauchen, viel Geld. In der Gegend, die für ihr Bauvorhaben in Frage kommt, kostet der Quadratmeter Grund um die 500 Mark. Also sammeln sie brüderlich Bares auf selbstinszenierten Basaren, zweigen von ihrer Gratifikation etwas ab oder läuten die Aktion «Ringeltaube» aus, einen allgemeinen Verkaufs- und Tauschring mit entsprechendem Gebühren-Abschlag für die Schulbaukasse.

Darüber hinaus entfaltet der Verein naturnotwendig ein geistiges Programm, das ihm die Note einer anthroposophischen Volkshochschule verleiht. Vom Wissen höher Eingeweihter läßt sich da zwar nichts abzweigen, aber über die von Rudolf Steiner inspirierte, «organisch» und «plastisch» angelegte Art von funktionaler Architektur wird referiert und diskutiert, über seine Reform-Ideen für Geld und Boden und Zusammenarbeit, über chemiefreie Nahrung fürs Schulkind, die vom Fernsehen drohende Bewußtseinsverschmutzung und die heilsamste Art, Kinder zu kleiden. Synthetisches, warnt der anthroposophische Experte, der sich natürlich auch dafür findet, nehme keine Feuchtigkeit auf. Richtig seien Leinen, Seide, Baumwolle und Wolle.

Die wahrhaft gemeinsame Thematik kreist ums Bauen und ums Zahlen. Grundstückssuche, Geldbeschaffung, Staatszuschüsse, Kostenminderung, so geht das um und um, bis ein Stück Land wirklich in Sicht kommt: Der von der meist ziemlich erhabenen Schularchitektur deutscher Anthroposophen angerührte Gemeinderat von Gröbenzell bei München vermittelt dem Verein einen kleinen Acker zum Spottpreis von 700 000 Mark. Das Vereinskonto weist aber nur ein Haben von 20 000 Mark aus.

Jetzt vollends wird aus dem Verein eine Bürgerinitiative. Postsparbücher werden geplündert, Mittel in der Verwandtschaft zusammengetrommelt. Etwa die Hälfte der Mitglieder geht gruppenweise, in kleinen Leihgemeinschaften, die Verpflichtung ein, binnen fünf Jahren vom eigenen Einkommen einen gemeinsamen Bankkredit von 200 000 Mark

78

zu tilgen; die entsprechende monatliche Rate von 4000 Mark teilt man sich, je nach Zahlungskraft. Noch einmal 200 000 getraut sich, nach sorgsamer Hochrechnung der weiter zu erwartenden Belastungen und Einnahmen, der Verein aufzunehmen. Für den Fall, daß er sich verrechnet hat, müssen besser situierte Eltern wiederum anteilig bürgen.

Das Kapital kommt von der Bochumer Anthroposophen-Bank, der GLS. Die besteht ja, im Unterschied zu üblichen Banken, nicht auf «dinglicher Sicherung». Was sie ihrem Programm gemäß beleiht, sind ideelle Werte, nämlich überzeugend gemeinschaftliche Initiativen und Alternativen.

Das beläßt das Grundstück unbelastet. So kann es notfalls für den nun in verkraftbaren Abschnitten anzugehenden Schulaufbau beliehen werden. Auf mindestens vier Millionen wird das alles veranschlagt. Billiger läßt sich den staatlichen Richtlinien für Schulräume nicht entsprechen, ungeachtet aller elterlichen Mitarbeit am Bau.

Dabei reicht die übers Anstreichen weit hinaus: Ingenieure aus dem Verein zeichnen und berechnen abnahmefertig etwa die gesamte Heizungsinstallation. Daß der Verein mit dem versierten Waldorf-Architekten Winfried Reindl plastizierend dessen Entwürfe mitbeeinflußt hat, versteht sich ohnehin als ideelle Anteilnahme.

Alle wissen: Der eigentliche Aderlaß steht erst bevor. Dabei zahlt jeder schon heute, neben den Kreditraten, einen monatlichen Schulbeitrag, wie er ihn nach allerdings eigener Einschätzung – so ist das bei Steiner-Schulen – eben aufbringen kann. Ein Beamter mit rund 6000 Mark Bruttogehalt mutet sich für zwei Kinder monatlich 400 Mark zu, eine alleinlebende junge Mutter für ein Kind 15 Mark. Ihrer solidarischen Gefühle wegen würde sie statt dessen lieber am gemeinsamen Kredit mit monatlich 20 Mark Rückzahlung mittragen. Der Vereinsvorstand sieht das sofort ein und erläßt ihr dafür die 15 Mark Schulgeld.

Das System des Bürgens bringt es mit sich, daß für jeden, der arbeitslos wird, sofort die anderen mitzahlen müssen. Grund genug für eine umgehend allgemeine Bemühung, so

Waldorfschulen in der Bundesrepublik 1975/1983

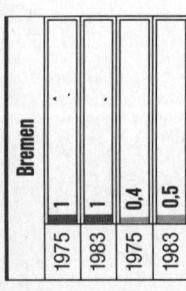

Schleswig-Holstein

1975	1983	1975	1983
3	4	0,9	1,7

Hamburg

1975	1983	1975	1983
2	4	1,1	2,1

Berlin

1975	1983	1975	1983
2	2	0,7	0,9

Bremen

1975	1983	1975	1983
1	1	0,4	0,5

Niedersachsen

1975	1983	1975	1983
4	9	2,2	3,3

Nordrhein-Westfalen

1975	1983	1975	1983
9	19	4,4	8,2

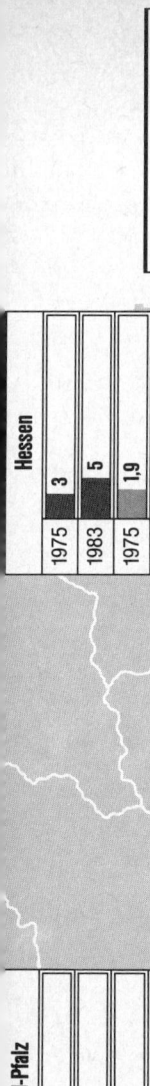

Rheinland-Pfalz

1975	0
1983	2
1975	0
1983	0,5

Hessen

1975	3
1983	5
1975	1,9
1983	2,9

Bayern

1975	3
1983	7
1975	1,8
1983	3,0

Saarland

1975	1
1983	2
1975	0,1
1983	0,6

Baden-Württemberg

1975	14
1983	25
1975	7,4
1983	13,3

insgesamt

1975	42
1983	80
1975	20,8
1983	36,9

■ Anzahl der Schüler in Tausend

■ Anzahl der Schulen

einen wieder in Arbeit zu bringen. Eine Solidargemein-
schaft sind sie geworden. Zwangsläufig? Gefühlsbedingt?
Wer will das noch unterscheiden? Und unter solchem Blick-
winkel muten sie fast schon an wie überzeugte Anthoposo-
phen, die, Steiner im Kopf, aufbrechen zu unaufgefordert
sittlichem Handeln.

Was aber, wenn der Freistaat Bayern ihnen einen Strich
durch die Rechnung macht? Wenn er, wider Gesetz und
Brauch, die Zuschüsse zum Bau (50 Prozent) und die Ko-
stenbeteiligung pro Schüler (60 Prozent) einfach schuldig
bleibt? Es sieht aus, als lege es Bayerns Kultusministerium
darauf an. Es schickt jeden neuen Ableger der Freien Waldorfschule auf die Durststrecke eines langen Rechtsweges,
welcher den Eltern womöglich noch vor dem Sieg in letzter
Instanz den Atem nimmt.

Die Baupläne und Anträge der Leute von München-West
verschwanden erst einmal im unerforschlich verzögerten
Umlauf der Kultusbürokratie. Wissen hat man sie lassen,
wie die Erweiterung dieses privaten Schulmodells dem Freistaat wider den Strich geht. Daß es billiger, humaner, har-
monischer arbeitet als die Regelschule, zählt dabei wenig.

Zweifellos bestünde ja die Möglichkeit, sich umzusehen.
Es gibt jetzt 300 Waldorfschulen in der Welt, davon 46 allein
in Holland, 24 in der Schweiz, 43 in den USA. Von den 80
bundesdeutschen sind 51 in den letzten 15 Jahren entstanden. Bayerns Schulräte könnten allein in Baden-Württemberg, dem ebenfalls konservativ regierten Nachbarland,
zwei Dutzend Beispiele dieses pädagogischen Musters studieren, von dem generell zu lernen Professor Hellmuth Bek-
ker als Direktor des Max-Planck-Instituts für Bildungsfor-
schung die öffentliche Schule einmal öffentlich aufgefordert
hat. Den unter dem Geburtenschwund im Gegensatz zu ihr
leidenden öffentlichen Schulen entzieht die Waldorf-Bewegung trotz ihrer spunghaften Expansion nicht einmal ein halbes Prozent der Schüler.

Subventionskürzungen drohen ihr trotzdem überall. Für
Bayern jedoch scheint mit seinem halben Dutzend Waldorf-

schulen bereits endgültig eine administrative Abwehr-
schwelle erreicht. Jede neue Gymnasialstufe, die da jetzt
aufgebaut wird, so dachten sich die Ministerialen, solle die
Mittel vom Staat erst bekommen, nachdem sie zwei Jahrgänge durchs Abitur gebracht habe. Das hieße ein Jahrzehnt
Aufbau ganz aus der Tasche der Eltern.

Die neuen Waldorfschulen im Chiemgau, in Augsburg
und Würzburg haben um ihre Zuschüsse bereits geklagt und
folgenlos in erster Instanz gewonnen. So gesehen haben die
Waldorf-Eltern von München-West sich vielleicht auf eine
Schulwanderung ans Jahrtausendende gemacht.

Da wirkt es wie Ermutigung, daß ein Lehrerehepaar aus
dem bayerischen Staatsdienst jetzt schon herübergewech-
selt ist, an ihren Kindern für weniger Geld Steiners Pädagogik zu praktizieren. Diese Lehrerin und dieser Lehrer haben
mit Erfolg beantragt, der Waldorfschule München ihre Be-
amtenbezüge gutzuschreiben. Nur vier Fünftel davon wollen sie für ihre Arbeit von der Schule herausbekommen. Sie
sind freilich nicht die ersten Überläufer vom Staatsdienst zu
Steiner, die sich auf solche Weise gleich zur anthroposophischen Soziallehre bekennen.

Seele des Unternehmens ist der Klassenlehrer. Acht Jahre
hindurch begleitet er seine Schüler durch ihren «Hauptun-
terricht» und soll ihnen eine universale Kostprobe menschlichen Wissens einfüttern. Seine Fächer verlangen den rundum Gebildeten: Schreiben, Deutsch, Grammatik, Geschichte, Mythologie muß er geben, Sachkunde, Heimat-,
Erd-, Menschen-, Tier-, Pflanzen- und Gesteinskunde,
Rechnen, Geometrie, Astronomie, Physik, Chemie, Ernäh-
rungslehre. Ein Experte kann er da nicht werden.

Der Zukunftsforscher Robert Jungk erzählt mit Vergnü-
gen, wie sein Sohn in einer Berliner Waldorfschule mit dem
Lehrer hitzig um den Planeten Pluto stritt, welcher in dessen
Kosmos noch fehlte. Er war erst fünf Jahre nach Rudolf
Steiners Tod entdeckt worden.

Kleinkram. Den Kulturträgern der Waldorfschule steht

der Sinn weniger nach Wissensperfektion als nach einer Verfeinerung ihrer pädagogischen Eingebung. Fortzuschreibende, immer subtilere Kenntnis soll sich ein Klassenlehrer vor allem über die Wesen aneignen, die vor ihm sitzen, die Schüler. Ihr Phänotypus muß ihn interessieren, ihr Temperament, das Gesetz ihrer Entwicklung oder ihrer Lernbehinderung. Er kommt ins Elternhaus, schätzt das Milieu ein. Familiäre Hintergründe, Konsumgewohnheiten, Krankheiten, Verstimmungen eines Schülers sollte er zu würdigen wissen, sich geistiger Nachzügler über Jahre hin fördernd annehmen.

Der Waldorf-Lehrer Christoph Lindenberg berichtet von einem Abc-Schützen, welcher allen Angeboten und Hilfestellungen des Unterrichts zum Trotz weder lesen noch schreiben gelernt habe: Nach landläufiger Einschätzung ein Fall für die Sonderschule. Lindenberg lud, im Einvernehmen mit den Eltern, den Knaben zwei Wochen lang zu sich nach Hause ein und versuchte dort spielend, grübelnd, all seine Intuition aufbietend, dem Kind jeden Buchstaben in jeder nur erdenklichen Form und Verbindung von Lauten und Bildern näherzubringen. Nichts half.

Dennoch behielt er den analphabetischen Knaben weiter in der Klasse. Im vierten Schuljahr plötzlich habe das Kind «wie von selbst» normal gelesen und geschrieben und danach ohne weitere Behinderung die Hochschulreife erlangt.

Derart für einen langen Atem belohnt, besinnen sich anthroposophische Lehrer unwillkürlich des frühesten erzieherischen Erfolges ihres hellsichtigen Rudolf Steiner. Der war in seinen Studentenjahren als Hauslehrer an einen wasserköpfigen Neunjährigen geraten, den ein bedeutender Psychiater definitiv für schuluntauglich erklärt hatte. In diesem deformierten Körper die «aus früheren Erdenleben wiederkehrende Seele zu aktivieren», das, sagte Steiner später, sei sein pädagogischer Ansatz gewesen. In winzigen Schritten die Seele auszubilden, habe er sich «nach dem Prinzip des kleinsten Kraftmaßes» bemüht. Dabei jedenfalls gedieh der Behandelte binnen 18 Monaten zum normalen

Schüler. Die Deformation des Kopfes bildete sich zurück. Steiners Schüler wurde später Arzt und fiel im Ersten Weltkrieg.

Um geistige Antennen für allerfeinste Wahrnehmungen aus dem Wesen des Schülers bemüht sich die Waldorfpädagogik nach wie vor. Unscheinbares und Unsichtbares will sie empfangen und wichtig nehmen. Fragt sich bloß, ob ein Lehrer dahin kommt, und wie.

Täglich meditieren soll er, soll üben, abends zu Hause vor sein inneres Auge den Schüler ganz und gar herzurufen. So legt er sich darüber Rechenschaft ab, was mit dem oder jenem in jüngster Zeit vorgegangen sein mag, nimmt sich um einen, den er innerlich vielleicht nicht präsent hat, künftig im Unterricht besonders an.

Begabte und weniger Begabte verbandelt er zu Lerngemeinschaften, ein, in Ermangelung des in Staatsschulen herrschenden Konkurrenzdrucks, eher spielerisches Unterfangen. Jedem stellt er, gemeinsam mit den paar außer ihm an der Klasse arbeitenden Fachlehrern, jedes Jahr ein Zeugnis aus. Nicht Quersummen aus einem Notenbüchlein fließen zusammen, sondern Einsichten eines über die Jahre hin beobachtenden und dabei vielleicht auch beharrlich irrenden Denkens.

Ernst Michael Kranich, eine der pädagogischen Leitfiguren aus dem «Bund der Freien Waldorfschulen» meint, Waldorf-Lehrer werde einer erst, indem er lerne, «das Wesen seiner Schüler langsam zu enträtseln». Also verlangt er bereits von jungen Lehrern «hingebungsvolle konkrete Seelenforschung» und hofft, sie werden dabei das Höchste erreichen: «Einsicht in jene Tiefen, in denen sich die gegenwärtige Seelen-, Geistes- und Lebensgestaltung eines Menschen als Ergebnis früherer Daseinsformen erweist.»

Staatsschulmeister schlagen sich mit portioniertem Schulbuchwissen, Zensuren pflückend, durch den Dschungel eines voll bürokratisierten Erziehungswesens. Der Klassenlehrer Steinerscher Prägung orientiert sich am Künstlerischen. Frei gestalten darf er seinen Unterricht, den Künstler

85

in sich respektieren. «Kunsten» heißt in der Pädagogik Steiners die höchste Verbindung von Wahrnehmung und erzieherischem Handeln: Der Lehrer fördert des Schülers «wahre Gestalt» zutage; oder das, was er dafür erklärt. Dieses künstlerische Element der Pädagogik gewinnt noch an Bedeutung, wenn in der Klasse Behinderte sitzen.

Abgesehen von den 15 anthroposophischen «Sonderschulen» für mental behinderte Kinder, und 20 heilpädagogischen Heimschulen, in denen Erziehung und «Seelenpflege» Steinerscher Art zusammenfließen, nimmt die übliche Waldorfschule ja auch soweit als möglich Behinderte auf.

Ganz generell wird jede «kunstende» Lehrkraft vom «Bund der Freien Waldorfschulen» zur Heilkraft ernannt. Die Krankheit, gegen die sie helfen soll, ist eine Zeiterscheinung, eine Mangelerscheinung: Alle Dinge, sagt Herr Kranich, würden nur noch abstrakt und materialistisch erklärt, so, als wäre das schon alles. Da veröde des Schülers Seele und werde kaputt. «Waldorf-Pädagogik», sagt Kranich, «ist der Kampf gegen diesen Seelenverfall.» Daß Waldorfschulen über eine Kfz-Werkstatt verfügen und viele Schüler ihrer Oberklassen bereits voll motorisiert sind, verträgt sich mit diesem Pathos durchaus.

In Wahrheit haben die Schulvereine der Waldorf-Bewegung seit 1970 immer anspruchsloser zugreifen müssen, um die für ihre Neugründungen erforderliche Zahl von Klassenlehrern und Fachlehrern zusammenzubekommen. «Erziehungskünstler» und die von Rudolf Steiner gleichfalls gewünschten «Weltmänner» waren gar nicht zu haben.

Schulgründungsinitiativen mußten froh sein um den Beschäftigung suchenden Überschuß der staatlichen Lehrerbildung. Wissensvermittler, deren Persönlichkeit sich in den Leistungsmühlen des öffentlichen Ausbildungssystems verengt haben mußte, traten an als Garanten einer erzieherischen Geistesfreiheit, von der sie oft nicht einmal gelesen hatten. Von gelernten Noten-Buchhaltern wurde pädagogisches Charisma erhofft.

Der jährliche Bedarf der deutschen Waldorf-Bewegung beläuft sich auf 300 zusätzliche Lehrer. Noch 1981 konnten davon nur 80 aus den vom «Bund der Freien Waldorfschulen» geförderten Ausbildungsstätten bezogen werden. Der Rest wurde irgendwie zusammengeheuert.

Schon im folgenden Jahr verließen 140 im anthroposophischen Sinne Ausgebildete oder Umgeschulte diese von den Schulvereinen und aus Stiftungen subventionierten Seminare. Wenigstens seine kommenden Hauptakteure, die Klassenlehrer, bringt das System allmählich wieder selber hervor.

Gleich von der Penne an geprägte Voll-Anthroposophen sind zwar dabei noch immer die Ausnahme. Ältere Anwärter aber stehen jetzt Schlange. Das erlaubt eine harte Vorlese. Erwerbslose Gymnasial-Kandidaten und beruflich anderweitig bereits Erfahrene müssen zur Probe in Doktor Steiners Geheimwissenschaft einsteigen, sich eurythmisch offenbaren, einen Teil des neuen Studiums bezahlen. Ungeachtet solcher Vorbedingungen erweist sich später jeder Zehnte der Angenommenen als unbrauchbar.

Der «Bund», ist eine Art Mutter-Institution, bestehend aus einer Handvoll tonangebender Repräsentanten der Lehrer- wie der Elternschaft. Vertreter aller Schulen haben sie erkoren. Diese von der Libanonstrasse auf Stuttgarts Uhlandshöhe aus wegweisende Geistes-Holding ist 1933 gegründet, 1941 liquidiert, 1946 wiedergegründet worden. Ihre Maßstäbe geboten es ihr, nach 25 in allzu rascher Folge von Steiner-Pädagogen gewagten Schulneugründungen (im Deutschen Reich hatte es neun Waldorfschulen gegeben) eine Konsolidierungspause zu verordnen.

Doch ab Mitte der sechziger Jahre war so ein Gründungsstopp gegen die fortan hauptsächlich treibenden Eltern-Gemeinschaften nicht mehr durchzusetzen. Die Auguren auf der Uhlandshöhe konnten gerade noch darüber wachen, daß die weiteren 55 neuen Schulen und all die anrennenden Gründungs-Initiativen wenigstens ihren Minimalvorstellungen von Steinerscher Pädagogik Rechnung trugen. 25 von ihr ausgewählte «Gründungsberater» passen auf. Der mit Recht gefürchteten Auslese nach der Zahlungskraft der Eltern müßten die ebenso wehren wie einem Verzicht auf Eurythmie.

Wo sie zweifeln, könnte die Vollversammlung des Bundes einer Neugründung die noch immer unentbehrliche Anerkennung versagen. Denkbar wäre, daß unbotmäßige Gründer sich den jetzt begehrten Privatschul-Titel trotzdem aneignen. Deshalb sind die Namen «Rudolf Steiner» und «Waldorf» für derlei Zwecke neuerdings gesetzlich geschützt.

Der Gründungseifer ist eine Huldigung und eine Bedrohung für Steiners Konzept. Ihn zu drosseln setzen sich die von der Uhlandshöhe mitunter bewußt aufs hohe Roß. Eine schwäbische Elterngruppe, die schon vor dem von ihr beabsichtigten Informationsbesuch in Stuttgart die Abrechnung ihrer Reisekosten ankündigt, erfährt in strengem Ton, es würden hier grundsätzlich nicht Spesen gemacht, sondern Spenden erwartet. Darauf verstummt sie erst einmal. Das amüsiert die Herren vom Bund.

Nur wenige lassen sich so spielend verscheuchen. Die jedes Jahr in Stuttgart, Hamburg und Herne anberaumten einwöchigen «öffentlichen Pädagogischen Sommertagungen» des Bundes der Waldorfschulen sind ausgebucht gleich einem Theaterfestival. Manche Wißbegierige erschrecken noch, wenn sie erfahren: 40 Schüler in einer Klasse, das kommt in Waldorfschulen häufig vor. Die Experten versichern ihnen, ein tüchtiger Lehrkünstler fürchte eher eine zu kleine Klasse, in welcher die ihm vorschwebende Philharmonie kindlicher Individualitäten sich mangels Masse nicht entwickle.

Falls es nun aber einer Schule überhaupt an der lebenswichtigen Kunst gebricht? Geht sie dann geistig in Konkurs? Einer frühen Gründung, der Waldorfschule Pforzheim, haben Ende der fünfziger Jahre empörte Eltern wie in Panik die Kinder und damit natürlich auch die finanzielle Basis entzogen. Binnen 18 Monaten verlor sie 528 ihrer 840 Schüler. Die Lehrer, pädagogisch korrumpiert durch einen, wie es nachher hieß «unerträglichen Machtmenschen» in ihrem Kollegium, rangen um Besserung und Auslese, das heißt, auch miteinander. In einer Anstalt, die wie die Waldorf- schule grundsätzlich ohne Direktor auskommt, kann das Gewürge subtilste Formen annehmen. Die Erzieher, im Vergleich zum Staatsdienst ohnehin meist unterbezahlt, lei- steten notgedrungen Gehaltsverzicht. Heute versorgt das geläuterte Pforzheimer Haus wieder 900 Schüler.

Es ist zweifelhaft, ob bei der existenziellen Verflechtung heutiger Gründungsvereine mit den von ihnen weithin sel- ber hingestellten Schulen ähnliche Ausleseprozesse noch ablaufen könnten. Hannovers zweite Waldorfschule etwa, die in Bothfeld, ein auf Weiterwachsen angelegtes Dorf aus Holzhäuschen mit grasbewachsenen Dächern und zusätzli- cher, erzieherisch wertvoller Ofenheizung, wurde von El- tern, Kindern und Lehrern sogar eigenhändig zusammenge- fügt. Sie haben die Wasserversorgung, einen Pumpbrunnen, auf dem Schulhof gebohrt, Urlaub und die letzte Sparmark geopfert. In 400 «Patenschaften» teilen sie sich die Kosten für das Erbbau-Grundstück. Eine Siedlung mit 80 ähnlich schlichten Häusern möchten sie nahebei zimmern.

Durch Fortbleiben ließen sich da pädagogische Mängel wohl kaum beantworten. Konflikte zwischen Eltern und Lehrern müssen folglich ausgefochten werden. Aber wie vollzieht sich das, da doch die Schule Steiners von Anfang an ohne Verfassung und Satzung lebt? Wie wird der Ausschluß von Unfähigen oder Unzuträglichen aus einem im Erziehe- rischen souveränen Kollegium gleichberechtigter Lehrer bewerkstelligt? Sie werden, sagt Stefan Leber, einer der Tonangebenden von der Uhlandshöhe, «herausgeeitert». Eine, er gibt es zu, qualvolle Prozedur. Noch schlimmer wird es, wenn im unregulierten Hin und Her zwischen Leh- rerkollegium und den Eltern vom Schulvorstand ein uner- ziehbarer Schüler herausbefördert werden muß.

So will es die Liebe zu organischen, sich wandelnden Pro- zessen. Demokratische Mehrheitsentscheidungen gehören sich in dieser freien Schulbewegung nicht. Das reicht vom Lehrerzimmer bis in die Vollversammlung des Bundes. Um Konsens wird gerungen. Lediglich zur Probe darauf, ob er schon erreicht ist, heben sich die Hände. Wortmächtige Patriarchen wissen da ihren Vorteil zu nutzen.

In den mitwachsenden Schichtungen dieses Lebewesens Schule wollen die anthroposophischen Praktiker dennoch die ersehnte, die rettende soziale Dreigliederung Steiners wiederentdecken: Die *Freiheit* des Geisteslebens in der Pädagogik, welche sich allerdings auf einen seit sechs Jahrzehnten unveränderlichen Lehrplan stützt; die *Gleichheit* des Rechtslebens im Gemenge von Konferenzen, Kollegien, Schulvereinsgremien; die *Brüderlichkeit* des Wirtschaftens in den zweifellos sehr verbindenden Geldangelegenheiten.

In diesem Zusammenhang warnt Manfred Leist, Justitiar des Bundes der Freien Waldorfschulen, die Lehrer davor, ihre monatliche Vergütung entgegenzunehmen mit einem «klaren Arbeitnehmeranspruch». Die Lehrer sollen nämlich auch das Wirtschaften nicht einfach einer tüchtigen Elternschaft überlassen. «Das Wesen einer solchen Schule», glaubt Leist, wäre dann «in tragischer Weise auseinandergefallen». Für ihn wäre das gleichbedeutend mit einem «sozialen Krankheitsprozeß».

Hibernia ist der Name einer Bergwerksgesellschaft im Ruhrrevier und die lateinische Bezeichnung für Irland, die «Grüne Insel». Einer Lehrlingswerkstatt der Firma entwuchs eine Steiner-Schule, die sich inmitten der bedrückenden Industrielandschaft zwischen Herne und Wanne-Eickel wie eine grüne Insel ausnimmt und diese Bezeichnung besonders in pädagogischer Hinsicht verdient.

Ihre Unterrichtshäuser, Werkhallen und Lehrer-Unterkünfte umgeben einen Park mit Teich, Acker und Bauerngarten. Aus einem Backofen im Freien holen Kinder das Brot, zu dem sie das Korn selber gesät und geerntet haben. In einem Laden wird Kleidung verkauft. Schüler und Schülerinnen der unteren Klassen haben sie genäht. Schüler der

Mittelklassen reparieren Fenster, Wände und Installationen. Sie tun es mit dem Geschick des gelernten Handwerkers. Die Schule hat ihnen das beschert.

In einer Caféteria nehmen Schüler der Oberklassen ihre Mahlzeit ein. Sie, die auf die Fachhochschulreife oder das Abitur zustreben, verbringen in der Schule bis zu 54 Stunden pro Woche. Trotzdem müssen sie zu Hause noch lernen und überdies – anders als die Oberstufe anderer Waldorf-Häuser – ein 14. Schuljahr auf sich nehmen. Streß könnte man dies nennen.

In jeder höheren Lehranstalt des Staates kämen sie bei 20 Wochenstunden weniger ebenfalls ein Jahr früher zur Matura. In einer solchen Schule möchten sie aber aus leicht ersichtlichen Gründen nicht sein. Denn auf der Grünen Insel werden den Menschen berufliche Fertigkeiten und Entscheidungs-Freiheiten eingeübt, die sie nirgendwo sonst in einer Schulzeit erwerben könnten, schon gar nicht als Kinder der Arbeiterklasse. Jeder vierte Hibernia-Schüler hat einen Arbeiter zum Vater. Daran gemessen sind alle übrigen Steiner-Schulen reine Bürger-Institute.

Rudolf Steiners erzieherische Sympathie fürs Lebenspraktische ging nicht ganz soweit wie das Hibernia-Programm. Spielerischer Umgang mit der Stofflichkeit wechselt hier hinüber zur Perfektion und Produktion. Eine Reihe großer Firmen bezieht aus den Schulwerkstätten ein Ersatzteil-Programm, dessen Stückzahlen in die Millionen gehen.

An 90 Angehörigen eines Jahrgangs sind die Ergebnisse des Weges sechs Jahre lang staatlich beobachtet worden. 82 dieser Schülerinnen und Schüler haben neben mittlerer Reife einen Gesellenbrief mitgenommen, zwölf dann noch die Fachhochschulreife und 38 das Abitur. Zum Vergleich: In den deutschen Waldorfschulen generell erreichen rund 35 Prozent der Schüler die Hochschulreife, im öffentlichen Schulsystem nur 19 Prozent.

Die Hibernia-Schule braucht ihre eigene Vertriebsgesellschaft, die Fülle handelstauglicher Produkte zu vermarkten, die von ihren 1100 Zöglingen im Ablauf des Unterrichts geschmiedet, geschreinert, gewoben oder getöpfert werden. Daraus und aus einem zwischen 40 und 200 Mark pro Schüler schwankenden Monatsbeitrag der Eltern erlöst sie, was nach dem üblichen Staatszuschuß in ihrem Haushalt noch fehlt. Wie jeder anerkannten Privatschule vergütet ihr das Land Nordrhein-Westfalen 80 Prozent ihrer Kosten. Für die Lehrer, von denen viele im Schulbereich wohnen, kommt es fast völlig auf.

Es sind ihrer 80. Jeder fünfte kommt zur Pädagogik als bereits erfahrener Meister oder Ingenieur statt auf dem akademischen Weg. Daß alle wie Beamte besoldet werden, schlägt sich natürlich ein bißchen mit der Waldorf-Tradition, nach der sich die Höhe des Lehrer-Entgelts, Steiners Sozialem Hauptgesetz gemäß, aus der Lage jedes einzelnen ergeben sollte.

Hibernia-Schüler lernen Englisch und Russisch. Mit zwei Musikinstrumenten ihrer Wahl werden sie vertraut, viele, wie das Schulorchester vor Ohren führt, bis zu einer Art mittlerer Konzertreife. Ferner verstehen sie sich, eine wieder allgemeine Waldorf-Fertigkeit, aufs Feldvermessen und Bücherbinden und haben, entsprechend von Tüllmäntelchen umweht, ihren Körper eine Schulzeit lang zum Instrument von Eurythmie emporzuquälen, ihre vielleicht einzige Begegnung mit schierer Anthroposophie.

Den Schulplan durchwebt sie natürlich. Er zielt auf die gepriesene Polarität: handwerkliches und geistiges Angebot stimmen zueinander. Wenn in der Schlosserei die Bedeutung und Begrenztheit von «Toleranzen» faßbar erlernt worden sei, sagt Peter Schneider, der Sprecher des Lehrer-Kollegiums, so erlange «die Behandlung des Toleranzbegriffes im Deutsch- oder Philosophie-Unterricht eine andere Erfahrungs-Dimension».

Einerseits führt diese Pädagogik zum Erwerb besiegelter Fertigkeiten, die in der befremdlich anderen Außenwelt Ansehen bringen. Das wirkt gut gegen das Waldorfschülern wohlbekannte Mißbehagen an der ihnen vom Kindergarten an verpaßten Sonderlichkeit.

Beruflich ausgeübt werden die Fertigkeiten gerade noch von jedem Zehnten. Denn andererseits bildet diese Pädagogik Haltungen heraus, die eine Anwendung des Erlernten in der Berufspraxis ungewöhnlich erschweren.

Die Hibernia-Schule erzieht, Peter Schneider bestreitet das gar nicht, eine neue Spezies von «Überqualifizierten». Das in der Schule erübte «Selber-Denken», meint er, bringe die Absolventen später in Konflikt mit «einer starren Betriebshierarchie», mit «unserem traditionellen Arbeitssystem», worin Denken und Handeln getrennt bleiben.

Damit mündet die derzeit effektivste Spielart von Rudolf Steiners Menschenausbildung in einer sämtlichen deutschen Waldorfschulen unangenehm vertrauten Zone zwischen gegebener und angestrebter Gesellschaftsordnung. Letztlich, sagt der Waldorf-Lehrer Schneider, sei das alles hingedacht «auf eine radikale und grundlegende Gesellschaftsreform».

Eine Umgestaltung der Arbeitswelt und der Gesellschaft «nach dem Bilde des Menschen», die sollten seine Schüler erstens wollen, zweitens sachkundig mitvollziehen können.

Wie Finanzmagie mutet es an, daß diese Schulen so viel hermachen und so wenig brauchen. «Wir haben etwas Palastähnliches gebaut», sagt der im Schwäbischen lebende Anthroposoph und Architekt Rex Raab, «und das für 40 Prozent dessen, was Staatsschulen kosten, die wie Kisten aussehen.» Die zu dieser Feststellung führende Erfahrung sammelte Raab zwischen 1950 und 1980 als Erbauer von zehn, meist in Stufen heranwachsenden deutschen Waldorfschulen. Eine der letzten in dieser Reihe, in Engelberg bei Stuttgart an einen Hang geschmiegt, verursachte beispielsweise in der Endphase pro Kubikmeter 263 Mark Gesamtkosten.

Das erregte beim Oberschulamt in Stuttgart ein reserviertes Staunen. Nach Kalkulation der Bauräte hätte der Kubikmeter Schule bereits 550 bis 600 Mark kosten müssen. Raab nimmt sie in Schutz: «Ich geniere mich bei solchen Vergleichen, weil ich die Menschen kenne und sehe, unter welchen Zwängen sie arbeiten.»

Die Kostendifferenz beschreibt den Unterschied zwischen der bürokratischen Abwicklung von Architektur und der durch eine Gemeinschaft, die mitplant, mitspart, mitzahlt und am Ende noch selber mit anfaßt. Doch sperren sich solche Gemeinschaften gegen solche Vergleiche. Sie scheuen den Unwillen der Bürokratien, bei denen letztlich der von jeder Schulbau-Initiative dringlich erwartete Staatszuschuß entspringen muß.

Größenordnungen: 1981 betrugen die laufenden Aufwendungen für die deutschen Waldorfschulen 170 Millionen Mark. Der Staat, sprich die Bundesländer, trug davon 115 Millionen. 50 Millionen wurden im gleichen Jahr in neue Schulprojekte investiert. Davon sind nur 18 Millionen staatlich wieder vergütet worden. Das heißt: 87 Millionen Mark hat in diesem einen Jahr die Waldorf-Bewegung selber aufgebracht, sei es aus der Tasche der Eltern (57 Millionen), aus den Einnahmen von Werkstätten (10 Millionen) oder durch Kredite (20 Millionen).

Nach dem abgeschlossenen Aufbau von Schulen im Buchwert von 350 Millionen Mark sind dafür jetzt noch 130 Millionen Mark Schulden zu tilgen. Mindestens drei Dutzend Waldorfschulen werden in den nächsten Jahren in der Bundesrepublik noch entstehen. Das summiert sich zu einer Bauinvestition von mehr als einer halben Milliarde.

Der Staat würde – nach einer Hochrechnung des Weinheimer Finanzexperten und Anthroposophen Benediktus Hardorp – mit etwa einem Drittel davon belastet. Allein in den Jahren zwischen 1977 und 1980 haben die bauenden Schul-Initiativen von sich aus 230 Millionen investiert. «Gibt es», fragt Hardorp, «bessere Partner für die Öffentliche Hand auf diesem Sektor?»

Es ist das alte Elend der Anthroposophen: Sie ersehnen die Freiheit von der Staatsbürokratie. Und sie müssen doch immerzu um deren Einsehen werben.

Opfer mißlungener Steiner-Pädagogik sind mir begegnet. Auf manche hat die Schule wie eine Glasglocke gewirkt, und sie brauchen nach dem Auftauchen in der feindlich fremden Realität von Massen-Universitäten und Firmen-Hierarchien den Psychotherapeuten. Manche mußten außergewöhnlicher Begabung wegen die Schule verlassen, die den «Überflieger» nicht besonders schätzt. Manche auch sehen zurück mit Widerwillen.

Langsam nur verblaßt im Gedächtnis der Münchner Musikstudentin Franziska L. die Erinnerung an einen Klassenlehrer, der in ihr, mutmaßlich ihres lichtblonden Schopfes wegen, ein edel-sanftes Wesen gesichtet hatte und ihr die lebhafte Abweichung von diesem durch ihn gewonnenen Bild mit cholerischen Maßnahmen vergalt. Gegen einen Heizkörper wurde sie von ihm gestoßen. «Zigeunerkind» hat er sie gescholten. Die beschwerdeführende Mutter fühlte sich von dem Mann überfahren. Sonor und wolkig habe sich der auf Okkultes von Rudolf Steiner berufen, wovon sie keine Ahnung hatte.

Ein junger Buchhändler aus Lemgo, Sohn anthroposophischer Eltern, hat der Waldorf-Pädagogik ihre Handgreiflichkeiten verziehen. Nur muß er sich daran erinnern, wenn er die Verzückung heutiger Waldorf-Fans erlebt. Gleich mehrere aus dem Lehrerkollegium haben ihn und andere geohrfeigt. «Manche sind fast Amok gelaufen», sagt er, «sie haben gebrüllt, sich den nächsten besten gegriffen und draufgeschlagen.»

Ein Schüler ist der zweifellos möglichen Fehleinschätzung durch einen mangelhaft belichteten Waldorf-Lehrer auf lange Zeit ausgeliefert. Auch Leistungsdruck läßt sich durch entsprechende Bemerkungen im notenlosen Zeugnis und andere Botschaften an die Eltern sehr wohl herstellen, ganz abgesehen von der für Waldorfschüler ausgeprägten und dann auf einmal doch nach staatlichen Maßgaben benoteten Schinderei der letzten Jahre vor dem Abitur. Schwer, eine Pein sogar, wäre das Aussteigen, falls einer das System schlecht verträgt. «Wahl hast du da eigentlich keine», sagte eine enttäuschte Mutter, «bei einer Umtopfung wäre das Kind in der Regelschule auf Jahre der Außenseiter.»

UNTER- UN

Schuljahr	1	2	3	4	5
Erzählstoff	Märchen	Legenden Fabeln	aus dem Alten Testament	nordische Mythologie	griechisch Mythologi
Geschichte					Alte Kultur Griechen
Kunstgeschichte					
Sachkunde/Erdkunde			Ackerbau Hausbau	Heimatkunde	Geographi
Technologie und Praktika					
Naturkunde				Mensch/Tier	Pflanze
Physik					
Chemie					
Sprache	Sprechverse Erzählübung	Lesen	schriftliche Berichte	Grammatik	
Fremdsprachen: Englisch Französisch Latein	Englisch/Französisch				
Mathematik/Geometrie	Rechnen mit ganzen Zahlen			Brüche	Sachrechn
Zeichnen	Formenzeichnen			Freihandgeometrie	
	Zeichnen aus Erzählstoffen und Realfächern				
Malen	Farberleben, Übungen am Farbkreis				
Plastizieren					
Singen					
Instrumentalmusik	Blockflöte			Spielgruppe andere Instrume	
Eurythmie	Laut- und Ton-Eurythmie				
Turnen	Spiel-Turnen		Gymnastik/Geräteturnen/Orientierungslauf		
Werkunterricht für Knaben und Mädchen					Holzbearbeitung/
Handarbeit für Knaben und Mädchen					
Gartenbau					
Kochen/Hauswirtschaft					
Religion (nach Konfessionen)					

Quelle: Schulprospekt der Rudolf-Steiner-Schule, Kreuzlingen/Schweiz

Waldorfschulen

MITTELSTUFE			OBERSTUFE			
6	7	8	9	10	11	12
römische Geschichte	fremde Völker Entdecker	Biographien				
Römer Mittelalter	von der Renaissance bis zur Gegenwart		Kultur- und Wirtschaftsgeschichte			
			Malerei/ Plastik	Poetik	Musik	Architektur
Geographie/ Geologie	Geographie/ Astronomie	Geographie/ Klimatologie	Astronomie	Morphologie	Kartographie	
			z. B. Forst-, Landwirtschaft-, Industrie- und Sozialpraktika			
Mineral	Anthropologie		Biologie			
Physik						
	Chemie					
		Stilistik Geschäftsbriefe			Literaturgeschichte	
Latein						
Algebra			Kombinatorik	Logarithmen	Sphärische Trigonometrie	Diff.- und Integralrechn.
	Planimetrie	Stereometrie		Trigonometrie	Darstellende Geometrie	Analytische Geometrie
Geometrie	Geometrisches und Technisches Zeichnen		Feldmessen			
ohlezeichnen	Perspektive	Schwarzweiß-zeichnen		Architekturzeichnen		
	Aquarellmalen					
	Chor					
	Orchester					
	Leichtathletik/Sport					
hnitzen			Metallarbeit/ Schmieden	Schreinern/Korbern		Steinhauen
			Schneidern Schustern	Spinnen Weben	Buchbindern	

Die Faszination ihrer schicksalsbildenden Rolle zieht viele Waldorf-Lehrer in einen verzehrenden Kreislauf: Ihr Privatleben verschwindet im Beruf, in dem sie sich dafür vollends entschädigen. Falls sie dabei sich selber mehr als ihren Schülern dienen, können sie sich notfalls auf eine Maxime Steiners berufen: «Ich prüfe nicht, ob meine Handlung gut oder böse ist, ich vollziehe sie, weil ich in sie verliebt bin.»

Ernst Schuberth, Spiritus rector des Waldorf-Lehrer ausbildenden «Freien Pädagogischen Zentrums» von Mannheim, beobachtet eine Tendenz zu feierlicher Selbstvernarrtheit zunehmend schon unter seinen Studenten. «Einem übersteigerten Egoismus» wendet er sich deshalb entgegen, «bei dem vor lauter Interesse für die eigene Seele und deren Wohlbefinden die Mitmenschen nur noch so weit von Interesse sind, wie sie das fördern». Ihm verursacht es Unbehagen, daß die Lehrer «Steiner zitieren wie einen Chefideologen und die Eltern auf den Kopf hauen, die sich mit Recht beklagen, weil Englisch oder Mathe im argen liegen».

Beides, die Lücken im Wissensstoff und ihre weltanschauliche Beschönigung, sind Begleiterscheinungen des Konzeptes. Selbst Hibernia-Absolventen beklagen ja ihren nach dem Antreten in der Leistungsgesellschaft offenbar werdenden Rückstand an naturwissenschaftlichen und mathematischen Kenntnissen. Schuld daran geben sie der Technologie-Feindlichkeit tonangebender Lehrer.

Die abgehenden Jahrgänge selbst dieser zweifellos besonders industrienahen Waldorfschule haben sich bisher fast geschlossen sozialen und musischen Berufen zugewendet. Zur humanen Fermentierung des Wirtschaftslebens, das zu reformieren sie doch mit bestimmt war, konnte die Freie Waldorfschule somit bisher kaum beitragen.

Der in der Nürnberger Bleistift-Fabrik Staedtler geschäftsführende Anthroposoph Kurt Ebert hat unter seinen 3200 Mitarbeitern kaum Waldorf-Absolventen. Eine romantische Mißweisung macht er dafür verantwortlich: «Bei der alten Generation der Anthroposophen durfte man Priester werden, Arzt, Lehrer, vielleicht noch Landwirt, aber Wirtschaft war verpönt.»

Der Sozialforschung ist es weitgehend mißlungen, wissenschaftlich gründliche Antworten auf die Frage zu finden, welche Art Mitbürger und welchen Grad von Bereitschaft zur Leistung diese heute expansivste Form von Privatschule in Wahrheit ausbildet. Auf Kosten des Bundesbildungsministeriums wurden 1460 Waldorfschüler der Geburtsjahrgänge 1946 und 1947 Mitte der siebziger Jahre per Fragebogen konsultiert, um zu statistisch brauchbaren Ergebnissen zu kommen. Die Studie bescheinigte ihnen «schulisch überdurchschnittliches Niveau». 41 Prozent hatten mittlerweile einen akademischen Beruf erlernt, 43 Prozent bereits eine zweite Berufsausbildung beendet. Bei der Wahl der Berufe hatten erstens Neigung, Fähigkeiten und das Bedürfnis nach Selbständigkeit, in zweiter Hinsicht caritative und soziale Aspekte den Ausschlag gegeben. Nur in behutsamen, langen Gesprächen mit Ehemaligen kommen die besonderen pädagogischen Prägungen ans Licht. Das Ergebnis mutet ebenso verschwommen wie positiv an: Waldorf-Absolventen sind überwiegend kommunikative Individualisten, kleben weder am Stuhl noch am Geld, wechseln spielerischer als der strebsame Durchschnitt ihrer Altersgenossen Berufe, Aufenthaltsorte, Perspektiven. Am ehesten läßt sich festhalten, was alles sie in der Regel offenbar nicht sind: keine Karrieristen, Anpasser, Duckmäuser, Raffer, Raser, Spekulanten, Freaks.

Eine Neigung zu ungewöhnlicher, mitunter monomaner Beharrlichkeit ist mir an solchen Ehemaligen aufgefallen. «Man traut sich, alles anzupacken», meint der Münchner Waldorf-Absolvent Mathias Schüler, der nach dem Abitur Buchhändler gelernt, eine Buchhandlung geführt und verkauft hat und vom Erlös nun, in einer Wohngemeinschaft beherbergt, seiner inneren Stimme folgt und Philosophie studiert. Rudolf Steiner hält er für einen schlechten Philosophen.

Der Bundesbahningenieur Karl-Dieter Bodack war in der

Hibernia-Schule Klassensprecher. Auseinandersetzungen mit seinem autokratischen Lehrer sind ihm anregend gegenwärtig. In vergleichbarer Zähigkeit nähert sich Bodack mit jedem ihn überzeugenden Vorschlag den Oberen der Bundesbahn. Selbst innerhalb so eines Apparates, meint er, ließen sich die Vorzüge eines vom Staate abgenabelten Wirtschaftens beweisen, wie es Steiners Spätwerk «Kernpunkte der Sozialen Frage» verlange. Er ist Anthroposoph geworden. Steiner hält er für einen enormen Philosophen.

Tatsächlich hat die Frankfurter Bundesbahnleitung den Dezernenten Bodack schon einmal beurlaubt, damit er dem privaten Reiseunternehmen TUI beim Bau eines eigenen Expreßzuges an die Hand gehen konnte. Dieser entwickelte sich zum beliebtesten Ferien-Zug Europas. In seiner Bemalung entdeckt der Eingeweihte die Formensprache der Anthroposophie. Auch einer neuen Elektrolok der Bundesbahn ist anzusehen, daß bei ihrem Design Bodack mitgewirkt hat. Die Linien ihres Blechgewandes erinnern an die Dächer anthroposophischer Bauten.

Natürlich schickt der Beamte Bodack seine zwei Kinder in eine Waldorfschule. Weil es dort so eng hergeht, fachte er die Gründung eines weiteren Schulbauvereins mit an. Dafür vor allem verbraucht er seine Freizeit.

Nicht weit entfernt von dem Platz, auf dem die neue Schule einmal stehen wird, hat er sich ein Haus gebaut. Er selbst hat es entworfen, die Handwerker mit all den ungewohnten Details erst geplagt und am Ende stolz gemacht. Das Haus ist das bei weitem sehenswerteste in einer Kolonie der stumpfsinnigen Rechtwinkeligkeit.

5
Im Patienten ist die Urzeit noch lebendig

Heilpädagogik und Medizin
der Anthroposophen

Bis in sein 55. Lebensjahr führte Kurt Eisenmeier in Hessen hochbezahlt die Geschäfte einer Verpackungsfabrik mit 400 Mitarbeitern. Dann, 1980, zog er mit Frau und Kind freien Willens in die nahe «Dorfgemeinschaft Sassen», um dort für immer mit geistig Behinderten zusammenzuleben. Sein monatliches Netto-Einkommen beträgt jetzt noch 2800 Mark.

War das ein Opfer? Eisenmeier sagt nein. Ein Manager zu sein und Säcke für die ihm verhaßte Agrarchemie zu produzieren sei viel belastender als in einem Einfamilienhaus mit unheilbaren Opfern von Gehirnhautentzündung, mit Debilen, Mongoloiden, Autisten und Epileptikern das Leben zu teilen.

Die Eisenmeiers sind Anthroposophen. In den elf Hinfälligen, Stammelnden, Geistesabwesenden und Zurückgebliebenen an ihrem Familientisch einen letztlich unversehrbaren Geist für vorhanden, für teils sogar erreichbar zu erachten, entspricht ihrem Bild vom Menschen. Und, seltsam: Im Verhalten der Behinderten wirkt sich dies aus. Ruhig, sanft, von zutraulicher Eifrigkeit sind sie zumeist, tragen zur Behaglichkeit ihrer Zweibett-Zimmer mehr bei, als es in Landschulheimen die Schüler tun. Auf die in Pflegeanstalten üblichen chemisch beruhigenden Medikamente kann in Sassen weitgehend verzichtet werden.

Das hier in voller Dosis angewendete Mittel heißt: Zusammenleben. In den Häusern der Dorfgemeinschaft leben 170 Behinderte mit 50 im Sinne unserer Gesellschaft Gesunden, denen noch einmal 30 therapeutische und handwerkliche Helfer und Verwalter zuarbeiten. Das Miteinander vollzieht sich in einer der Normalfamilie unerreichbaren Mischung von Mühe und Musischem in so rhythmischem Regelmaß, als ticke hinter allem eine Art Lebens-Metronom.

Es handelt sich um eine Polarität, wie sie auf ihre Weise Waldorfschulen ebenfalls verfolgen. Brauchbares, Nützliches zu produzieren strengen alle sich an, soweit sie nur können. Sie üben sich in überschaubaren, aber doch schon eher industriellen Fertigungsprozessen, welche ohne Leistungsdruck anregend Hand in Hand laufen.

Und musisch, das heißt in Sassen: Gemeinsames Spiel mit der Leier, Malen, Kneten im Ton. Harmonisierende Übungen mit Sprach- und Lautformen beziehen selbst die zur Mitteilung kaum Fähigen ein, in eurythmischer Bewegung äußern sich, therapeutisch angeleitet, auch noch jene, die kaum die Arme heben können. Zum Musischen gehören die Hand in Hand jeden Morgen sowie vor und nach jeder Mahlzeit gemeinsam wiederholten Sinnsprüche, ferner, daß abends die zum Singen noch Aufgelegten im zentralen Festsaal wie zu einem Korso zusammenströmen. Von einem Heil-Barden werden sie da zu einfachsten Liedchen mitbeschwingt. Und sie alle, die sich ohnehin den Tag über schon viele Male begegnet sind, fassen einander dann wieder an den Händen, eine Gemeinschaft friedfertiger, unfertiger, selbstzufriedener Wesen wie aus einer anderen Welt.

Sassen verfügt über Werkstätten zur Herstellung von Möbeln, Teppichen, Krügen, dazu eine biologisch-dynamische Muster-Landwirtschaft. Krügen, Vasen oder keramischen Fliesen verleihen geistig Gestörte, falls ihnen nur ein für sie faßlich vorbereitetes Rohmaterial geduldig zugeschoben wird, oft bei weitem originellere Formen und Ornamente als die sie anleitenden Keramikkünstler.

Ein Mongoloider betritt die Töpferei morgens häufig mit einem Attaché-Koffer voller Entwürfe, die er am Abend zuvor in seinem Zimmer hingestrichelt hat: Tibetanische Symbole tauchen da plötzlich auf, die er in seinem Leben nie gesehen haben kann. Die lobenden Anthroposophen neh-

men das stillschweigend für einen Hinweis auf die Weite seelischer Wanderungen und die Allgegenwart geistiger Ursub-
stanz. Daß die in Sassen produzierten Futterhäuschen für
Vögel die bekannten anthroposophischen Dachhauben haben müssen, liegt hingegen eindeutig am Genius loci.

Innerhalb des Ganzen und seiner Familien herrscht ein
geradezu greifbares Einverständnis auf der für Versehrte
und Unversehrte nämlichen Basis: Aufeinander angewiesen
sind sie. Die Gesunden brauchen für ihre Ich-Verwirkli-
chung die Kranken, die sie brauchen. In jedem Hause hilft
der jeweils etwas Stärkere oder Geschicktere stets einem
Schwächeren bei Verrichtungen, zu denen es bei dem nicht
reicht. Der eine putzt dem anderen die Zähne. Selber
braucht er die Hilfe eines Dritten, sich anzukleiden. Der
Dritte braucht einen Vierten, um sich in die Küche zu
schleppen, wo er einem Fünften plangerecht beim Brot-
schneiden hilft. Es kann vorkommen, daß sie dann, statt für
ein Frühstück, für einen ganzen Monat Brot absäbeln. Da
schimpft ein Herr Eisenmeier natürlich kein bißchen. Eher
schon überlegt er, wie das Mißverständnis von ihm ausgegangen sein könnte.

Zwei seiner Hausgenossen können sich nur im Rollstuhl
bewegen. Doch zwei Häuser weiter liegen die Zügel einer 21
Häupter zählenden Gemeinschaft überwiegend Behinderter in den Händen einer Frau, die selber ihre Anweisungen
nur noch aus dem Rollstuhl geben kann. Sie ist unheilbar
krank. Doch ihre Willensstärke und Zuversicht vereinen die
Tafelrunde der von ihr Abhängigen wie ein Magnet.

Jede Woche rollen etliche Busse mit Sozialarbeitern, Eltern geistig Behinderter, Heilpädagogen die schmale Wald-
straße in die sehenswürdige Abgeschiedenheit der «Lebensgemeinschaft» Sassen herauf. Wegzeichen mit diesem Namen bitten um Behutsamkeit und Stille. Auf ein geistiges
Kraftfeld, meinen Anthroposophen, gelte es hier Rücksicht
zu nehmen. Es ist üblich, daß die Besucher sich wundern.
Sichtbares, Fühlbares und Zahlen sprechen für dieses heilsame Modell: Die 72 Mark, die der zuständige Landeswohl-

103

fahrtsverband für einen Behinderten pro Tag hierher abführt, könnten in simpelsten Heimen gerade die schiere Unterkunft decken (die Pflegesätze in der Psychiatrie erreichen bereits 300 Mark pro Tag).

Ein Bettenplatz in dem von Kurt Eisenmeier erbauten und bewohnten Haus ist auf 70 000 Mark gekommen. 50 000 Mark weniger, als es dem amtlichen Richtpreis entsprochen hätte. Die Werkstätten, in denen jeder tätige Behinderte 20 Mark Prämie am Tag bekommt, erwirtschaften einen Überschuß von jährlich 400 000 Mark – Pflegestätten anthroposophischen Unternehmergeistes.

Sassen ist erkennbar wahlverwandt mit den von emigrierten deutschen Anthroposophen während der Nazizeit in England begründeten und später vor allem in der Bodenseeregion nachentwickelten «Camphill»-Dörfern. Eine Handvoll Sinnsucher, darunter ein Schiffsingenieur, ein Schauspieler, ein Karosseriebauer, ein Mann aus der Werbung, ein Kraftfahrer, zwei Hausfrauen, drei Landwirte und Eisenmeier setzten vor 15 Jahren den Keim der Ansiedlung.

Die Gebäude des alten Hofgutes Sassen und ein bißchen Umland haben sie, die «Lebensgemeinschaft e.V.», für 200 000 Mark erworben und dann nach und nach mit Staatshilfe 20 Millionen investiert. 113 Hektar Bauernland gab es dafür, 80 Stück Großvieh, Maschinen, Produktionsstätten und all die behaglichen, anthroposophisch überdachten Familienhäuser.

Jedes Jahr muß die Lebensgemeinschaft e.V. anfragenden Eltern von mindestens 300 Behinderten Absagebriefe schreiben. Denn wie jede Camphill-Einrichtung und fast jede der 35 anthroposophischen Behinderten-Schulen in der Bundesrepublik ist dieses Dorf stets ausgebucht. Es übt, auch darin kein Sonderfall, auf die unversehrten Angehörigen der aufgenommenen Kranken mitunter solche Faszination aus, daß diese sich in der Nähe selber ansiedeln.

All so etwas mögen Besucher sich notieren. Doch dabei kommen sie den das Sassener Leben bewegenden Kräften kaum näher. Denn: Ohne die von Rudolf Steiner bezogenen Einsichten wäre das alles ja nicht so. Einen «ewigen Kern» müssen Kurt Eisenmeier und seine Partner in ihren gestörten Hausgenossen mit der Seele suchen, meditativ ertasten können – das ist es, worauf es ankommt.

Einen Kern, der schon «viele Erdenleben hindurch» (so Steiner) gewandert ist und der sich in seiner jetzigen abnormen Leiblichkeit doch immer noch äußert. Andernfalls wäre diese Lebensgemeinschaft e.V. nur Plage und Caritas. Manchmal, bei langer, behutsamer Gemeinsamkeit, sagt Herr Eisenmeier, habe er in einer ersichtlich elenden Leibeshülle intuitiv etwas wie den erwähnten Kern aufblitzen sehen.

In Sassen und ähnlichen Dorfgemeinschaften, in anthroposophischen Schulen und Heimen für Behinderte habe ich einen Wesensunterschied zwischen der normalen Vorstellung von Helfen und Heilen und der von Steiners Anhängern begriffen: Sie machen weiter, wo nach medizinischem Ermessen eigentlich nichts zu machen ist. Aber sie tun das nicht «ut aliquid fiat» – damit eben irgend etwas geschehe. Diese resignative Abgangsfloskel der medizinischen Schulweisheit stülpen sie optimistisch um: Bei ihnen kann immer noch etwas geschehen.

Allerdings nicht irgend etwas. Alles heilsame Handeln orientiert sich einmal an einem kunstvoll verflochtenen Funktionsschema von Leib, Seele und Geist (sprich: physischer Leib, Ätherleib, Astralleib und Ich). Auf ein polares und stets labiles Gleichgewicht einander bedingender gegensätzlicher Kräfte, Wirkungen und Vorgänge will es zum anderen hinaus. So entspricht es der Generalrichtung, die anthroposophischen Ärzten und Seelenpflegern von Steiner und der ihm ergebenen Ärztin Ita Wegman vor 60 Jahren angewiesen und von ihnen niemals angezweifelt wurde.

So ganz neu war das alles ja nicht. Altpersisches, hinduistisches, taoistisches Wissen, Gedanken von Plato, den Alchemisten, von Schelling oder Goethe wurden hellsichtig

105

beziehungsweise umsichtig vermengt und neu etikettiert zu einer Rezeptur ganzheitlicher Heilbemühung.

Eine Heilpädagogin, die im Heim für behinderte Kinder einen ruhelosen Störenfried neben einen apathisch-reflexarmen Zimmergenossen bettet, baut auf Ausgleichswirkung des Gegensätzlichen ebenso wie der anthroposophische Internist, der eine von unerklärlichem Wasserstau geplagte Patientin unter die Dauerdusche legt. Ein Pol heißt Sklerose (Verhärtung), der Gegenpol Entzündung (Auflösung), und mit jeweils Entgegengesetztem, vom Aquarellieren (lösend) bis zum Psalterspiel (stabilisierend), mag dann die Therapie einhergehen. Kontrastprogramme durchdringen diese Heilpraxis wie das ewig wogende Ringen der Kontrahenten Luzifer und Ahriman den Geisterkosmos der Anthroposophen.

So haben auch sie ihr Yin und Yang. Alle Krankheit, die angeborene Behinderung nicht ausgenommen, wurzelt folglich in Störungen eines Seele und Ich selbstredend einbeziehenden Ausgleichs. Eine Rezeptur von Gegengiften und Gegengewichten soll den wieder herstellen. Bald 10 000 deutsche Heilpädagogen, Ärzte, Heileurythmisten, aber auch die bei Steiner nachblätternden Kompositeure von Arzneimitteln orientieren sich danach, so gut es geht, und bedienen sich in seinem Namen in Wahrheit oft beim alten Paracelsus und der 1179 gestorbenen benediktinischen Heil-Mystikerin Hildegard von Bingen.

Das Menschen-Modell der Schulmedizin, diese Nähr- und Geistes-Stoffe umsetzende und speichernde Maschine, verwandelt sich vor den Augen dieser Steinerianer in ein dreigegliedertes System von ineinanderwirkenden leiblich-seelischen Zuständigkeiten. Da haben sie eine synthetische Dreieinigkeit, die für sich in Anspruch nehmen darf, ausschließlich Steiners Erkenntnis zu entspringen: Bewußtseinsvorgänge sind Sache des Nerven-Sinnes-Systems; Fühlen basiert auf dem rhythmischen Wechselspiel des Kreislaufs und der Atmung; der Wille schließlich entspricht dem, was sich im Stoffwechsel und im Bewegungsapparat ereignet. Dazu gesellt sich, wohlgemerkt, die bereits bekannte (vierteilige) Leib-Seele-Ich-Verwebung. Im schlierigen Ineinanderschwimmen der Farben auf den üblichen Menschen-Darstellungen anthroposophischer Kunstschulen äußert sich diese Grundidee eines fortwährend vom Materiellen ins Geistige und vice versa wirkenden Gemenges.

Stets spielt da Evolutionsgeschichte hinein, wie sie Anthroposophen unter Zuhilfenahme von Goethe und Steiner sich denken. Frei nach der «Urpflanze», einer Ur-Idee belebter Materie, herab ins «Reich der Minerale» und andererseits aufsteigend ins «Tierreich» und weiter führen deren Metamorphosen. Das, woraus in einer unendlich fernen Vergangenheit planetarischer Entwicklungsphasen dieser Erde die Wurzel des heutigen Ich-Menschen geworden ist, war angeblich da von Anbeginn. Und all diese Vergangenheiten befinden sich wie urzeitliche Hüllen mit dem Menschen noch immer auf dem Weg und können ärztlich und medikamentös angepeilt werden.

Die Frage, welches Mittel in welchen Bereich hineinwirkt, ist in einem ungefähren Schema gleichfalls geregelt. Im animalischen (seelischen, astralen) Bereich sollen pflanzliche, in den eher pflanzlich gedeuteten (ätherischen) Vital-Funktionen sollen von Tieren stammende Stoffe guttun. Das Ich, die geistige Oberzone, wird nach diesem Heils-Kanon durch Arzneien aus den erstarrt ewigen Stoffen des Mineralreiches so oder so beeinflußt. Quasi von den Antipoden seiner Evolution her, mit denen es – angenommen, die Antroposophen sähen das richtig – die Eigenschaft der Dauer ja gemeinsam hätte.

Wieder und wieder kehrt das Ich bei ihnen in immer neuen Verkörperungen. Antroposophische Ärzte motiviert das übrigens, den Abbruch von Schwangerschaften abzulehnen, obschon sich dabei gewisse Widersprüche zu ihrem Verständnis individueller Entscheidungsfreiheit aufwerfen.

Angesichts dieser selbst bei größtmöglicher Vereinfachung etwas verwirrenden Schicksals-Wanderkarte nach den Quellen ihrer Erkenntnis gefragt zu werden, irritiert

Antroposophen meist schon deshalb, weil die Antworten nur noch mehr Verwirrung stiften müssen. Wieso beispielsweise gibt es diese auf- und absteigenden Linien in ihrem Evolutionsplan?

Antwort: Weil für den Aufstieg des einen Gattungszweiges stets ein opferhafter Ausgleich sich ereignete, indem ein anderer sich abwärts wandelte. Woher sie das wissen? Notfalls decken sich da die Verehrer Rudolf Steiners mit Zitaten aus seinem uferlosen Gesamtwerk ein oder stecken ihre Köpfe in diesen gedruckten Kosmos, den sie häufig gezwungen sind, für den eigentlichen zu halten.

ER hat's gewußt. Von IHM wissen sie's. Die von IHM aber vor allem geforderte Denk- und Meditations-Disziplin führt keinen so weit, wie ER anscheinend damit kam.

Daher kann beispielsweise Hans Werner, ein Krebsarzt aus der anthroposophischen Klinik Öschelbronn, schon genau sagen, was übersinnlich nach dem Exitus vor sich gehen wird: «Wenn sich dann im Tode die Lebens-Zeitkräfte vom physischen Leib lösen und sich der Seele zuwenden, erscheint im nachtodlichen Bewußtsein das Zeittableau der Lebensrückschau.»

So weit hinaus führen die Linien, an denen die anthroposophischen Heiler ihr Handeln adjustieren. Da wirkt es wie eine okkulte Bagatelle, wenn sie in Steiners «Akasha-Chronik» die Eingebung empfangen: «Nicht die Ursache, sondern die Folgen der Blutpulsation sind die Bewegungen des Herzens.» Und weiter: «Seelisches ist die Ursache davon, wie sich das Blut verhält.» Jene medizinischen Materialisten, denen das Herz bloß Pumpe ist, befinden sich womöglich in einem ähnlich unabwägbaren Abstand zur eigentlichen Wahrheit. Nur liegen sie technisch eben richtig.

Die Dreigliederung der Physis gilt nicht für ein bloßes Denkmodell: Anthroposophen sehen in ihr eine bahnbrechende Erkenntnis. Ähnliches ließe sich womöglich von den Freudianern sagen. Die haben ja ebenfalls ihre Dreieinigkeit von Es, Ich und Über-Ich.

Immerhin läßt sich allerlei sonst noch Dreigegliedertes

bereits mit schlichtem Verstand ausmachen: Ohr, Haut, Finger, Zehen, Arm und Beine sind so aufgebaut, und jeder weiß es oder kann nachzählen. Okkult erst und entsprechend intuitiv betrachtet, das verspricht uns der heilpädagogisch erfahrene Anthroposoph Helmut Klimm, werde in diesem Bau an jeder Stelle das Ganze sich dartun.

Ein Gesamtbild wird gebraucht. Eines, in dem leibliche, seelische, biographische Schichten sich vereinen, eine eher deutbare als berechenbare Vielfalt von Faktoren, vergleichbar dem Durcheinander auf der Wetterkarte. Anthroposophisch lassen sich daraus allein die Begriffe von Krankheit und Gesundheit individuell feinbestimmen. Überflüssig zu sagen, daß zu der dafür erforderlichen ärztlichen Weisheit hin ein sehr weiter Weg führt.

Auf diesem Weg droht allerlei mystischer Nebel. Wie sonst sollte man beispielsweise die Eingebung nennen, Diagnose anhand von Saugpapier zu betreiben, auf dem ein wenig Patientenblut sich zu unberechenbaren Klecksen verteilt? Manche anthroposophische Mediziner deuten aus solchen «Steigbildern» tatsächlich die Formen kranker Organe heraus. Andere weisen das von sich und vergleichen es mit der Leberschau bei antiken Opferritualen.

Und gepflastert ist der Weg mit Unbequemlichkeiten. Ginge es nach Steiner, müßte in der Alltagspraxis der 1000 anthroposophisch organisierten deutschen Ärzte die Wiederbegegnung mit einem vorgemerkten Patienten bereits am Vorabend der Sprechstunde geistig eingeleitet werden. Da nämlich versucht der wahre Arzt sich dessen «Gestalt», «typischen Gesichtsausdruck» und die «Krankheitsbefunde» in Erinnerung zu rufen. Am nächsten Tag prüft er, wie weit er den Fall in sich präsent gehabt hat. Das übt.

In einer ähnlich phänomenologischen Umgangsweise verfahren ja tüchtige Waldorf-Lehrer mit dem «Bild» ihrer Schüler, Bio-Forscher und Bio-Bauern mit der «Gestalt» von Pflanzen. Alle, die Steiner folgen, üben sich so – bis hin zu den Priestern und Religionslehrern der anthroposophisch eingestimmten «Christengemeinschaft».

Mit den milliardenfachen Verdünnungen der anderthalb Jahrhunderte älteren homöopathischen Medizin des Samuel Hahnemann sind die anthroposophischen Ärzte einverstanden. Doch bei der Auswahl und Erklärung der Wirkstoffe bevorzugen sie die Perspektiven Steiners.

Einem Patienten mit nervösem Magenleiden, auch einem Ulcus-Kranken etwa, verordnen sie mit Vorliebe ein altmodisches Mittel mit Antimon, einem Halbmetall, das in der Natur vor allem im Antimonit, seiner Schwefelverbindung, vorkommt. Dabei handelt es sich erstens um eine Substanz aus den Urzeiten der Evolution. Zweitens ist das Antimonit so büschelförmig kristallisiert, daß einem geübten Interpreten von Naturformen beim Anblick dieses Minerals zwangsläufig der Gedanke an eine entsprechend versammelnde Wirkung auf den menschlichen Organismus befällt.

Der anthroposophische Psychiater Rudolf Treichler verspricht denn auch, Gaben von Antimon unterstützten «das Ich des Magenkranken», hülfen ihm, «den verzehrenden Ehrgeiz der Seele beherrschen zu lernen». Überdies soll das Mineral für die Blutgerinnung und das Stoffwechselsystem förderlich sein.

Was aber, wenn ein Magengeschwür zu bluten anfängt? Vor dem Koma oder der großen Chirurgie wird den Patienten dann gewiß nicht Antimon bewahren. Auch nach anthroposophischer Notfall-Betrachtung würde er dann besser eines jener neuen Cimetidin-Präparate der Pharma-Industrie einnehmen, die heute bis zu 80 Prozent der früher üblichen Magenoperationen überflüssig machen.

Nun zum Magnesium. Rudolf Treichler findet, das habe, wie «im Blitzlicht sichtbar wird», eine «intensive Lichtbeziehung». Im Menschen führe es dazu, daß im Stoffwechsel «stagnierende Prozesse wieder in Fluß kommen» und sich eine mit ihnen vielleicht zusammenhängende depressive Stimmung «auflichte». Magnesium, das weiß er einfach, rege das Ich an (was immer das sein mag), «sich wieder mit dem in Gang kommenden Fluß des Leber-Gallen-Systems zu verbinden und dadurch Willenskraft zu entwickeln».

Noch weit mehr werde im Menschen mit Hilfe von kristallisierender Kieselsäure intensiviert, lerne ich in einem Almanach der Pharmazie- und Kosmetik-Firma Weleda, für die Rudolf Steiner einst sogar Haarwasser und das dazu passende Werbebild entworfen hat. Kieselkristalle verbessern danach: «Wahrnehmungsfähigkeit, Sinnestätigkeit, Bewußtseinsentfaltung».

Wie wär's mit etwas Schwefel dazu? Er befeuere «die Verbrennungsprozesse», heißt es, den Stoffwechsel. Fehlt nur noch Eisen, «das rhythmische Atmungsmetall», gut für Puste und Kreislauf.

Alle drei Stoffe, zermahlen und zusammen mit Honig (tierisch) und Wein (pflanzlich) zu einer harten Kruste eingedickt, dann abermals zermahlen, das ergibt bei der Weleda von heute «Kephalodoron», ein rechtes Universal-Heilmittel. Es bringt etwas für den eben durch und durch dreigegliederten Menschen, insbesondere (Kiesel!) für dessen «oberen Pol».

Bei der Weleda in Schwäbisch Gmünd und Arlesheim sowie bei der Firma Wala in Eckwälden werden tausenderlei Natursubstanzen, von Arnika und Digitalis bis zur Rosenblüte, vom Amethyst bis zum Goldstaub, nach vergleichbaren Harmonie-Konzepten zu Heilmitteln.

Das meiste ist seit Jahrzehnten in Gebrauch, einiges ist die Neuauflage von Jahrhundertealtem. Allein die Firma Weleda, die zu ihrer Kundschaft 15 000 anthroposophisch ahnungslose deutsche Ärzte rechnen darf, vertreibt 8000 alte Präparate, und sie stehen zumeist im Arzneienbuch der Homöopathie. Das verschont die Firma zumindest bis auf weiteres vor dem gefürchteten Zwang zur Anmeldung und Neuzulassung nach dem Bonner Arzneimittelgesetz. Das gesetzliche Verlangen, für neue Heilmittel normgerechte Dokumentationen vorzulegen, beunruhigt die Pharmakologen und Ärzte anthroposophischer Orientierung trotzdem. Eine von den Pharma-Giganten der Chemie souverän gehandhabte Prüfungs-Mechanik müßten sie fürchten wie eine ahrimanische Zangenbewegung.

Die Konzerne visieren mit ihren Medikamenten Krankheiten an wie Zielscheiben. In aufwendigen Labortests werden die Treffer maximiert. Das Resultat passiert die überzeugende Anzahl von Tierversuchen, Wirkungen und Nebenwirkungen ergeben sich belegbar, dann folgen die sattsam bekannten Blind- und Doppel-Blind-Versuche am Menschen. Das erbringt statistisch verwertbare Massen von Daten, wenngleich es einen Contergan-Fall nicht ausschließt. Dem zeitgenössischen «Wahrheits»-Bedürfnis dient eine blendende Wahrscheinlichkeits-Mathematik, während sich im Kleingedruckten der Beipack-Prospekte die Unberechenbarkeit noch spiegelt.

Doch über Heilmittel, welche auf organisch und okkult zueinanderstimmende Ausgleichswirkungen hin konstruiert wurden, über Mixturen, deren Anwendung eigentlich erst im Zusammenhang mit der Biographie eines Erkrankten und vielleicht sogar der Eigenart des Arztes sinnfällig erscheint, wie bringt man da ausreichendes Beweismaterial zusammen? Wie sollen sie getestet werden, da doch ihre Erfinder und Anwender ein anthroposophisches Bild vom Menschen und der Wahrheit verteidigen?

Zur Verblüffung der Pharma-Lobby haben die Anthroposophen mit so ungewohnten Auffassungen von medizinischer Erkenntnisgewinnung und Wahrheitsfindung in Bonn Gehör gefunden. Die Gesundheits-Bürokratie sah fürs erste ein, daß der Mensch für diese medizinische Richtung nicht einfach auch «eine Art Tier» ist.

Tierversuchen mißt die anthroposophische Medizin erst Beweiskraft zu, falls eine mit der erwähnten Evolutionstheorie zu vereinbarende Beziehung zwischen menschlichen und tierischen Funktionen definiert werden kann. Für verwerflich, einen Verstoß gegen das Selbstbestimmungsrecht, erklärt sie Versuche am Menschen, bei welchen neben einem Mittel Scheinmittel gegeben werden (Blindversuch). Das schlimmste ist für sie das Ansinnen, auch noch dem Arzt zu verschweigen, wer ein solches Scheinmittel bekommt (Doppelblind-Versuch).

Statistische Beweisverfahren schließlich sind Anthroposophen zuwider, weil sie nur Aussagen über Wahrscheinlichkeiten statt der individuellen Erkenntnis ermöglichen. Zur Erkenntnis gehöre die Erklärung der jeweils zu ihr führenden Erkenntnistheorie: eine Wegbeschreibung, ein Menschenbild, ein Weltbild.

Zum erstenmal seit ihrer Entstehung wurde damit Rudolf Steiners medizinischer Schule, auf dem Umweg über das Bundesgesundheitsministerium, die Wissenschaftlichkeit eines Denkansatzes bescheinigt. Das änderte nichts an ihrer Not, für die gesetzlich geforderte Zulassung auch ihrer Heilmittel dann eben auf andere Weise ausreichende Belege beizubringen. Es genügt nicht, ihre praktischen Erfahrungen mit Heilmitteln weiterzureichen. Und eine hieb- und stichfeste Buchführung über Plus und Minus, die überfordert sie vorerst. Auszuschließen ist nicht, daß am Ende die Kassen für vieles die Vergütung verweigern.

Einen Zusammenhang zwischen der Entstehung von Krebs und einem Zusammenbruch des Gleichgewichts innerhalb der Leib-Seele-Gliederung muß keine medizinische Schule so zwingend annehmen wie die anthroposophische. Friedrich Lorenz, Krebsarzt und Leiter der Medizinischen Sektion im Dornacher Goetheanum, ist nur einer von vielen, die es so sehen. Ebenso wie einzelne Zellen, meint er, könnten sich «Denken, Fühlen und Wollen aus dem Ganzen lösen und selbständig wuchern».

Psychose sei der Krebs der Seele, Krebs die Psychose des Leibes – so habe ich es noch und noch bei anthroposophischen Heilern vernommen. Doch wo im Mineralischen, Pflanzlichen oder Tierischen wäre eine Substanz, die helfen könnte, solchen Systembruch zu löten, so verschobene Schichtungen zu harmonisieren?

Rudolf Steiner hielt die Mistel (Viscum album) für geeignet. Sie ist eine in ihrem Wachstum ausnahmsweise nicht der Sonne zugewandte, vom Jahresrhythmus offenbar unabhängige immergrüne Besonderheit, die vor dem Frühling blüht

113

und im Winter fruchtet. Parasitär gedeiht sie auf Ulmen, Pappeln, Kiefern, Apfelbäumen und hat, anthroposophisch betrachtet, etwas von einem tier-pflanzlichen Zwischenwesen der Evolution. «Gestaute Zeitprozesse», meint der Krebsarzt Hans Werner, «schlummern in ihr.» Schlicht gesagt: Ein Gewächs, das sich wider Mutationssprünge seit Urzeiten sperrt, müßte ausuferndes Zellwachstum wie Krebs gleichfalls bremsen können – wieder einmal so ein Gegenpol.

Rudolf Steiner hatte die Sache nur nebenhin angetippt. Sechs Jahrzehnte danach trägt das nun unheimlich Früchte. Anthroposopische Forscher, Ärzte und Vermarkter konkurrieren plötzlich gegeneinander mit einem halben Dutzend aus Mistelsaft gewonnenen Krebs-Heilmitteln. Außer den Krebskranken in der unvergleichlich wohltemperierten Pflege anthroposophischer Spezial- und Gemeinschaftskrankenhäuser werden solche Präparate Hunderttausenden von bloß Verängstigten regelmäßig zur Vorsorge gespritzt.

Daß Abwehrwirkung von Extrakten der Mistel ausgeht, räumt die Schulmedizin mittlerweile ein. Aber das ist alles. Professor Kurt Schumacher, Hämatologe und Onkologe am Stuttgarter Robert-Bosch-Krankenhaus: «Viscum album als Psychotherapie halte ich noch für mäßig gut . . . ein Gespräch ist für den Patienten effektiver.»

Wissenschaftliche Stütze für diese von vielen namhaften Schulmedizinern geteilte Reserve sind Tierversuche. Das eben, was Anthroposohen so contre cœur geht. Der Medizin-Statistiker Joachim Hornung von der Freien Universität Berlin, unbestreitbar ein schierer «Schulmediziner», erregt sich mit ihnen über den Vorwurf, die Mistel-Therapie sei im wissenschaftlichen Sinne nicht wirksam. «Mit einem hohen Grad von Wahrscheinlichkeit» sei eine «Verlängerung der Lebenserwartung» anzunehmen.

Doch wieder hapert es mit der Dokumentation aus der diffizilen anthroposophischen Praxis. In ihr erweist sich jeder Fall als eigentlich unvergleichlich. So spielt es bei der Anwendung je nach Art und Entstehungsort der Tumore

114

angeblich eine entscheidende Rolle, von welchem Wirts-
baum sich die jeweilige Mistel genährt hat und wie frisch
ihre Früchte bei der Verarbeitung waren. Auch wird die Mi-
stelkur mit einem unendlich variablen Paket unterschied-
lichster therapeutischer Impulse begleitet.

Diät und Eurythmie, Malen, Singen, Plastizieren, die
Lektüre von Märchen, Heilbäder, Massage, ja sogar das
Schreiben mit der linken Hand oder das umgekehrte Hersa-
gen von Reimen kommen in Frage, Leib und Seele aufeinander wieder einzustimmen.

Die Therapie erster Wahl allerdings heißt auch für die anthroposophischen Ärzte: Operation.

Rudolf Steiner hat weder über die Mischung noch über die
Anwendung des Extraktes von Viscum album eindeutige
Anmerkungen hinterlassen. Einer auf ihn und Goethe ein-
geschworenen Forschung reichte das völlig zur Rechtferti-
gung für einen technologisch, gelinde gesagt, verblüffenden
Aufwand. So werden im Haus Hiscia in Arlesheim bei Basel, einem der Firma Weleda zuarbeitenden Institut, Mistel-
säfte in großen Zentrifugen mit 11 000 Umdrehungen pro
Minute geschleudert. Teller aus Titan drehen sich unter einer mit Helium gefüllten Glocke.

Dabei ergeben sich Sicherheits- und Hitzeprobleme. Die
zu bewältigen, riefen die Arlesheimer den Anthroposophen
Professor Ernst August Müller, einen Physiker aus dem
Göttinger Max-Planck-Institut für Strömungsforschung zu
Hilfe. Der Krebsarzt Friedrich Lorenz fürchtete schon, die
ganze Sache werde «auseinanderfliegen».

Ursache für den Aufwand war eine beiläufige Anmer-
kung Rudolf Steiners: Es werde die Mistelwirkung vielleicht
steigern, wenn man Sommerernte und Winterernte «auszie-
he» und «spiralig» rühre. Seine Gefolgsmänner suchten einen Maßstab für die dazu anthroposophisch wünschenswer-
te Drehzahl. Aus der Erdanziehung wollten sie in Arlesheim
die sich vereinigenden Säfte vorübergehend herausheben.
Ein kosmisch orientierter Arzt wie Lorenz findet: «Dadurch

erst wird es zum Heilmittel.» So sprang die Idee auf, sich an der Erdumdrehung zu orientieren. Der anthroposophische Mathematiker Ernst Schuberth fürchtet, dabei habe man versehentlich an den Äquator statt an den Breitengrad von Arlesheim gedacht.

Das Erzeugnis heißt «Iscador». Damit eine so organische Substanz nicht in etwas so Anorganisches wie blankes Glas abgefüllt wird, entwickelte man in Arlesheim ein Verfahren, das Innere der Ampullen hauchfein mit sterilem Bienenwachs zu überziehen. Das alles, wie gesagt, ist Folge einer Steinerschen Marginalie. Dr. Lorenz gibt zu, da sei nur die Rede gewesen von einer «spiraligen Durchkreisung bis in die kleinsten Kreise». Er ist stolz, Steiner in so extremer Weise Rechnung zu tragen. «Im Wärmekurs, GA Band 321», das muß er bedauern, «hat ER einiges noch nicht Realisierbare gesagt.»

Kann es sein, daß Steiner derlei wollte? Zweifel drängten sich mir auf. Zwei Autobahnstunden nordöstlich von Arlesheim geriet ich im schwäbischen Öschelbronn in eine Gruppe anthroposophischer Mistel-Forscher, die den Weg der Freunde in Arlesheim für einen in die Irre zu halten scheinen. In ihrem von Spenden zehrenden «Carl-Gustav-Carus-Institut» (Carus war ein Goetheanist des 19. Jahrhunderts) haben sie sich der Frage, wie Winter- und Sommer-Extrakt zu einer Einheit werden können, «goetheanistisch» genähert. Eine Art Mistel-Metamorphose strebten sie an, eine im Sinne ihres Goethe und der von ihm und Steiner skizzierten Fortentwicklung von Natur geistig höhere Saftverbindung. Nach polaren Gegensätzen und Gegenkräften haben sie Ausschau gehalten.

Die «Sommerernte» auf den Wirtsbäumen ereignet sich bald nach der Blüte: Dazu, fanden sie, konstrastiere eine Ruhe wie die von spiegelglatten Wasserflächen (sogenannter «Rieselfilm»). Wintersaft, Pflanzenstarre: Als ein völliges Gegenbild dazu erschien ihnen eine Zerstäubung.

So einigten sie sich auf das Resultat, den «Wintersaft» über eine spiegelglatte Fläche von «Sommersaft» zu sprühen, welche sich allerdings erst bei rund 7000 Umdrehungen pro Minute in ihrer Zentrifuge einstellen wollte.

Einer Hochleistungs-Schleuder müssen auch sie sich bedienen. Deren rasend rotierender Teller ist so geformt, daß an seinem Rand die vermengten Säfte wie Brandungswellen um- und umrollen. So versetzen Anthroposophen sich in Goethes Namen in die Natur.

Der Strömungsphysiker Müller hat die Gruppe in Öschelbronn ebenfalls beraten müssen. Stets wird ja die äußerste Möglichkeit der Technik in Anspruch genommen. Das beginnt bei der Ernte. Gleich unter den Bäumen werden die Mistelbeeren tiefgefroren.

Die Forscher vom Carus-Institut gaben ihrem Krebsbekämpfungsmittel den Namen: «Abnoba-Viscum». Thomas Göbel, ihr Senior, hebt hervor, daß diese anthroposophische Lösung bewußt über Steiner hinausgedacht sei. Der habe nicht einmal verlangt, daß man die Säfte überhaupt mischen müsse.

Familiäre Nähe zum Kranken wünschen sich die Behandelnden in allen sieben anthroposophischen Krankenhäusern. Den Namen «Gemeinschaftskrankenhaus» führen nur die beiden größten: das in Herdecke (440 Betten) und das von den Kolben-Herstellern Ernst und Hermann Mahle gestiftete im schwäbischen Filderstadt (209 Betten). Der Name meldet ein Programm: Sozialer Wandel und der medizinische sind eins.

Den Nährboden dafür liefert Steiners Soziallehre ebenso wie seine Inspiration für die «Erweiterung der Heilkunst». Also: Keine Chefärzte und Oberschwestern. Gearbeitet wird in Gruppen, unter Verzicht auf herrschaftliche Abgrenzungen und, was die Ärzte anbetrifft, das standesgemäße Abkassieren. Folgerichtig gehören die Patienten zu diesem Bund. Ihr Leiden wird hier nicht bloß diagnostisch anvisiert und unter therapeutisches Punktfeuer genommen. Möglichst gemeinsam forschen Ärzte und Kranke bis in biographische, ja seelische Bereiche hinein nach tieferen Ursachen. Dabei gedeihen oft Wechselwirkungen, die der Schulmedizin zunehmend nur noch abstrakt bekannt sind.

Die medizinische Technologie der Gemeinschaftskrankenhäuser, ihre Chirurgie oder Intensivmedizin weichen vom Repertoire großer Allgemein-Krankenhäuser keinen Deut ab. Mit manchen von ihnen haben sie das «Rooming-in» gemeinsam: Mutter und Kind im selben Zimmer. Bei der Geburt können Väter dabeisein.

Im übrigen aber hebt sich das anthroposophische Rezept des Miteinanders mächtig vom Gebräuchlichen ab. Stimulierende Alltäglichkeiten, wie Wasch-, Weck- und Mahlzeiten, auch der Zimmerschmuck, werden mit einer von der Einweisung bis zur Entlassung andauernd zuständigen Schwester nach Wunsch abgestimmt. Notfalls spielt sie einem Patienten, der selber nicht mehr Saiten zupfen oder flöten kann, seine spezielle Schlafmelodie.

Noch auf der Intensivstation sind Besucher prinzipiell erwünscht. Gestorben wird möglichst unter Begleitumständen, die sich dem Leitbild von gemeinschaftlicher Haltung untadelig unterordnen. Alle sollen dann zugegen sein, die behandelt und geholfen haben. Vom Patienten, der in der Regel alles andere als ein Anthroposoph ist, wird erwartet, daß er seinerseits reine Konsum- und Erwartungshaltungen aufgibt, mit dem Vertrauensklima übereinstimmt. Andernfalls kann es Enttäuschung geben.

Vier Fünftel der Mitarbeiter in der Filderklinik und in Herdecke wissen nämlich auch kaum etwas von Steiner und seinem okkulten Ethos. Die brauchen schon ein bißchen Anerkennung. Der anstrengend humanen Ordnung fügen sie sich, weil sie ihnen sinnvoll erscheint. Ihr Krankenstand ist entsprechend niedrig: zwischen fünf und zehn Prozent.

Hundert vom Etat getragene Schwestern für doppelt so viele Patienten, das war beispielsweise den Ärzten in Filderstadt zu knapp. Sie verzichteten – manche murrend – auf die Honorare von Privatpatienten, und davon zahlen sie eine Gruppe zusätzlicher Schwestern.

Ebensowenig kassieren die Herdecker Ärzte Privathonorare. Bei ihnen fließen die in einen Entwicklungsfonds des Hauses. Diese unglaubliche Einstellung zum Geld hat das politische Klima gefördert, in dem die Düsseldorfer Landesregierung am Ende die ans Gemeinschaftskrankenhaus anschließende freie Universität guthieß.

Von außen besehen, scheint die «Erweiterung der Heilkunst» in diesen Gemeinschaftskliniken sich in humanerer Arbeitsorganisation zu erschöpfen. In Vorgängen, deren Übertragbarkeit aufs Normal-Klinikum immerhin denkbar wäre. In den Rezepturen erst und in der Vermengung von Heilkunst mit Kunst glimmt unnachahmlich die andere Weltsicht auf.

In der Filderklinik sah ich Gestalten in Nachtgewändern mit biblischen Psaltern und Leiern auf dem Bettrand musizieren, als wären's bereits Erscheinungen von anderswoher. Dabei handelte es sich um völlig lebendige Patienten. So, nach genauester ärztlicher Bestimmung, wollten sie ihre Leib-Seele-Konstitution sanieren oder einem lauschenden Therapeuten Erkenntnisse zuspielen über das, was mit ihnen los ist. Weitere dieser Musiktherapie dienliche Instrumente tönten mich museal an: Alphorn und Krummhorn und die «Chrotta», eine Art Fidel nach keltischen Vorbildern. Es wird außerdem getrommelt und geflötet.

Ob man in ein Alphorn kräftig puste oder es nur sanft anblase, sagt der Psychosomatiker und Kunsttherapeut Paul von der Heide, ergebe einen medizinisch höchst unterschiedlichen Effekt. Ähnliches beobachtet er beim therapeutischen Umgang mit Stiften und Farben. Prompt verschlimmerten sich die Durchfälle bei einer Colitis, falls der Patient mit einem «Verflüssigung» anregenden Medium wie allzu verdünnter Wasserfarbe male. «Strukturierend» heiße es da zu wirken, beispielsweise durch Zeichnen.

Mit Bienenwachs wird geknetet, um «Formkräfte» für einen gestörten Stoffwechsel oder gegen ein Rheumaleiden zu entbinden. Eurythmie soll dem Kranken generell helfen, aus sich, so schwer es ihn ankommen mag, Gestisches herauszuholen. Den Experten der Leib-Seele-Gliederung ermöglicht das einen besseren Durchblick. Dabei allerdings sehen sie sich wieder auf eine meditativ verfeinerte Vorstellungskraft angewiesen.

Über einen Mangel an Zuwendung und Anwendung kann da kein Patient klagen. In der Filderklinik wird außerdem mit einem brandroten und einem eisblauen Raum gearbeitet, in den einer zur (je nachdem) Erregung (rot) oder Besänftigung (blau) seines Vegetativums hineingebetet wird. Selbst Patienten ohne jedes Augenlicht spüren diesen Reiz.

Die Nachfrage übertrifft (bei einer durchschnittlich neunzigprozentigen Belegung der Filderklinik) die Leistungskraft sämtlicher Therapeuten. Sie sind zu zehnt: vier Heileurythmisten, zwei Musiktherapeuten, drei in Gesprächstherapie ausgebildete Ärzte, eine Plastiziererin. Ihren Wartelisten entspräche eine Personalverdoppelung.

Das also wäre die Begleitmusik der anthroposophischen Heilkunst. Überall bemerkte ich eine verstärkte Bereitschaft, sich an Befunde auch seelisch heranzutasten, zu improvisieren, sich inspirieren zu lassen. In einem der normalen Zweibettzimmer der Filderklinik besuchte ich ein Ehepaar, dessen depressive Leidenszustände sich wohl wechselweise seelisch bedingten. Wie zwei Teile eines Systems, doch ein jedes ganz eigen, wurden sie bedoktert.

In Herdecke hat der Psychiater Konrad Schily eine Patientin mit hoffnungslos fortgeschrittenen Metastasen in pfleglicher Begleitung auf die Insel Samothrake geschickt, weil das ihr letzter Wunsch war. Dort besserte sich ihr Zustand. Sie schickte die Begleiterin zurück und kam erst viele Monate später selber. Die Metastasen hatten sich zurückgebildet, doch krebskrank war sie geblieben.

Ein Herz-Spezialist in Herdecke wendet sogar zur Reanimation, wo es um Sekunden geht, mitunter einzig ein homöopathisches Mittel an. Eine Dokumentation, die nachvollziehbar Aufschluß über die Kriterien (und Konsequenzen) derartiger Entscheidungen gäbe, existiert noch nicht.

Jürgen Schürholz, ein Internist der Filderklinik, bekämpft Lungenentzündungen bei alten Leuten mit Antibiotika. Kräftigeren schlägt er vor, das ohne Chemie durchzufiebern. Nur wenige weigern sich. «Ihre Angst», sagt Schürholz, dränge sie eben ohne Not zur Massiv-Therapie. Schneller fit seien beweisbar die «Selbstheiler».

Andererseits berichteten mir im gleichen Haus Patienten, man habe ihnen Valium 10, Cortison, Betablocker und andere Kampfmittel der Pharma-Chemie voll angedeihen lassen, parallel dazu jedoch musische und homöopathische Anwendungen aus dem anthroposophischen Sortiment. Mitunter mutet es an, als werde hier medizinisch ein Satz aus Goethes Faust beherzigt: Wer vieles bringt, wird manchem etwas bringen . . .

Eingeweihte plagt ein unerklärlicher Widerspruch. Wieso gewinnt die anthroposophische Medizin Gelände und verliert doch innere Kraft? Vor 50 Jahren, das ist verbürgt, konnten die mit Steiner übereinstimmenden Praktiker auf ihre Weise Krankheiten heilen, denen ihre Nachfolger von heute ohne die Medikamente der Schulmedizin nichts anzuhaben vermöchten.

Einer, auf den sie sich wie auf ein erloschenes Leuchtfeuer zurückbesinnen, der Arzt Wilhelm zur Linden, erreichte während des letzten Weltkriegs die Zulassung homöopathischer Mittel innerhalb der Deutschen Wehrmacht, nachdem er auf seiner Lazarettstation vermeintlich unheilbar Nierenkranke damit reihenweise kuriert hatte.

Vergleichbares vollbringen anthroposophische Ärzte nicht mehr. Was mag daran schuld sein? Von einer Verlagerung geistiger Kräfte reden manche verstohlen. Bei der Lösung des Problems Diabetes etwa habe sich die gezeigt. Rudolf Steiner hatte 1920 besonders dringlich die Suche nach einem neuen organischen Heilmittel dafür angeregt; mit Rosmarin wurde da laboriert. Bald danach entdeckten zwei junge Kanadier das Insulin – ohne eine Ahnung von Anthroposophie.

Die anderen, die der Natur materialistisch analysierend die Geheimnisse abrangen, die gewannen immerzu, Herzschrittmacher, Dialyse, Penicillin, Thrombose-Mittel, Transplantationen, heroische Selbstversuche wie der von Werner Forßmann – derlei ist ohne jede okkulte Erkenntnis-Suche gekommen.

«Siege des Materialismus», hat das Gerhard Kienle, einer der Gründungsväter von Herdecke genannt. Er hat gefragt: «Wie erreichen wir eine Situation, eine Stimmung, daß die Ideen, die, nüchtern gesagt, aus dem Kosmos kommen, auch von uns bemerkt werden?» Das geistige Potential, fand er, reiche einfach nicht aus für die den Anthroposophen vorschwebende «Weltbewegung im Sinne des Hygienischen Okkultismus». Dazu müßten viel mehr von den Anthroposophen noch konsequenter und konzentrierter denken, wollen, handeln. Kienle bescheinigte den versammelten Denkern der «Ersten Klasse» ein «geistiges Vakuum».

Das gerade übe einen «Sog» auf die mächtigen Gegenkräfte aus. Auf jene Mächte, die dem «Richtigen» statt dem «Wahren» überall die Wege bereiteten. Er selber, bekannte der Neurologe Kienle mit einer an Rudolf Steiner gemahnenden Offenheit, habe versucht, Arzneimittel – «im Sinne der Weltentwicklung» – zu kreieren. Es sei ihm nicht gelungen, «diese Barriere zu durchbrechen».

1983, ein Jahr danach starb er, neunundfünfzigjährig, an der Entzündung und Selbstaufzehrung seiner Bauchspeicheldrüse. Die von ihm erstrittene freie Universität wurde gerade eröffnet.

Bettlägerige zu waschen, darin war eigentlich jeder der 26 angehenden Mediziner der neuen Universität Witten/Herdecke schon lange vor dem Studienbeginn erfahren. Bei ihrer Auswahl unter 5500 Bewerbern hatte man ihrer Praxis in der Krankenpflege oder Sozialarbeit höheres Gewicht beigemessen als der Notenquersumme des Reifezeugnisses. Nun, im Studium, sollten sie Eindrücke intensiver Pflege einmal auch in der horizontalen Lage des Kranken gewinnen. Also säuberten sie einander vom Scheitel bis zur Zehe nach Pflegerart, Zähneputzen inklusive.

Ein Doktorspiel für Kinder? Soziale Sinneserfahrungen solcher Art erweitern eben nebst täglicher erschöpfender Mitarbeit im Gemeinschaftskrankenhaus das sonst zunftübliche Angebot ihres Curriculums.

Kenntnisse, wie sie die moderne Massenuniversität nur noch über Lautsprecheranlagen von sich gibt, eignen sie sich als universitäre Kleingruppe an. Und ein obligatorisches Studium fundamentale offeriert ihnen neben dieser Substanz die zu deren Gewinnung führenden Erkenntnis-Modelle. Da müssen sie merken, wie begrenzt die sind.

Anatomie-Vorlesung in Herdecke, das bedeutet so nebenbei innerliches Erspüren des Schädelaufbaues, indem jeder selber einen Schädel in Ton modelliert. Von Rudolf Steiner ist vorerst nicht die Rede. Über ihn, von dessen Erkenntnis-Wegweisung ins sinnlich nicht Wahrnehmbare, von dessen sozialen und medizinischen Anregungen die Krankenhaus- und Universitätsgründer ihre Energien herleiteten, wird nur im Studium fundamentale ein bißchen gelesen. Neben anderen medizinischen Schulen, sagt der Universitäts-Mitgründer und Psychiater Konrad Schily, gelte es dann mal die der Anthroposophen vorzustellen.

Ist das alles? Eine Elite der anthroposophischen Gesellschaft fragt es mit Ingrimm und wird mit Andeutungen abgespeist. Der in Herdecke lehrende Marburger Arbeitsphysiologe Günther Hildebrandt, selber Anthroposoph, verspricht für die Vermittlung des standesüblichen materialistisch-empirischen Wissens eine Form, durch welche «das Spirituelle bereits durchleuchtet». Meditative Techniken, wie sie von Steiner «zur Kräftigung des Heilerwillens» empfohlen worden sind, wolle man den Studenten – die sich ja nebenbei noch in zwei Fremdsprachen üben müssen – sehr wohl anbieten. Aber doch bitte nicht als Pflichtstoff.

Steiner wird vorsorglich verdünnt. Behutsam nennt Hildebrandt den Grund: «Die Offenbarung von Erkenntnissen und deren nur gemüthafte oder verstandesgemäße Aneig-

123

nung ist nicht tragfähig, wenn es darum geht, Inhalte in der Öffentlichkeit zu vertreten.» Schily wird deutlicher: «Unter keinen Umständen» dürfe diese Uni «Bekenntnis-Charakter haben». Die Gründer haben ihren ganz eigenen anthroposophischen Ehrgeiz. Zu viel ausgesprochene Anthroposophie könnte dem hinderlich sein. Beweisen wollen sie, daß diese Art Universität billiger, besser, humaner funktioniert als jede staatliche.

Ihre Universitäts-Zahnklinik (18 Behandlungsplätze) eröffnet 1984 mit 18 günstig erworbenen Behandlungsstühlen ihren Studienbetrieb. Sie kostet fünf Millionen, ein Siebtel des Mindestbetrages, der für ein gleich großes Projekt von der Uni Bochum veranschlagt worden war.

1984 wird außerdem ein Erstsemester Wirtschaftswissenschaft einziehen, wieder nur handverlesene Kandidaten mit entsprechender Vorbereitung durch Praxis. Physik, Chemie, Biologie, Philosophie, Orientalistik, Mathematik, Agrokultur, Tiermedizin, Ökotechnik sollen folgen, alles überschaubar, alles darauf angelegt, nach dem Prinzip «Small is beautiful» dem öffentlichen Bildungssystem ein wirksameres entgegenzusetzen. Eines, das dem Ideal von Leistungs- und Denkfähigkeit unter spartanischen Bedingungen gerecht wird.

Von Spenden der Anthroposophen wird das nicht leben können. Daß – namenlos – große Summen aus der Industrie kommen, deutet Schily an. An einer staatsfreien Ausbildung von Nachwuchs-Elite, wie sie sich in Herdecke anbahnt, liegt der deutschen Wirtschaft schon fast ebenso wie den deutschen Anthroposophen. Im Kuratorium der Uni Herdecke sitzen Alfred Herrhausen vom Vorstand der Deutschen Bank, der Luftfahrt-Industrielle Ludwig Bölkow und Egon Overbeck, der Boß von Mannesmann.

Herdecke selber soll ein Heilmittel werden: eine homöopathische Dosis. Zugedacht ist das einem gewaltigen und maroden Fall besonderer Art – der deutschen Universität.

6
Strahlung aus Kosmos und Kompost

Die biodynamische Landwirtschaft

Beim oberbayerischen Dorf Grub, vom Inn nicht weit entfernt, hat der aus Bad Liebenzell kommende Pflanzenforscher Georg Wilhelm Schmidt vor 14 Jahren einen Hektar
Kahlschlag eingezäunt und darauf mit kosmischen Experi-
menten angefangen. Nach einem Jahr vorsorglicher Unter-
suchungen und Pflegebemühungen an diesem Stück Boden
hat er Baumsamen unter Berücksichtigung von Wandel-
stern-Konstellationen in die Erde gebracht, die im Altertum
den Bauern vertraut gewesen sein sollen.

Dabei bemerkten er und seine Helfer verwundert, daß
Eichensamen, welche in einer bestimmten Phase des Mond-
umlaufes gesät worden waren – wenn der Mond in Opposi-
tion zum Mars stand –, unvergleichlich kräftig angegangen
sind. Die aus ihnen hervorwachsenden Eichen wurden nicht
vom Mehltau, einer heute bei Eichen fast schon üblichen
Krankheit, befallen.

Sie wuchsen, sagt Schmidt, im Verlaufe einer neunjährigen Vergleichszeit um 200 Prozent stärker als Bäume aus
dem gleichen Samen, der bloß 14 Tage vor oder nach der
«richtigen» planetarischen Konstellation in die Walderde
von Grub gebracht worden war. Die Eichen mit dem «fal-
schen» Aussaattermin wurden, falls überhaupt, dann
schwächlich, Mehltau und anderes setzen ihnen zu.

Vergleichbares berichtet Georg Wilhelm Schmidt von
Eschen. Von den Samen, die am 27. April in den Boden
kamen, hätten pro Quadratmeter drei, von einer gleichen
Menge der nämlichen Sorte, die drei Tage später gesetzt
wurde, 80 gekeimt. Zum «rechten» Zeitpunkt gesetzte Ul-

men seien robust und vital, die anderen hingegen so anfälli-
ge Geschöpfe geworden, daß es bei ihnen Winter für Winter
zu Erfrierungen komme.

Der Pflanz-Astrologe räumt ein, die Natur mit ihrem verschwenderischen Samenangebot habe seit jeher zu richtigen
ebenso wie zu weniger richtigen Zeitpunkten ausgesät und
so für eine Auslese des Kräftigen gesorgt. Diese Auslese
wüßte er gern zunehmend in menschlicher Obhut, jetzt, wo
der Wald stirbt. Worauf er hinaus will, das ist ein kosmischer
Ausweg aus diesem Waldsterben.

Steiner lesende Waldfreunde kommen wegen der knapp
hundert Bäume, die Schmidt ihnen vorführen kann, sogar
aus Järna, dem anthroposophischen Zentrum Schwedens,
um sich das kosmische Phänomen im Oberbayerischen anzusehen. Bei dieser Inngegend handelt es sich nicht etwa um
einen von Chemieablagerungen unerreichten Paradieswin-
kel. Mit 280 Kilogramm Schadstoffen rechnet Schmidt pro
Hektar und Jahr. Doch die eingezäunte – folglich auch vor
Wild und Touristen geschützte – Pflanzstätte erweist sich dagegen verblüffend immun.

Der Pflanzenforscher reist herum und berichtet in ausver-
kauften Vorträgen jungen Forstwirten, Studenten und Grünen von den paar Bäumen, die ihm Hoffnung spenden. «Unsere Arbeitslosenzahl», glaubt er, «wird voll benötigt, die
europäische Landschaft zu retten.» Er kann sich kaum vorstellen, daß sich Arbeitslose dazu vielleicht gar nicht benöti-
gen lassen wollen. Viele seiner Zuhörer möchten von ihm
aber lieber ein sofort nachvollziehbares Rezept, um in einem ihnen vertrauten Stück des gefährdeten Waldes umgehend das kosmisch Notwendige zu veranlassen.

Es dämpft sie, zu hören, auf welches vielschichtig okkulte
System sie sich da wohl oder übel einlassen müßten, und daß
es eben mit einem bloßen Pflanzkalender nicht getan wäre.
Nein, kosmische Konstellationen und Überlegungen gälte
es dann bereits bei der Pflege des Bodens und seiner Düngung wichtig zu nehmen. Insbesondere käme es entschei-
dend aufs geistige Verhalten des pflegenden Menschen an.

Schmidt ist ein eingefleischter Anhänger Rudolf Steiners und daher überzeugt: «Wir müssen lernen, uns im Grenzbereich des Übersinnlichen zu bewegen.» Eine spirituelle Wechselwirkung, die manche Hausfrau unaufgeklärt im liebevollen Umgang mit ihren Zimmerpflanzen zu erfahren vermeint, und die sich überdies zwischen vielen Japanern und ihrem Bonsai-Bäumchen einstellt, gilt nach seiner Meinung für jeglichen Verkehr zwischen Pflanze und Mensch. «Einen Zuchtwald oder Zuchtgarten», sagt er, «sollte man nicht betreten, solange man nicht wieder Seelengleichgewicht hat, das ist Lebenspraxis.»

Im Seelischen suchen diese Bio-Philosophen nämlich nach Ursachen, wenn die Ergebnisse sich verschlechtern. Eine Gruppe anthroposophischer Agrar-Ingenieure hat in Hessen beispielsweise acht Jahre mit eindeutig positivem Ergebnis auf einer wissenschaftlich kontrollierten Versuchsfläche Feldfrüchte nach kosmischen Zeittabellen gepflanzt. Eine andere erzielte nahebei unter völlig gleicher Versuchsordnung binnen weiterer fünf Jahre das Resultat Null.

Der von Schmidt gegründete «Verein zur Förderung und Ausbildung auf dem Gebiete der Pflanzenzucht» verzweigt sich bereits auf zwei bayerische und zwei württembergische Dependancen. Georg Wilhelm Schmidt, sein Sohn Stefan und ihre Helfer haben auf einem Stück Land neben dem aufgelassenen Bahnhof von Friesenhofen im Allgäu mittlerweile 200 000 junge Nadel- und Laubbäume angepflanzt, um ein bißchen widerstandsfähigen Nachwuchs für den siechen deutschen Wald zu gewinnen. Über jede Reihe von Schößlingen wird Buch geführt unter Vermerk der Planeten-Konstellation, zu der die Samen in die Erde gesteckt worden sind.

Wer Steiner folgt, visiert im Dienst der Land- und Forstwirtschaft speziell jene Planeten an, die mit unbewaffnetem Auge sichtbar sind: Nur mit denen konnte sich die Astro-Mystik seit Jahrtausenden befassen.

An das erste, später niedergebrannte «Goetheanum» zu Dornach müssen die Pflanzer bei ihrer Arbeit denken. Dessen Kuppelbau wurde von sieben Säulen aus sieben verschiedenen Holzarten gestützt. Jedem der Hölzer hatte man seit urdenklichen Zeiten eine mystische Beziehung zu einem der sichtbaren Repräsentanten unseres Sonnensystems nachgesagt und die Sonne zu den Planeten gezählt.

Sonne und Eschen, Mond und Kirschbaum, Jupiter und Ahorn, Mars und Eichen, Merkur und Ulmen, Venus und Birken, Saturn und «die Bäume des dunklen Waldes», wie Buchen, Tannen oder Fichten, so gehörte das zueinander. Und in jede der Säulen war auch noch ein Stück des mit dem jeweiligen Gestirn oder Wandelgestirn angeblich ebenfalls urverwandten Metalles eingelassen, Gold zum Beispiel als das «Sonnenmetall» in die Säule aus Eschenholz, das «Mondmetall» Silber in die aus Kirschbaum.

Schmidt-Vater und Schmidt-Sohn sind anthroposophisch erzogen. Einen ersten Anhänger Steiners in der Familie hat es nämlich bereits eine Generation früher gegeben: Das war Martin Schmidt, ein Rittergutsverwalter und Ingenieur aus jenem Zirkel deutscher Großagrarier, vor denen zu Pfingsten 1924, auf dem Besitz des Grafen Carl von Keyserlingk im schlesischen Koberwitz, Rudolf Steiner in acht Vorträgen die heute immer noch weitgehend unerforschliche Basis einer anthroposophischen Landwirtschaft gelegt hat.

Daß alle irdischen Lebensvorgänge richtig nur unter Einbeziehung extraterrestrischer Strahlungen, Rhythmen und Stofflichkeiten zu durchschauen und zu beeinflussen wären, stand danach für die dem Lande verbundenen Steiner-Leser außer Zweifel. Großvater Martin Schmidt war der erste, der anfing, eine entsprechende Pflanzenzucht zu organisieren.

Eine Roggensorte, die seither seinen Namen trägt, wurde von ihm nach planetarischen Konstellationen herausgemendelt. Unter Öko-Bauern steht sie im Rufe eines Saatgutes von ungewöhnlicher Zuverlässigkeit.

Die Masse der EG-Bauern hat sich daran gewöhnt, Saatgut in immer rascherer Folge zu wechseln. Sie verwendet die jeweils neuesten, züchterisch hingetrimmten und amtlich abgesegneten Höchstleistungsgetreide-Arten. Dabei

schrumpft der Gen-Vorrat der Agrokultur. Für diesen allgemeinen Saatgut-Handel ist der Roggen «Martin Schmidt»
nicht zugelassen. Bei Berührung mit Kunstdünger fällt er
nämlich um.

Sowohl die Degeneration von Saatgut wie das Zusam-
menbrechen der Ökosysteme inklusive Waldsterben kennzeichnet nach Ansicht anthroposophischer Agrar-Ingenieure die Endphase einer Industrialisierung aller Wirtschaft –
und Landwirtschaft. Ihren Anfang nahm die Misere nach
ihrer Meinung schon mindestens acht Jahrzehnte zuvor.

Rudolf Steiner hat aus dem kaum beachteten ersten Akt
dieser epochalen industriellen Veränderungen anno 1924
auch einige ersichtlich richtige Denkkonsequenzen gezogen
und in Koberwitz die jetzt anstehenden Katastrophen ange-
sagt: «Die Menschheit hat keine andere Wahl als entweder
auf den verschiedensten Gebieten aus dem ganzen Naturzu-
sammenhang, aus dem Weltzusammenhang heraus wieder
etwas zu lernen oder die Natur ebenso wie das Menschen-
leben absterben, degenerieren zu lassen».

Natur, Boden und Agrikultur wie einen Kranken, einen
Pflegefall zu sehen, fällt uns nach zwei Jahrzehnten selbst-
mörderischer Überschußerzeugung in der EG nicht schwer.
Aber daß für die Behandlung des Patienten Heilkräuter-Ex-
trakte zur Fermentierung im Kompost gut sein sollen, ferner
blutwarme, unendliche Verwässerungen von Mist oder Kie-
selmehl aus zuvor lange genug vergrabenen und kosmisch
bestrahlten Kuhhörnern – über so etwas wird weiterhin vorwiegend geschmunzelt.

Die Erde und das, was sie hervorbringt und in Form von
Verdautem wieder in sich aufnimmt, für ein lebendiges und
verletzliches System zu halten, dazu neigen mittlerweile
selbst abgestumpfte Nahrungsverbraucher. Aber deswegen
sind sie doch nicht bereit, in diesem System etwas wie geistige Kräfte am Werk zu vermuten, die so homöopathisch an-
zuregen sich lohnen könnte. Hier verläuft eine Schwelle materialistischer Aufklärung, die offen fast nur noch Anthro-

129

posophen überschreiten. Und sogar von ihnen haben viele damit ihre Probleme und reden über die nicht gerne.

Ausnahmslos sind sie sich allerdings einig: Wie ein Nähr-stoff-Pool, in welchen man getreu der agrarwissenschaftli-chen Schule des Justus von Liebig einfach das Entnommene wieder nachzufüllen hat, darf Boden nicht behandelt wer-den. Auch in ihm, über und unter ihm sind, das steht für sie außer Frage, «geistige» Kräfte am Werk. Und von deren Dynamik hängt es dann letztlich ab, was mit den Nähr- und sonstigen Stoffen biologisch geschieht, wieviel und welche von ihnen man überhaupt braucht.

Daß von der Sonne eine solche Dynamik ausstrahlt, näm-lich die überhaupt wichtigste, darin pflichtet ihnen vielleicht sogar jedermann bei. Doch der Mond, nach dessen Zyklen sie millionenfach Verdünntes über die Felder sprühen, ihren Kompost veredeln und Saatgut ausbringen – dieser Mond leuchtet wieder nur ihnen ein: den Biologisch-Dynami-schen, den Anthroposophen unter den Landwirten.

Beim Wechsel von Ebbe und Flut spielt der Mond mit, das weiß wieder jeder. Ähnlichkeiten zwischen dem weibli-chen Zyklus und dem des Mondes werden kaum bezweifelt. Seit Jahrtausenden ist bekannt und unerklärt, daß es sich beim Holzfällen, der Qualität wegen, lohnt, Mondzyklen zu beachten.

Aber anthroposophische Landwirte geraten speziell we-gen ihrer Rücksichtnahme auf Mondliches und sonstig Planetarisches in den Ruf von Spinnern, von Derwischen der Fruchtbarkeit. Dabei ist ihr mutmaßlicher Hokuspokus zumindest erklärlich. Und die Erklärung wendet sich, unter anderem, an den Verstand.

Kuhhörner etwa werden gebraucht, weil sie die Strahlen aus dem Weltall auf den in sie gestopften Mist oder Kiesel-staub angeblich besser durchkommen lassen als etwa ein Gefäß aus Ton und dazu noch wie eine Art Strahlungstrich-ter wirken. Außerdem, und da muß nun schon kräftig über den Verstand hinaus disponiert werden, sind sie, die Hör-ner, angeblich selber ein Ergebnis bislang nicht nachweisbarer Bündelung formender Kräfte und Strahlungen. Rudolf Steiner hat es gesagt, 1924, im Jahr vor seinem Tode, beim Grafen Keyserlingk in Koberwitz.

Da er vor Großagrariern sprach, die sich okkult engagiert und gegen die kostspielige Verstreuung chemischen Düngers eine außerdem ökonomisch einleuchtende Abneigung hatten, konnte er seine Zuhörer gleich in mehrfacher Hinsicht faszinieren. Sein Konzept war das eines geschlossenen Ökosystems, frei von jedem anorganisch chemischen Zusatz und der krankmachenden Einseitigkeit von Monokulturen; Düngung und Futter erzeuge dieses System aus sich selber. Und um aus wenig Nährstoffen ein Maximum an Fruchtbarkeit zu gewinnen, soll es sich öffnen nach oben. Aus dem Weltraum beziehe es Ausschlaggebendes: Dynamik, Gesundheit, Form und Fülle.

Mochten andere Gegner der chemischen Landwirtschaft die Bodenbakterien für die ausschlaggebende Hilfsmacht erklären. Steiner sah in ihnen bloß ein nützliches Nebenergebnis einer im Ökosystem durch geistig prospektierte Reizwirkungen herbeigeführten höheren Harmonie. Sogar an homöopathische Gaben von Arsen, Blei, Quecksilber wagte er, wegen uralter Bedeutungen dieser Stoffe im Alchemistenkosmos, zu denken; Blei etwa wird eine Verwandtschaft zum Saturn, Quecksilber die zum Merkur nachgesagt.

Was die Vitalität von Kompost jedoch unübertrefflich heben mußte, waren die Essenzen von Löwenzahn und Baldrian, Eichenrinde und Brennessel, Kamille und Schafgarbe. Wieso, in welchem Zusammenhang ebendiese? Um Steiner begreifen zu können, hatten die Koberwitzer Zuhörer zuvor zwei seiner okkulten Werke lesen sollen. Danach mußte ihnen geläufig sein, wie sich jede solche Stofflichkeit auf den Hintergrund kosmischer und irdischer Evolution zurückorientierte und für wie richtig das in Summa zu halten war.

Zwischen Mineralischem, Pflanzlichem, Tierischem, Menschlichem, Kosmischem gab es geistige Vernetzungen, stoffliche Gemeinsamkeiten, auf die es ankam. Dies nicht für Magie, dies für eine allerdings übersinnlich beschaffene «Wissenschaft» zu achten, stimmt sich die biologisch-dynamische Agrokultur seit sechs Jahrzehnten in ständigem Beweisnotstand esoterisch ein. Meditieren, sich in die Natur versenken, sich, wie Steiner sagte, «geeignet machen für die Pflege des Pflanzenwachstums», bringt die Willigen in einen besseren, doch niemals völlig befriedigenden Empfangszustand für die Botschaften von Koberwitz. Dann erschließt sich ihnen womöglich irgendwann, doch vielleicht eben nur irgendwie das Mysterium von Baldrian und Löwenzahn, Eichenrinde und Brennessel, Kamille und Schafgarbe.

Erst einmal ist da zu bedenken, welche Mineralien zu den genannten Pflanzen jeweils eine altbekannte Affinität besitzen. Der Wiesenpflanze Schafgarbe beispielsweise bescheinigte Steiner die besondere Beziehung zu Schwefel und Kalium. Danach ist wichtig, wie eine solche Pflanze und ihre mineralischen Sonderbeziehungen sich in die Heilvorstellungen der anthroposophisch orientierten Humanmedizin einordnen lassen, weil der Mensch ja stets im Zentrum anthroposophischer Gedankenkreise steht und eigentlich alles zu ihm hin, von ihm zurückfließt.

Schafgarbe soll da wirken gegen «Schwäche des astralischen Leibes» – eine Seelenwirkung also. Die Eigenschaften dieser Pflanze, so sah es Steiner ferner, sind förderlich für Prozesse in der Blase und den Nieren von Mensch und Tier. Er riet demgemäß, eine Handvoll zerdrückte Schafgarbe in eine Hirschblase einzubinden, dieses Paket erst in die Sommersonne zu hängen und im Winter dann zu vergraben.

Hirschblase, wieso denn die? Das Hirschgeweih, welches gewöhnliche Naturforscher für Dekor halten mögen, regte Steiner zu der Vorstellung an, man habe es hier mit einer Art Antenne für kosmische Strahlungen zu tun. Es existiert womöglich ein versteckter Zusammenhang zwischen diesem Bilde und alten Jägermythen. Vom Kosmos über das Geweih zur Wildblase, die Steiner «fast», wie er sagte, vorkam als «ein Abbild des Kosmos» – so also läuft die Kettenreaktion anthroposophischer Ein- oder Hellsicht.

Und andererseits: vom Schwefel und Kalium über die Blase ins Astralische, Seelische des Menschen. Da kommt einiges zusammen, wenn der Bauer das Schafgarben-Präparat am Ende, vereint mit den auf ähnlich umständliche Weise in anderem Gekröse «verwandelten» Löwenzahn-, Baldrian-, Kamillen-, Brennessel- und Eichenrindenextrakten, so wie es verlangt wird, in den Komposthaufen versenkt oder im Leinenbeutelchen in die Jauche hängt. Für des Zweiflers Auge wird schwerlich sichtbar, wie das, und eben nur das, den Kompost verbessert, geistig veredelt und dynamisiert. Von einer «außerordentlich strahlenden Kraft» aus der präparierten Schafgarbe sprach Steiner 1924. Messen können die bloß Wünschelrutengänger. Doch ein strenger Steiner-Denker verabscheut in der Regel so etwas Irrationales wie das Rutengehen oder Pendeln.

Dergleichen okkulten Häkelmustern verdanken die biologisch-dynamischen Landwirte oder die ihnen im Sinne Steiners dienenden «Berater» – in der Bundesrepublik sind das 20 – die «Präparate», ihre Schlüssel zur Bodenenergetik. Sie beharren darauf, daß dies für den spirituell Aufwärtssteigenden Wissenschaft sei.«All das erscheint heute wie verrückt», hat Steiner selber in Koberwitz gesagt, «aber denken sie doch nur einmal, was alles den Leuten bis heute in der Welt verrückt erschienen ist, und was nach ein paar Jahren eingeführt wird.»

Sechs Jahrzehnte später haben die Verfechter seiner totalen Alternative noch immer keine den Anforderungen der normalen Naturwissenschaft entgegenkommenden Erklärungen zur Hand. Wieso sprühen sie die stundenlang von Hand verrührten, millionenfach verdünnten Kieselmehlaufgüsse (4,8 Gramm auf 60 Liter Wasser pro Hektar) über eine Erde, die ohnehin überreich ist an solchem Stoff? Weil das feinverteilte Kieselige in den Pflanzen die Wirkkräfte der Planeten Mars, Jupiter, Saturn einfängt!

Wer sollte es messen? Und womit? Nur Ergebnisse lassen sich sammeln, die den Schluß nahelegen, daß es überhaupt eine – worauf auch immer basierende – Wirkung geben muß. Die Wirkung, nicht der Geist kann der skeptischen Mitwelt belegt werden. Aus dem Bonner Bundesetat erhält das Darmstädter «Institut für biologisch-dynamische Forschung» immer wieder Mittel für einen hieb- und stichfesten Vergleich zwischen den eigenen Ergebnissen und den Resultaten der vorherrschenden Richtung. Wirkung in Form von Erträgen und Qualitäten, das ist das einzige, was sich rechnet; das einzige, was alle anderen interessiert. Wirkung, dazu gehört jetzt auch immer die unschätzbar wertvolle Minderung von Ökoschäden, die mit der Biodynamik einhergeht.

Wer aber ermittelt jenseits der großen Nutzkalkulation die tieferen Resultate, Wahrheiten oder Täuschungen? Der anthroposophische Tierarzt Wolfgang Schaumann, einer der Verantwortlichen des Forschungsrings, spricht da von «Forschung in bescheidenem Umfang». Auf manchen Höfen seien nach fünf Jahrzehnten Biodynamik im Boden Phosphor, Kalium und Magnesium freigeworden, obwohl nichts zugefügt wurde außer Jauche mit «Präparaten». Auf anderen könne ein Mangel an solchen Stoffen festgestellt werden, der sich rätselhafterweise nicht in einer Minderung der Erträge oder ihrer Qualität niederschlage.

Auch in der anthroposophischen Landwirtschaft kennzeichnet die subtile Abwägung des letztendlich unvergleichlichen Einzelfalles den Weg der «Geisteswissenschaft». «Die Ergebnisse kommen», das räumt der Kenner Schaumann ein, «nicht mit Posaunen, sondern erfüllen den Menschen leise mit neuem praktischen Sinn.»

Anscheinend wirkt die Hingabe an diese umfassendste und anstrengendste Alternative zur heutigen Agro-Industrie auf die seelische Entwicklung der Menschen ähnlich anregend, wie die «Präparate» auf den Organismus von Pflanzen und Böden wirken sollen. «Das ganze Leben», sagt Schaumann, «wird zu einem Weg der Selbsterziehung in einem höheren Sinn.» Für Naturbetrachter seiner Art gelte der Kernsatz: «Geist besitzt gegenüber der Materie selbständige Existenz.»

134

Diese Einsicht erhält sie für viele materialistisch nicht nachvollziehbare Eingebungen empfangsbereit. Wer ihnen hinterfragend zusetzt, wird immer neu erfahren, daß sie, wo es ihnen begreiflicherweise selber an Durchblick und Erklärungen mangelt, sich lieber durch Vertrauen zu Steiner schützen, statt eine seiner Angaben als abwegig abzuhaken.

Er hat gesagt, ehe aus dem Samen, diesem genetisch unerhört geordneten Plan, eine Pflanze sprieße, zerfalle in ihm alles in ein «kleines Chaos». Erst durch die auf dieses «Samenchaos» einwirkenden Kräfte «aus dem Weltenall» baue sich auf, was nachher herauskomme: «der neue Organismus» und darin stets «das Abbild irgendeiner kosmischen Konstellation».

Für kosmisch orientierte Pflanzer handelt es sich da um einen zentralen Gedanken. Nur, wie kann der gutwillig Suchende erfahren, was daran Wahres ist? Wie konnte Rudolf Steiner es? Der Veterinär und Bücherschreiber Wolfgang Schaumann räumte mir 1983 unmutig ein: «Naturwissenschaftlich finden Sie das Chaos nicht.» Was freilich heißt das schon, Naturwissenschaft? Für Anthroposophen erschließt sie gerade die eine, die sinnenfällige Seite der Wirklichkeit. Das Samenchaos hingegen gehört auf die andere Seite – die der übersinnlichen Wirklichkeiten. Ich habe leider keinen einzigen Steiner-Leser gefunden, der sich dazu bekennen hätte wollen, daß er in dieses Jenseitige (beispielsweise die Region des «kleinen Chaos») in nennbarer Weise zu schauen vermöchte.

Unvergessen ist, was Rudolf Steiner, lange vor Koberwitz, einmal mit Worten, die von Buddha abgeleitet scheinen, für seine, des Lehrers Wegweisung ausgab: «Nicht glauben sollst Du, was ich Dir sage, sondern es denken . . .» An Nachdenken war damit nicht gedacht. Nicht im Sinne von Zweifel war das gemeint. Dementsprechend denken sie, seine späten Landschüler. Sie nehmen seine Gedanken, insbesondere die (noch?) unverständlichen, in sich hinein wie in einer Geisteskommunion und erwarten tätig, ohne

135

Ungeduld, sie allesamt einmal wahrnehmen zu können. Vielleicht ja erst in einem anderen Leben.

Bei Bad Vilbel, in der Aue der Nidda, liegt der Dottenfelderhof, eines der ältesten bäuerlichen Anwesen Deutschlands, ehemals Besitztum der Landgrafen von Hessen. Nach dem Krieg war dieser tausendjährige Hof mit seinen 150 Hektar Land vorübergehend in die Obhut einer Landessiedlungsgesellschaft geraten. Seit 1968 wird der Boden von einer Gruppe anthroposophischer Pächter biologisch-dynamisch bewirtschaftet. Die Ergebnisse, vom Institut für Bodenkunde der Universität Gießen begutachtet, waren ökonomisch und ökologisch so überzeugend, daß der hessische Staat diesen mittlerweile auf einen Marktwert von reichlich 300 Millionen Mark geschätzten Grund im Einzugsgebiet von Frankfurt nicht hat Bauland werden lassen.

Der Staat half den «Biodynamischen», die damit überdies etwas «sozial Dynamisches» im Sinne hatten: nämlich ein Experiment mit dem überlieferten Verständnis von Eigentum und Grundbesitz. 1968 bereits, mit dem mühseligen Umschwung in der Landbewirtschaftung des damaligen Staatsgutes, hatten sie untereinander eine totale Wirtschafts- und Einkommensgemeinschaft begründet, mit einem Konto, das seither sieben Familien komplikationsfrei für ihre Bedürfnisse füllen und anzapfen. Doch das war erst der Anfang.

Ende 1979 konnten sie ein 20 Hektar großes Stück Kernland um den Hof sowie dessen Gebäude vom Staat um bescheidene 1,8 Millionen Mark als Basis der von ihnen schon fünf Jahre zuvor gebildeten gemeinnützigen «Landbauschule Dottenfelderhof e. V.» bekommen. Die «Gemeinnützige Treuhandstelle» in Bochum, Hüterin aller erdenklichen den Anthroposophen vermachten Vermögenswerte, hat der Gruppe diese Summe zinslos gegeben, ohne einen Rückzahlungstermin. Für solchen «Freikauf» von Bauernland sind von ihr insgesamt an die 15 Millionen Mark abgezweigt worden.

136

Weitere ans Kernland angrenzende 130 Hektar wurden dem Schulverein von der Staatlichen Domänenverwaltung bis zum Jahr 1997 verpachtet. Die Landwirte selber schenkten dann dem von ihnen getragenen Verein alles, was auf dem Hof binnen zwölf Jahren ihr Eigentum geworden war: Ihre neugebauten Häuser, Vieh, Maschinen, Saatgut, die gerade auf den Feldern stehende Ernte, Vorräte, das Bankguthaben, die Autos.

Sie wollten Lebens- und Eigentumsgemeinschaft in einer Weise sein, für welche das Bürgerliche Recht eigentlich gar keine Konstruktionen anbietet. An ihrer anthroposophischen Bauern-Unternehmung sollten sich auch andere, denen sie zusagt, mitwirkend und sogar mitredend beteiligen: möglichst bis zu 600 Menschen, genausoviele, wie es um den Dottenfelderhof Morgen Land gibt.

Ein Morgen, gleich 2500 Quadratmetern, das entspräche in etwa der landwirtschaftlichen Nutzfläche, die bei mathematisch gerechter Aufteilung des Ganzen auf jeden Bundesbürger entfiele. Es war ein Reformgedanke Rudolf Steiners, daß «ideal-real» jeder Mensch von Geburt an seinen rechnerischen Anteil am Nährboden beanspruche. Und die 1981 gegründete «Landwirtschaftsgemeinschaft» (LWG) sollte den Dottenfelderhof samt Schule demgemäß gesplittet in breitgestreute Obhut nehmen.

Eine «Kooperationsvereinbarung» wurde entworfen, um diese, wie zu hoffen war, von innen her an sich selber gedeihende Lebensform durch ein variables und trotzdem Vertrauen schaffendes Gebilde von Verbindlichkeiten und Versprechungen zu kultivieren. Es unterzeichneten die Gründer: Die Landwirte Dietrich Bauer, 45 Jahre alt, Ernst Becker, 60, Knut Brandau, 52, Manfred Klett, 50, Cornelius Vellenga, 34, Martin Hollerbach, 33, und deren Ehefrauen, ferner der Junggeselle Johannes Klein, 52, der sich seit einem Unfall nur im Rollstuhl bewegen kann.

Daß jeder lebenslang auf die Gemeinschaft bauen dürfe, verstand sich unter deren Gründern von selbst. Ihre insgesamt 24 Kinder sind einbezogen. «Egal, wieviel jeder hat», sagt Ernst Becker, «alle sorgen für alle.» Er, der als erster auf den Hof kam, ist nun fast völlig erblindet, bewegt sich aber auf dem vertrauten Terrain so sicher, daß kein Fremder es merkt.

Becker und die anderen sechs Männer heißen in der Kooperationsvereinbarung «geschäftsführende Landwirte» und genießen mit ihren Familien auf dem Hof das Recht auf Lebensunterhalt und lebenslanges, kostenfreies Wohnen – einen weder vererbbaren noch übertragbaren Nießbrauch.

Auch demjenigen, der sich der Landwirtschaftsgemeinschaft Dottenfelderhof von fernher anschließt, verbürgt sie lebenslang wenigstens etwas zum Knabbern: Ein Doppelzentner Brotgetreide oder dessen Gegenwert steht ihm jährlich zu. Durch einen Vermerk im Grundbuch wird ihm vor allem das Recht eingeräumt, auf diesem Hof «Landwirtschaft zu betreiben oder betreiben zu lassen». Wenn er wollte, könnte er kommen und arbeiten und mitessen.

Das alles kostet eine Kleinigkeit. Fürs erste wird eine (notfalls in Raten oder auf Pump zu entrichtende) Spende von 3000 Mark an die Gemeinnützige Treuhandstelle in Bochum erwartet. Die hätte ihre 1,8 Millionen auf diesem Umweg gern wieder, um weiteres Bauernland aufzukaufen.

Zweite Mitgliederpflicht: ein regelmäßiger Beitrag zu den Betriebskosten des Hofes; 67 Mark sind das 1983 gewesen.

Drittens verlangen die «geschäftsführenden Landwirte» von jedem neuen Teilhaber die Vollmacht, in seinem Namen nötigenfalls für den Hof bei der Bochumer GLS-Bank einen Kredit bis zur Höhe von 2000 Mark aufzunehmen.

Viertens hätte das betreffende Mitglied die maximal sechs Prozent Jahreszins dafür dann zu tragen.

Statt 600 Menschen haben sich bisher erst 130 engagiert. Schriebe die Gemeinschaft rote Zahlen, so wäre dieser Kreis, immerhin unverbindlich, aufgerufen, gemeinsam das eventuell Nötige nachzuschießen. Bislang wurde nicht einmal ein Teil der Kreditvollmachten in Anspruch genommen. Statt dessen gab es Gewinn. Nach der Abrechnung von 1982 entfielen auf jedes Mitglied steuerfreie 1035 Mark.

Alle waren einverstanden, dieses Geld in ihrem Namen für den Bau eines neuen Kuhstalles zu kreditieren. Den verbürgten Doppelzentner Brotgetreide haben zwei Drittel der Mitglieder gleichfalls dem Gemeinschaftshof gelassen.

Gedacht ist das alles ohnhin nicht wie eine Gewinngesellschaft. Eine Schicksalsgemeinschaft soll sich entwickeln. Keinem kann da gekündigt werden. Wie es sich für ein anthroposophisches Freiheitsverständnis gehört, vermöchte andererseits jeder jederzeit seine Mitgliedschaft durch einen Federstrich aufzugeben, was wiederum nicht den Rückruf der von ihm eingesetzten Mittel bedeuten würde.

Die Geschäftsführenden haben von den Mitgliedern Vollmacht. Für diese, Gesinnungsfreunde im Alter zwischen 30 und 40 Jahren, die ja zumeist in München, Bochum, Basel oder Hamburg, kurzum, außer Reichweite leben, üben die Gründer mit der Souveränität der Eingeweihten ihre Biodynamik aus.

Acht von allen akzeptierte Beiräte halten das Jahr über den Kontakt zwischen den vielen kleinen Geldgebern und ihren, genau besehen, ebenso mittellosen wie mächtigen bäuerlichen Sachwaltern. Alle zwei Monate begehen diese mit allen, die sich der Mühe der Anreise unterziehen, die Felder und klären sie ein wenig über die subtilen Vorgänge auf, die sich auf diesen 1,5 Millionen Quadratmetern auch in ihrem Namen vollziehen.

Meinungsverschiedenheiten, die bei so vielen zum Mitdenken aufgerufenen Köpfen selbst unter Zuhilfenahme kosmischer Wegweisung unausbleiblich sind, dürften laut Kooperationsvereinbarung unter gar keinen Umständen auf dem Rechtsweg ausgetragen werden. Was diese gleichfalls ausschließt, sind Majoritätsentscheidungen. Notfalls sollen Schiedsgerichte ins Leben gerufen werden, den Konsens aufs neue herzustellen.

Schiedsrichter? Wer soll die wählen? Die Vereinbarung überläßt dies den jeweiligen Kontrahenten. Jeder von ihnen kann drei benennen. Doch einer der Gründer führt Vorsitz und kann letztlich den Ausschlag geben.

Alle Beteiligten, darin liegt der Kern der dehnbaren Konstruktion, sollen eben bewußt ein Risiko eingehen – nämlich das, «die Art und Weise ihrer Kooperation von Fall zu Fall zu erfinden und nicht vorher festzulegen». Wie gesagt: soziale Dynamik.

Vom Dottenfelderhof, diesem derzeit ansehnlichsten landwirtschaftlichen Unternehmen der deutschen Anthroposophen, erwarten sie sich eine gewisse Hebelwirkung und Vorbildlichkeit für eine von der Bodensanierung zur Bodenreform und letzten Endes zur Gesellschaftsreform überhaupt weiterstrebende Bewegung. Wie eigentlich immer bei anthroposophischen Gestaltungsversuchen wird hingearbeitet und hingedacht auf eine aus Gegensätzlichkeiten gewonnene höhere Verbindung: In diesem Fall einen sozial vernünftigen Mittelweg zwischen östlicher (sozialistischer) Kollektivierung und dem westlichen (kapitalistischen) Familienbetrieb.

Um zu erklären, was den Gründern der Landbauschule in der LWG Dottenfelderhof in Steiners Namen vorschwebt, verfällt Ernst Becker auf ein altes Gleichnis zwischen Himmel und Hölle: Die armen isolierten Verdammten seien mit so langen Löffeln ausgestattet, daß sie sich damit eine ansonsten vorzügliche Suppe nicht einzuflößen vermöchten. Im Himmel hingegen, wo es weder andere Löffel noch andere Suppen gäbe, würden alle damit satt und selig. Und wie das? «Weil dort», sagt Becker, «einer den anderen füttert.»

Auf dem Dottenfelderhof herrschen eher himmlische Zustände. Die geschäftsführenden Landwirte und ihre Angehörigen holen sich nun schon 16 Jahre lang das zum Leben nötige Kleingeld aus einer für alle offenstehenden Kommodenschublade und geben einander vor der Entnahme nur dann kurz Bescheid, falls es sich um mehr als 1000 Mark handelt; erst ab 10 000 Mark wird zuvor beraten. Bier und Brot, Zucker und Käse, Fleisch und Rüben, Waschpulver und Kraftfahrzeuge sind dazu da, daß jeder sich ihrer bedient. Vor Einkäufen, die reihum immer einer für die anderen miterledigt, laufen große Zettel um. Darauf schreibt je-

140

de Hausfrau, was sie braucht. Bloß Kleidung oder Hausrat besorgt jeder sich selber.

Selten ergibt sich aus diesen unübersichtlichen Besitz- und Konsumverhältnissen einmal einschneidende Verdrieß- lichkeit. Die fünf gemeinsam genutzten Autos in ihrem höchst unterschiedlichen Pflegezustand geben dazu gele- gentlich Anlaß. Der Landwirt Manfred Klett erinnert sich, Dampf abgelassen zu haben, nachdem er bei einer Reifen- panne mit dem alten VW unter dessen Haube vergeblich nach dem Reserverad hatte suchen müssen.

Bei einem früheren Radwechsel war das von einem nicht mehr auszumachenden anderen in der Werkstatt vergessen worden. Mittlerweile findet Klett selber nur noch Erheitern- des an dem Erlebnis, zumal ihm, während er, das platte Rad auf einer Schulter, eine Stunde querfeldein stolperte, da- mals auch noch seine beste Hose geplatzt war.

Gelernt, sagt er, werde selbst so. Mit der Zeit betrachte einer den anderen «wie einen Baum». Es werde ihm «das Krummgewachsene des anderen verständlich». Zunächst hege ja wohl ohnehin, wer sich mit Gleichgesinnten auf so ein Lebensvorhaben einlasse, für diese ausreichend Sympa- thie. Später, indem einer den anderen erst wahrhaft kennen- lerne, keime schön langsam das Wichtigere, Schwierigere – Toleranz.

Die auf dem tausendjährigen Hof beheimatete Groß- gruppe vereint in sich widersprüchlichste Temperamente: Bauern wie aus einem alten Bilderbogen, die ihren Steiner offenkundig aus dem Bauch holen, Boden-Mystiker, Ge- stalten wie Waldorf-Lehrer, Landgelehrte. Sechs dieser sie- ben Männer verfügen über ein akademisches Diplom als Agrar-Ingenieure. Samt und sonders sind sie patriarchali- sche Naturen. Es lasse sich, spotten ihre gleichfalls Steiner lesenden und akademisch geschulten Frauen, zwischen An- throposophie und dem Islam in dieser Hinsicht wenig Unter- schied entdecken. «Rollentausch», so erklärt es sich Klett, «wäre nicht sachgemäß hier». Also bestimmen die Männer in allen grundsätzlichen Fragen ihrer Wirtschaft.

Aber genau wie sie halten die Frauen untereinander wöchentlich eine eigene Arbeitskonferenz. Ihre Domäne umfaßt nicht nur Kinder, Küche, Vorräte oder den für jede Familie separaten Garten, sondern auch die gemeinsame Geflügelhaltung (400 freilaufende Hennen, dazu Gänse und Enten), die Holzofenbäckerei, die Bienenzucht und den Laden auf dem Hof, in dem sich ängstlich gewordene Esser aus Frankfurt auf keineswegs billige Art mit Bauernbrot, Milch und Käse, Gemüse, Körnern, Eiern und Obst versorgen.

In der Hauswirtschaft bilden die Frauen, in der Landwirtschaft die Männer «junge lernende Mitarbeiter» aus, wie, der Menschenwürde wegen, Lehrlinge hier grundsätzlich heißen. Stadtkinder sind es zumeist. Außer einem Dutzend von ihnen machen sich immer drei oder vier Praktikanten auf dem Hof zu schaffen. In der Regel handelt es sich dabei um Abiturienten, ebenfalls aus den Städten.

Sie hatten außer in alternativen Träumen bisher mit der Landwirtschaft keinen Kontakt und müssen sogar erst lernen, wie man im Stall eine Mistgabel so handhabt, daß es die sensiblen Kühe nicht beunruhigt. Die Landwirte, der erblindete Ernst Becker und der gelähmte Johannes Klein mit inbegriffen, entscheiden über Fruchtfolge, Düngung und Viehzucht, über aktuelle Perspektiven ins Geistig-Kosmische und Maßnahmen der Landschaftspflege.

Insbesondere gestalten sie das Lehrprogramm der Landbauschule, in der sich zweimal im Jahr drei Dutzend Lehrlinge und Gehilfen, meist aus biodynamisch eingespielten Gütern und Gärtnereien, je vier Wochen lang einquartieren, Sinne und Geist für ihr unendliches Arbeitsgebiet zu schärfen. Zur anthroposophischen Agrokultur, das vor allem haben sie zu entdecken, gehört der Wille, sich für nicht Greifbares zu öffnen, für Vergessenes, entwichenes Ur- und Vorwissen aus den Zeiten einer noch naturverflochtenen Menschheit. Folglich üben sie sich in schrittweise verfeinerter Wahrnehmung von Pflanzen, in eurythmischer Bewegung sowie im expressiven Umgang mit Pinsel und Farbe.

So, von der Einbeziehung finanziell engagierter Stadt-

142

menschen bis zur geistigen Aufladung künftiger Bauern, vom demonstrativen Verzicht auf Eigentum bis zur Sanierung des Landschaftsbildes und der Ackerkrume, ergibt sich ein Programm erschöpfend totaler (und total erschöpfender) Neuorientierung. Vergleichbar Umfassendes geht allenfalls in einigen Kibbuzim in Israel vor sich.

Isolationistische Selbstversorgung oder eine romantische Alternative für Stadtflüchtige oder gar Weltflüchtige sind nicht beabsichtigt. Eher das Gegenteil. Der Allgemeinheit soll gedient werden – ohne Erwartung von Beifall. Lediglich im Hinblick auf die Läuterung des eigenen Karmas beansprucht eine Perspektive von Eigennutz gewissen Vorrang, obgleich sie sich vorstellen dürfen, daß sich aus dem Karma vieler vorbildlich bemühter Individualitäten erfreuliche Gesamtwirkungen auf die Weltentwicklung ergeben. «Ohne die geistigen Ziele», sagt Manfred Klett, «wäre all das nicht tragfähig.»

Bei leichter Arbeit auf den Äckern spannen die Männer noch die zwei Rösser des Hofes ein. Ihre Trecker haben, ökologischer Gründe wegen, 75 statt der angemessenen 120 PS. Im Gegensatz zu benachbarten Bauern pflügen sie ihr Grünland in den schonungsbedürftigen Auen der Nidda nicht um, pflanzen, manchmal unterstützt von Besuchern aus dem Mitgliederkreis, neue Obstgehölze und Hecken zwischen die Felder und Weideflächen: Nistplätze für Vögel. Das mindert zunächst vielleicht den Ertrag, doch gehört es sich für ihr organisches Bild vom Naturhaushalt.

Statt des Getreides, welches für sie «Menschennahrung» bleiben muß, verfüttern sie lieber ihre Rübenernte. Die Milchleistung ihrer 60 schwarzbunten Kühe, die vorderhand zum Großteil in den subventionierten allgemeinen EG-Strom mündet, erreicht dennoch den respektablen Jahrespegel von 5200 bis 5500 Litern pro Euter.

Es stehen außerdem 50 Jungrinder im Stall. Natürlich bekommen Kälber auf dem Dottenfelderhof nicht das übliche aufgebrühte Milchpulver zu saufen. Ihrer Aufzucht dienen fünf Ammen-Kühe.

Bei dieser Herde kehrt künstliche Befruchtung in Gestalt des Rucksack-Stiers nicht ein. Zwei leibhaftige Zuchtbullen gehören ihr an. «Sonst», heißt es bei den Geschäftsführenden, «stumpfen die Kühe zu sehr ab.» Auch viel kleinere anthroposophische Höfe leisten sich diese verschwenderische organische Komplettierung.

Das Dottenfelder Produktionsprogramm sichert eine fast völlige Autarkie. Ein Drittel Getreide, ein Drittel Feldgemüse, Runkelrüben, Ackerbohnen und Kartoffeln, ein Drittel Milch- und Fleischerzeugung – das bedeutet im inneren Kreislauf ausreichende Mengen von Mist und Stroh für die Düngung, andererseits Selbstversorgung mit Futter. Selten einmal werden dafür Rübenschnitzel zugekauft.

Kaum je hat die schwarzbunte Herde den Tierarzt nötig. Statt 400 Mark Arztkosten pro Kuh, wie sie in der Milchwirtschaft industrieller Struktur jährlich bereits anfallen, verbucht die Dottenfelder Betriebsgemeinschaft einen Durchschnitt von 20 Mark.

Nach 16 Jahren strikt chemiefreier Mischwirtschaft in zwölf Kilometer Entfernung vom Zentrum Frankfurts ist der Dottenfelderhof in fast jeglicher Hinsicht ein anregendes Beispiel. Eine ökologisch heilsame und gesellschaftlich verblüffende Variante der Agrokultur bringt hier ansehnliche Erträge. Den Kühen und der Landschaft, den Menschen und den Erzeugnissen ist anzumerken, was darüber hinaus den unwägbaren Gewinn der Sache ausmacht: qualitativer Zuwachs. Der aber kostet Kraft und Konsequenz.

Ohne Rücksicht darauf, wie erkennbar das jeweils wirkt, folgt die fünfzigköpfige Hofgemeinschaft aus Lernenden und Lehrern dem Kurs von Koberwitz soweit als menschenmöglich. Tausend Kuhhörner werden immer wieder mit Mist vergraben, Hunderte von Hirschblasen und anderen einschlägigen Innereien – etwa Gekröse – zur Bereitung der pflanzlich-tierisch-kosmischen Kompostpräparate auf oft äußerst zeitraubende Art herbeigeschafft.

Ein Mann wie Manfred Klett beobachtet die Wachstumsstadien jeder Art Feldfrucht mit «goetheanistisch» verfei-

144

nertem Blick, das wirklich ideale Entwicklungsstadium zur Anwendung der Kiesel- oder der Hornmist-Verdünnung endlich zuverlässig zu erkennen. Wer um Tage zu früh oder zu spät mit der Spritzung einsetze, sagt Klett, der könne nachher mitunter geradezu eine Umkehrung der beabsichtigten Wirkung erleben.

Diese unzählbar vielen Stunden spiraliges Rühren von Hand in der blutwarm angerichteten Mittelverdünnung, wie hält einer das durch? Die Frauen vom Dotterfelderhof sehen's, da dies bei ihnen stets in Gemeinschaft, «in schöner Stimmung» geschehe, für einen «sozial wohltuenden» Vorgang an. Auch meditative Wirkungen gehen von diesen ritualisierten Spiralbewegungen im hölzernen Bottich wohl aus.

Alle schwören darauf, das Entscheidende solcher Prozeduren, das, wie sie meinen, Geistige, teile sich einem mit, indem man sie eben selber vollziehe, weshalb ja auch der Einsatz von Rührgeräten seit 60 Jahren niemals in Frage kam. So besehen verfahren die Leute vom Dottenfelderhof sogar bei ihrer erfolgsarmen Unkrautbekämpfung mit maximaler geistiger Zielsetzung und körperlicher Anstrengung.

Sie bedauern, daß Rudolf Steiner über den Kampf gegen Unkraut damals nur so am Rande gesprochen habe. Unerwünschtes Wachstum auf Wirtschaftsflächen wie den ihren kann nicht vertilgt werden, indem man das Zeug, auf Knien rutschend, ausrupft. Über «Abflamm-Geräte» zur Bekämpfung von Unkraut verfügt der Hof. Doch mit Propangas-Feuer über die Äcker zu ziehen, paßt wenig ins anthroposophische Naturverständnis. Manchmal wird feldmarschmäßig geharkt, wenn ein Unkraut zu wild wuchert. Mit den regelmäßig zum Agrar-Praktikum im Mai anrückenden 120 Waldorfschülern aus Bochum, Marburg und Kassel kann man sich solchen Luxus kostenlos erlauben.

Es reicht aber nicht. Rudolf Steiner hat davon gesprochen, als Medium der Austilgung über dem jeweiligen Unkraut die Asche der davon gewonnenen Samen zu verstreuen. Das geschieht tatsächlich auf dem Dottenfelderhof. Sa-

145

men von Disteln und Ampfer, Huflattich und Brennesseln werden «verascht» und unter gewissen planetarischen Konstellationen entsprechend hingestäubt, die Erde für das unerwünschte Wachstum «ungeneigt» zu machen.

Dieses Veraschen bleibt wirkungslos. Für unsere Anthroposophen ist das kein Grund, es sein zu lassen. Noch immer hoffen sie zu erkennen, was da denn schiefläuft. Dem «Forschungsring für biologisch-dynamische Wirtschaftsweise», dem sie natürlich angehören, fällt dazu jetzt einfach noch nichts ein – wie zu manchem aus Steiners kryptischem Text von 1924. Ihrer Ansicht nach hätte der Meister selber das in einer weiteren Vortragsreihe den Landwirten alles genauer mitgeteilt. Zu der ist es, seines Todes wegen, nicht mehr gekommen.

«Unkraut», seufzt Manfred Klett, «darin sehen wir das eigentliche große Problem der biologisch-dynamischen Landwirtschaft.»

Landwirtschaftliche Nutzfläche, geteilt durch die Zahl der Erdenbürger plus eins – diese Steinersche Formel für den Grund-Anspruch eines jeden Neugeborenen hätte sich mit den Ambitionen völkischer Raumeroberer durchaus vereinbaren lassen. Auch der Umstand, daß unter minimiertem Einsatz von Material und Kapital bei entsprechend erhöhtem menschlichem Arbeitsaufwand selbst aus ärmeren Böden ganz nette Ernten zu erwirtschaften waren, mußte die auf nationale Selbstversorgung und Landnahme erpichten Vertreter des einstigen Reichsnährstandes für die Biodynamik einnehmen.

Adolf Hitler, Vegetarier wie der späte Rudolf Steiner und ein Großteil der Anthroposophen, bezog von einem Worpsweder Bio-Bauern noch bis 1941 regelmäßig sein spezielles Gemüse. Der nationalsozialistische Reichsbauernführer und Ernährungsminister Walter Darré und Hitlers Stellvertreter Rudolf Heß hegten für den Landbau nach den Ideen Steiners – dessen «arische Abstammung» sorgfältig geprüft worden war – gleichfalls Wohlwollen. Noch an den «Erzeu-

146

gungsschlachten» der ersten Kriegsjahre beteiligten sich an die 2000 eindeutig auf Steiner eingeschworene Landwirte, darunter viele mit Gütern in den Ostgauen des Reiches.

Den Waldorfschulen, über deren mögliche Mutation zu Versuchsschulen im Dritten Reich vorübergehend nachgedacht worden war, widmete sich, ihres unerwünschten Menschen- und Weltbildes wegen, längst die Gestapo. Die aus den nämlichen Geistesquellen schöpfende agrarische Variante der Anthroposophie hingegen genoß vorerst noch hohe Achtung.

Die zweifellos politisch einflußreiche Gegenmacht der Kunstdüngerindustrien bekämpfte die Biodynamiker entsprechend katzenpfötig. «Nach dem siegreichen Abschluß des Krieges», so hoffte der Landwirtschaftsexperte der IG Farben, Alfred Steven, noch 1941, werde dem «langjährigen Meinungsstreit über die beiden verschiedenen Wirtschaftsmethoden» (nämlich die chemiefreundliche und die chemiefreie) bald ein Ende bereitet sein.

Die Biodynamischen waren da für die IG Farben noch respektabel genug, einen wissenschaftlich akribisch vorgehenden Gutachter wie Steven mit Nachforschungen über die okkulten Hintergründe und die ökologisch-kosmische Zielsetzung der Koberwitzer Vorträge Rudolf Steiners zu betrauen. Jene heute für jedermann käuflichen Texte waren, wie Steven klagte, damals nur «Eingeweihten der Anthroposophie» bekannt.

Zu den von Steven besonders hervorgehobenen Eigenarten der von ihm weitgehend richtig beschriebenen biologisch-dynamischen Wirtschaftsweise gehörte deren Ursprung im Geheimwissen der schon im November 1935 als «staatsgefährdend» und «staatsfeindlich» aufgelösten «Anthroposophischen Gesellschaft». Dazu gehörte überdies die Mitarbeit von Juden «an maßgebender Stelle» der ganzen, man denke, aus «anglo-indischem Gedankengut» schöpfenden Steiner-Bewegung. Bald danach, der Gönner Rudolf Heß war mittlerweile über England abgesprungen, wurden auch die Organisationen der biologisch-dynamischen Land-

147

wirtschaft verboten und einige ihrer Repräsentanten wegen Okkultismus verhaftet.

38 Jahre später war die biologische Dynamik Steiners erneut zu einem viele Bauern, Gärtner, Agrarwissenschaftler und Verbraucher so ansprechenden Alternativangebot nachgewachsen, daß die landwirtschaftliche Versuchsstation der IG Farben-Nachfolgegesellschaft BASF jenen Bericht ihres 1957 gestorbenen Mitarbeiters Steven in alter Form wieder herausbrachte. Begründung: Er gewinne «wieder an Bedeutung und Aktualität».

Gemeint war: Die Biodynamik blühte erneut auf, wenngleich die Zahlen aus den Zeiten des Reichsnährstandes bislang bei weitem nicht wieder erreicht sind. In der DDR wirtschaftet überhaupt nur ein einziges, 30 Hektar großes Versuchsgut – bei Bad Saarow in der Mark – nach Steiners Empfehlungen. In der Bundesrepublik dürfen reichlich 400 Betriebe ihre Erzeugnisse unter dem Markenzeichen «Demeter» – dem Namen der griechischen Göttin der Fruchtbarkeit – liefern.

Der gleichnamige Bund bewilligt das Markenzeichen Anwärtern, für die sich drei kundige Zeugen verbürgen. Mit den Schutzgebühren für eine solche Besiegelung von Erzeugern und Verarbeitern bestreitet er einen Jahresetat von 700 000 Mark. Davon finanziert der Demeter-Bund die «Berater» und sorgt für eine gewisse Kontrolle: In einem Jahr wurden an die 600 Lieferungen von Getreide, 60 von Möhren, 50 von Roten Rüben und 80 von diversen Obstsorten untersucht, dazu Proben von Milch, Ackerboden oder Verpackungsmaterial.

Das Demeter-Siegel ist für höhere Preise gut. Eine Gewähr absoluter Schadstoff-Freiheit bietet es schon deshalb nicht, weil der Planet Erde nirgendwo mehr frei von Schadstoffen ist. Es besagt, daß die strapaziösen biologisch-dynamischen Methoden mindestens zwei Jahre und natürlich die vergangenen zwölf Monate hindurch praktiziert worden sind. Ein Gärtner, der bei Heilbronn auf drei Hektar vorwiegend Erdbeeren pflanzt, hat es, seiner Sonderkultur zum

Trotz, auch bekommen. 2000 Reformhäuser, 700 Obst- und Gemüseläden, dazu die Abteilung «Gesundkost» der Edeka nehmen den Trägern dieses Signums mit Handkuß ab, was sie liefern. Einige Dutzend Betriebe, die jeweils noch in den ersten Wehen der «Umstellung» liegen und ihre Böden bei weitem nicht saniert haben, erhalten für die Vermarktung ihrer Produkte vom Demeter-Bund in Stuttgart vorderhand das wohlfeile Markenzeichen «Biodyn».

Die Annehmlichkeit, mit einer festen, gutbürgerlichen Abnehmergemeinde rechnen zu können, lag bereits im Kalkül der Urväter des Demeter-Bundes, zu denen Georg Michaelis gehörte, einer der letzten Kanzler Kaiser Wilhelms II. Auf überschaubare, möglichst sogar regionale Marktsysteme und Kundenkreise hat es die biologisch-dynamische Landwirtsgemeinschaft seit jeher abgesehen. Der Versand ab Hof, der Verkauf auf dem Hof paßt in ihr Gesellschaftsbild. Gegenpol dazu ist ein über Natur und Menschen wegdisponierendes Landwirtschafts-Kartell vom Kaliber der Europäischen Gemeinschaft.

Heute spielen die Bochumer Finanzierungs- und Steuerexperten der Anthroposophischen Gesellschaft mit dem Gedanken, Abnehmer-Gemeinden fest an bestimmte Höfe zu binden. Gerne würden sie die Verbraucher dazu verpflichten, die zur Befriedigung ihres Bedarfes erforderlichen Investitionen anteilig vorzufinanzieren.

Dabei, das ist eine ihrer Annahmen, würde sich in so einer Spezies von Geldgebern, indem sie das Risiko einer sich der Natur wieder stärker ausliefernden Bauernarbeit mitträge, alsbald eine präzisere Vorstellung vom eigenen, tatsächlichen Bedarf bilden können.

Einbeziehung ins Risiko, mit der allerdings müßte sich ein Recht auf Mitbestimmung verbinden. Eben das ist es, worüber die meisten der einträglich allein wirtschaftenden Biodynamiker mit sich überhaupt nicht reden lassen. Die nadelgestreiften Bank-Anthroposophen der Bochumer GLS erachten das für eine anachronistische Einstellung.

Es könne nicht mehr den Bauern geben, philosophiert der

149

Bankprokurist Rolf Kerler, der «auf eigener Scholle» sitze, «so nach dem Motto: Blut und Boden». Nach Überzeugung der reformerischen Geldverleiher gilt es vielmehr, die Erbhof-Denker aus ihrem «Teufelskreis», aus ihrer «bäuerlichen Isolation» geradezu zu erlösen.

Eine Chance dafür bietet sich an, sobald ein Bauer von der GLS-Bank Kredit will. Sei es, weil er die «Umstellung» vorhat, sei es, weil er die finanzielle Durststrecke und Ertragsschwäche nach dem Absprung aus der chemisch garantierten Überschußwirtschaft unterschätzt hat.

Dann werden dem Anwärter die von der GLS favorisierten «neuen Sozialformen» schmackhaft ausgemalt. Auf Gemeinschaftsunternehmungen wie die vom Dottenfelderhof läuft das hinaus: Abschied vom Familienbetrieb, von Erbfolge-Überlegungen, gewiß auch von der mit der Industrialisierung der Landwirtschaft in der Tat verbundenen Vereinzelung und Vereinsamung des Bauern. Andere, in der Regel eben Städter, sollen de jure mitgestalten, insbesondere ihren Obulus in steuerlich begünstigter Form entrichten dürfen.

Entsprechende, folgerichtig gemeinnützige und einen maximalen individuellen Spielraum verbürgende Rechtsformen werden in vielen Varianten angepriesen. Eine davon heißt: Sozialarbeit auf dem Hof. Die bringt ein Lebensklima anderer, insbesondere karmisch förderlicher Humanität, garantiert ein paar mitarbeitende Behinderte oder Suchtopfer und – Tagessätze aus entsprechenden öffentlichen Kassen. Das ist oft die sicherste Position im Haushalt.

Ideales Schlüsselelement aller Beteiligungsüberlegungen ist immer wieder der eine Morgen, der bei Anwendung von Steiners eigentlich ja globaler Boden-Formel jedem Bundesbürger zustände. Für ökologisch einwandfreie Nutzung und Pflege von so wenig Boden möge der Bürger denn seinerseits Verantwortung übernehmen, und sei es lediglich in Form von Unkosten.

Die Erde und das, was aus ihr hervorgeht, ist für die untereinander um den wahren Weg innig hadernden Bochumer Goodwill-Makler noch im EG-Zeitalter staatlich subventionierter Lebensmittelvernichtung allererste Bezugsgröße sinnvoller Volkswirtschaft überhaupt. Diese Boden-Perspektive spornt sie zu Kombinationen an, deren Besonderheit gerade darin liegt, eine Beleihung oder gar den Verkauf von Boden ein für allemal auszuschließen.

Die drei biologisch-dynamisch bestellten Bauck-Höfe in der Lüneburger Heide mit ihren zusammen 1268 Morgen meist mageren Sandbodens wurden von der gleichnamigen Bauernfamilie bereits 1970 im Sinne der Bochumer Reformer einer «Gemeinnützigen Landbau-Forschungs GmbH» übertragen. Langfristige Schulden gingen auf die Bochumer «Gemeinnützige Treuhandstelle» über. Neun sachverständige Anthroposophen begannen, die Höfe, auf denen die Angehörigen der Familie Bauck fortan nur noch als Gleichberechtigte Landwirtschaft betrieben, treuhänderisch zu verwalten. Auf eine «germanische Tradition des im Interesse des Gemeinwohls verwalteten Lehens» beriefen sie sich. Den «freigekauften» Boden wieder zu beleihen war jetzt ausgeschlossen. Die Bochumer lenkten, damit investiert werden konnte, Schenkungen und Darlehen in die Heide. Das reichte, einen neuen Kuhstall, neue Wohnhäuser, eine Mühle nach alten Vorbildern zu bauen. Ein weiterer Heidehof wurde zum Zwecke der Arrondierung erworben.

Auf dem Bauck-Hof entstanden: Eine sozialpädagogische Gemeinschaft, die zwei Dutzend Menschen zur Rehabilitation aufnehmen kann; ein kleiner Ableger für biodynamische Forschungsarbeit und Saatgut-Pflege; schließlich die Bauck KG, eine Firma für den Großhandel und die Weiterverarbeitung der eigenen Erzeugnisse.

All dies vollzog sich unter lebhaften Auseinandersetzungen zwischen den Beteiligten. Der Eigner-Geist verfliegt viel weniger schnell als das Eigner-Recht. Dabei schien es unerschöpflich immer weiter finanzielle Probleme zu geben. Die Erträge reichten, so beklagten die Bochumer Geldbeschaffer, einfach nicht hin, auch nur den notwendigsten Bedarf der Höfe zu finanzieren.

Für die anthroposophischen Banker war das eine anspornende Bestätigung ihrer Anschauungen, wonach der Kreis der an so etwas Teilhabenden eben noch viel weiter gezogen werden muß.

Sie setzten diese Höfe jedenfalls mit auf eine Liste von 20 biologisch-dynamischen Landgütern, denen durch eine Art Sammlungsbewegung von spendenden, für Kredite bürgenden, Zinsanteile und Nachschüsse zahlenden Kleinst-Teilhabern eine Zukunft im Sinne Steiners geschaffen werden müßte. Insgesamt handelt es sich da um eine Nutzungsfläche von rund 6000 Morgen, schätzungsweise ein Fünftel des insgesamt unter dem Demeter-Zeichen bestellten Bauernlandes.

Immer wieder mußten sich, um die Öffnung für die anthroposophische Mixtur von sozialen und ökonomischen Aktivitäten auf diesen Landsitzen zu ermöglichen, die Nachfahren alter Bauernfamilien auf eine experimentelle Besitzreform einlassen. Ihr Recht am Boden tauschten sie ein gegen einen familiären Nießbrauch für sich und ihre Nachfahren. Ein für allemal endete die Erbhof-Tradition. Immerhin: Die Familie Callsen hat auf ihrem in der Bochumer Liste aufgeführten 290-Morgen-Hof in Bollingstedt seit dem 17. Jahrhundert gesessen, die Ehlers-Sippe bei Bad Bramstedt auf ihrem seit 1915.

Die Nachfrage potentieller Partner für diese kleine Landreform entwickelte sich äußerst träge, ausgenommen vielleicht das Gemeinschaftsunternehmen Dottenfelderhof. Andererseits haben die Bochumer Banker dafür seit 1980 auch fast nur im anthroposophischen Umkreis geworben, wo die meisten ohnehin schon Mitglieder irgendwelcher Darlehens- oder Bürgschafts-Gemeinschaften sind: Schulen, Hochschulen, Behinderten-Dörfer, Altersheime, allerlei Goetheanistisches mittragend. Selbst bei stürmischem Zuspruch bliebe das alles immer noch eine kleinste «Entität» ländlichen Wandels, weniger als ein halbes Prozent der bundesdeutschen Landwirtschaft betreffend.

Um so respektabler mutet die Beharrlichkeit und Konsequenz an, mit der einmal im Sinne Rudolf Steiners in Bewegung geratene anthroposophische Umsteiger ihre Vorhaben verfolgen. Viele kleine Gruppen versuchen es ja ganz ohne die organisatorischen und finanziellen Rezepturen aus Bochum – mit eigenen Ideen, eigenen Ersparnissen oder Ererbtem. Sie agieren außerhalb der Region des überhaupt Zählbaren. «Anthros» werden sie von anderen stadtflüchtigen Umsteigern genannt und von manchen reserviert betrachtet – sind sie doch das glatte Gegenteil der üblichen Land-Freaks von heute.

Der Soziologe Gerd Vonderach von der Universität Oldenburg notierte, welche Veränderungen in einer ländlichen Wohn- und Arbeitsgemeinschaft im oldenburgischen Dörfchen Grummertsort nach dem Einzug einer Gruppe von «Anthros» vor sich gegangen sind. Kühler, verstandesmäßiger, verbindlicher, ökonomisch erfolgreicher als die dort zuvor allein wirtschaftenden akademischen «Alternativen» seien die Steiner-Anhänger vorgegangen.

Acht Biodynamische samt Kindern, das genügte offenbar, die Traulichkeit der fünf Altbewohner eines «Umsteigerhofes» entschieden aufzulichten und alles umzukrempeln. Was vor sich ging, war, im Soziologen-Jargon, eine «intensive Umstrukturierung der Arbeitsorganisation». Alles sei plötzlich nach einer «primär verstandesgemäß ausgerichteten Planung» abgelaufen.

Sämtliche Arbeitsbereiche wurden durchrationalisiert, die landwirtschaftlichen und handwerklichen Aufgaben auf einmal mit völliger Konsequenz und Pünktlichkeit angegangen, was entsprechend bessere Erträge mit sich brachte.

Das genau – wohin man in der anthroposophischen Praxis auch sieht – ist angewandter Steiner.

Es glich einer Werbeszene für alternatives Leben: Etwas außerhalb des industriellen Dunstbereiches von Wuppertal saßen mir im heißen Juni 1983 vor dem renovierten Fachwerkhaus des «Schepershofes» dessen Bewohner gegenüber, löffelten Eiscreme, die einer aus dem nächsten Vorort herangeschafft hatte und beschrieben mir ihre Laufbahn von der Stadt zur Landwirtschaft.

Der Melker war eigentlich Unternehmer und sah auch so aus. Er kam gerade von einem Kontrollbesuch seiner ererbten Kartonagenfabrik. Den Chef für seine 120 Mitarbeiter gedachte er zumindest für eine Weile nur noch halbtags abzugeben.

Der tonangebende Landwirt auf dem Hof machte den Eindruck eines Intellektuellen mit Magenbeschwerden, und die plagten ihn tatsächlich. Martin D. war sein Name. Er war 29 Jahre alt, Sohn eines anthroposophischen Arztes aus Bochum. Nach dem Abitur hatte er auf einem der Bauck-Höfe seine Lehrlingsausbildung absolviert. Martins wichtigster Beistand bei der Bauernarbeit hatte eigentlich Kunstschmied gelernt.

Fünf junge Städterinnen trugen Verantwortung für den Gemüsegarten, für Küche, Buchführung, Kälberaufzucht, Milchverarbeitung. An Bauer Martins Ehefrau hingen dazu noch ihre zwei kleinen Kinder.

Außer ihr gab es zwei weitere Abiturientinnen. Die eine hatte eine Ausbildung zur Krankenpflege hinter sich, ein anthroposophisches Seminar für Sozialarbeit und eine biodynamische Landwirtschaftslehre. Die andere war Kinderschwester mit ein paar Semestern Kunststudium und bereits zehnjähriger Erfahrung in wechselnden Wohngemeinschaften. Eine noch nicht zwanzigjährige Gartenbau-Praktikantin und die Ehefrau des Kunstschmieds, eine Kindergärtnerin, waren beruflich bislang nicht umgestiegen.

Anschluß an diese dem Hof gewiß nur vorübergehend dienende Gruppe hatten zwei Adoptivsöhne des Fabrikanten gefunden, die täglich mit ihrem Automobil ins nächste Gymnasium fuhren, dazu ein anstelliger Schwachsinniger. Ursprünglich gehörten zur Hofgemeinschaft zwei solche Patienten. Das schlug im Jahressaldo mit willkommenen 24 000 Mark aus öffentlichen Mitteln zu Buche.

Doch den zweiten Behinderten hatten seine Eltern wieder fortgeholt. Sogar Lohn verlangten sie für ihn noch. Das riß ein Loch in die Kasse und führte beim Landwirt Martin zu der Überzeugung, diese Art von gemeinnütziger Arbeit könne einen so kleinen Hof am Ende nur noch stärker in die roten Zahlen bringen.

In einem der Nebengebäude des Schepershofes hatte sich ohnehin ein weiteres, nicht sonderlich zahlungsfähiges anthroposophisches Sozialunternehmen eingenistet: eine Firma, die für Waldorfschulen Leiern herstellt, 40 Stück im Monat. Ein Instrumentenbauer arbeitete dort mit zehn Lehrlingen, und die wiederum waren teils Behinderte, teils Sucht-Entwöhnte.

Am finanziellen Tropf hing im Grunde alles auf diesem pfleglich renovierten Bauernhof in einem regenreichen Seitental der Ruhr, ob die Mittel nun aus öffentlichen Kassen kamen oder von einer hundertköpfigen Landwirtschafts-Gemeinschaft der Bochumer Machart.

Mit einem jener begehrten zinsfreien «Anthroposophen-Darlehen» der Gemeinnützigen Treuhandstelle waren die Gebäude und 144 Morgen landwirtschaftliche Nutzfläche in schlimmem Zustand 1978 von einem aufgebenden Bauern freigekauft worden: 1,4 Millionen. Bodenreformer von der GLS sorgten für das schnelle Zustandekommen des Geldgeber-Bündnisses für die danach ja erst fälligen Betriebsinvestitionen, um mit der Umstellung auf die für sie einzig wahre Bewirtschaftungsweise anzufangen. Erste Spritze: 300 000 Mark. Aber es kam noch mehr.

Schon der Nähe zu Bochum wegen wurde dieser Hof ein Lieblings- und Übungsplatz der gutbürgerlichen Umwälzer in Steiners Namen. Hier besonders galt es, die Mitbestimmung der geltenden Gemeinschaft zu erproben. Abgesehen davon bezog die kleine Bankgemeinde vom Schepershof ihren eigenen Bedarf an frischer Nahrung und murrte denn auch, weil sie sich statt der «ewigen Möhren» von angestrengtem biodynamischem Bemühen etwas Abwechslung glaubte erwarten zu dürfen. Nur, der Boden gab eben wenig her. Eine Verbraucher-Erzeuger-Geistesunion ließ sich wohl kaum vom grünen Tisch aus herstellen.

Aber die Planer dachten es sich so. Mit der selbstverständlichen Beachtung der landwirtschaftlichen Ideen Steiners war es für sie nicht getan. Die Wende zum Menschengerechteren sollte sich bis hinein in die Buchführung abzeichnen. Die jedenfalls war eine Lieblingsidee von Wilhelm Ernst Barkhoff, dem rastlos Geistesimpulse gebenden Steuerexperten und Mitgründer der GLS-Bank. Für jedes Naturprodukt sollten aus den Büchern des Hofes pfenniggenau die zu seiner biodynamischen Hervorbringung erforderlichen Gesamtkosten abgelesen werden können. Hinter der Forderung zeichnet sich die Utopie ab, in einer idealen Erzeuger-Verbraucher-Gemeinschaft auf Gewinnspannen zu verzichten.

Lebenslänglich Logis und Kost auf dem Hof und das sonst noch Nötige wurde den Landwirten zugesichert, kein Lohn. Andererseits gebührte jedem das Recht zur Kündigung von einem Tag auf den anderen. Zwei erfahrene Bauern, so sattelfest im Biologisch-Dynamischen sie auch waren, machten nacheinander davon Gebrauch. An Martin, dem nervösen Arztsohn, blieb am Ende alles hängen.

Im ersten Jahr nach der Umstellung hat die Gemeinschaft der hundert Geldgeber pro Kopf 900 Mark zusetzen müssen, im zweiten 600, im dritten 500, im vierten 149, im fünften 910. Die Investionen, die gewissenhafte Düngung, die Bodenprüfungen, die Präparate garantierten nicht den Erfolg. Es reichte trotz des, gelinde gesagt, tariflosen Zustandes nie, wenigstens den Kapitaldienst aus den Erträgen des Hofes zu bestreiten.

Unter den Geldgebern war der Kartonagen-Fabrikant. Ihn allein zog es von der Theorie des Mitspielens zur greifbar nahen Stallpraxis hinüber. Er kam ohne seine Frau. Die zog es vor, sich fern vom Schepershof dem Aufbau eines alternativen Buchladens hinzugeben. Die drei kleineren der fünf von ihnen adoptierten Kinder behielt sie bei sich.

Inmitten einer biodynamischen Wirtschaft mit ihrem Vielerlei an geistig und körperlich fordernden Regularien, ihren Steiner-Lesungen und all diesem andächtigen Rühren

156

und Vergraben und Nachlesen und Pflanzenbetrachten hat den Fabrikanten seine Skepsis nicht losgelassen. «Diese winzige Menge Kiesel und die Masse Wasser», sagte er, tief Luft holend, «also jedenfalls schadet es bestimmt nichts.»

Martin hingegen fühlte und dachte sich hinein. Er habe, sagte er, nach seinen Hornmist- und Kiesel-Spritzungen eines Regentages plötzlich wahrnehmen können, «wie alles sensibler geworden ist». Während der Vorbesitzer mit dem, was auf dem Hofgrund wuchs, nicht einmal zwölf Rinder sattbekommen hatte, reichen 48 Morgen Ackerland und etwa 90 Morgen ziemlich nassen Weidegrundes mittlerweile doch, 15 Jungrinder und 14 Milchkühe einigermaßen durchzufüttern. Eine Kuh vom Schepershof gibt im Jahresdurchschnitt 3800 Liter Milch.

Die Frauen aus der Hofgemeinschaft machen daraus Joghurt, Quark und Käse für ihren Direktverkauf, bei dem sie außerdem ihr Brot, Getreide und Gemüse versilbern.

Die meiste Milch übernimmt immer weiter eine an Biodynamik völlig desinteressierte Großmolkerei. Die bringt sie in den üblichen, nicht nur für Anthroposophen verdrießlichen Abfluß aller EG-Überschüsse. Der Weg in diesen Milchstrom der Sinnlosigkeit ist so perfekt geregelt, daß der Landwirt Martin bange auf die strikte Einhaltung der abgemachten Ablieferungsmenge achtete, weil bei jedem Liter zuwenig eine Strafgebühr zu fürchten war.

Wie tröstete es da die Leute vom Schepershof, daß sie sich mit geborgtem Geld einen Windgenerator errichten konnten. Mit dessen Hilfe stellten sie wenigstens das warme Wasser für ihre in die allgemeine Energieverschwendung mündende Produktivität energiesparend selber her. Das ist ein Sinn, den man sehen kann, im Gegensatz zu dem Vielen, was trotz gemeinsamem Lesen und Reden und Rühren beharrlich im Dunkeln bleibt.

Manchmal schien ihnen alle Energie zu entweichen. Vorbei an Feldern, die von Unkraut und Schädlingsspuren strotzten, ging mit mir der erschöpfte Martin und hob nur so die Schultern: Null Bock auf Biodynamik. Und wie ihm diese von Bochum gewollte, allen auf dem Hof unbegreifliche Buchhaltung an den Nerven zerrte! Grün sind die Tische des anthroposophischen Managements, von denen her so etwas kommt. Was hier eigentlich nötig schien, war die Kraft einer Kultus-Gemeinde, Pilgerväter-Mentalität. Doch was ergab sich statt dessen aus den eigentlichen Umständen? Ist der Hof nicht eher ein Durchgangslager für Ich-Sucher und Umsteiger geworden? Nach fünf solchen Jahren ging der Landwirt Martin lieber singen. Heimlich fuhr er in die Stadt – zur «Schule der Stimmenthüllung», statt sich über das Kieselige und Kalkige im Boden den Kopf zu zerbrechen.

Schließlich hielt er das nicht mehr aus und sagte es denen in Bochum. Sänger wolle er nun werden, ein Künstler. Die Bochumer Banker fanden keinen zunftgerechten Steiner-Landwirt mehr, der den Experimentierplatz von Martin D. hätte einnehmen wollen.

Doch Anthroposophen sind flexibel. Zum Jahresbeginn 1984 verpflichteten sie einen tüchtigen jungen Familienvater mit dem Hochschuldiplom der konventionellen Agrikultur. Er hat versprechen müssen, es durchaus im Sinne Steiners zu versuchen. Tägliche Kündigung ist möglich.

Dokumentation

Die Gesellschaft der Anthroposophen
Informationen und Adressen

Dachorganisationen

Allgemeine Anthroposophische Gesellschaft
Sekretariat: Goetheanum – Freie Hochschule für Geisteswissenschaft, Postfach 134, CH-4143 Dornach, Tel. (061) 72 42 42.
Vorstand (ab Ostern 1984): Manfred Schmidt-Brabant (1. Vorsitzender), Jörgen Smit, Hagen Biesantz, Gisela Reuther, Rudolf Grosse, Friedrich Hiebel, Virginia Sasse.

Die Gesellschaft umfaßt anthroposophische Zusammenschlüsse in: Belgien, Bundesrepublik Deutschland, Dänemark, Finnland, Frankreich, Großbritannien, Italien, Niederlande, Norwegen, Österreich, Portugal, Schweden, Schweiz, Spanien, Kanada, USA, Honolulu, Argentinien, Brasilien, Peru, Südafrikanische Union, Israel, Japan, Australien, Neuseeland. Zentrum der Allgemeinen Anthroposophischen Gesellschaft ist das Goetheanum – Freie Hochschule für Geisteswissenschaft.

Anthroposophische Gesellschaft in Deutschland
Zur Uhlandshöhe 10, 7000 Stuttgart 1, Tel. (0711) 24 18 72.
Sekretariat: Heten Wilkens.

Nach ihrer Satzung sieht die Gesellschaft ihre Hauptaufgabe darin, «die von Rudolf Steiner begründete anthroposophisch orientierte Geisteswissenschaft innerhalb und außerhalb Deutschlands zu pflegen». Die einzelnen Zweige und Arbeitsgruppen in der Bundesrepublik Deutschland sind in regionalen Arbeitszentren zusammengeschlossen:
1000 Berlin 33, Bernadottestraße 90-92, Tel. (030) 8 32 59 32
6000 Frankfurt a.M. 1, Heinestraße 2, Tel. (0611) 59 63 75
2000 Hamburg 13, Mittelweg 11, Tel. (040) 44 86 02
3000 Hannover 1, Brehmstraße 10, Tel. (0511) 85 32 38
8000 München 40, Leopoldstraße 46 a, Tel. (089) 33 25 20
5600 Wuppertal 2, Martin-Luther-Straße 8, Tel. (0202) 8 71 16
8500 Nürnberg 90, Juvenellstraße 30, Tel. (0911) 34 42 96
7800 Freiburg, Mozartstraße 64, Tel. (0761) 2 55 59
7000 Stuttgart 1, Zur Uhlandshöhe 10, Tel. (0711) 24 74 24

Anthroposophische Gesellschaft in der Schweiz
c/o Vorstand am Goetheanum, CH-4143 Dornach.

Allgemeine Anthroposophische Gesellschaft – Landesgesellschaft Österreich
c/o Dr. Reimar Thetter, Spiegelgasse 10/9, A-1010 Wien.

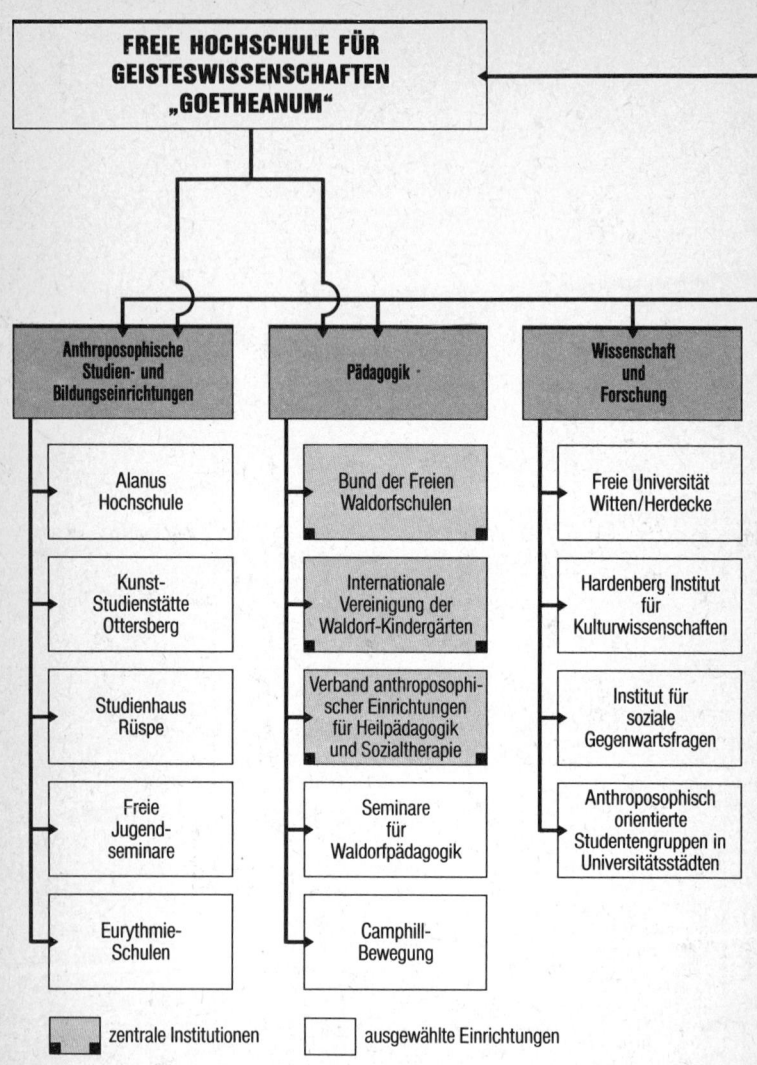

FREIE HOCHSCHULE FÜR GEISTESWISSENSCHAFTEN „GOETHEANUM"

Anthroposophische Studien- und Bildungseinrichtungen	Pädagogik	Wissenschaft und Forschung
Alanus Hochschule	Bund der Freien Waldorfschulen	Freie Universität Witten/Herdecke
Kunst-Studienstätte Ottersberg	Internationale Vereinigung der Waldorf-Kindergärten	Hardenberg Institut für Kulturwissenschaften
Studienhaus Rüspe	Verband anthroposophischer Einrichtungen für Heilpädagogik und Sozialtherapie	Institut für soziale Gegenwartsfragen
Freie Jugendseminare	Seminare für Waldorfpädagogik	Anthroposophisch orientierte Studentengruppen in Universitätsstädten
Eurythmie-Schulen	Camphill-Bewegung	

☐ zentrale Institutionen   ☐ ausgewählte Einrichtungen

Die Gesellschaft der Anthroposophen

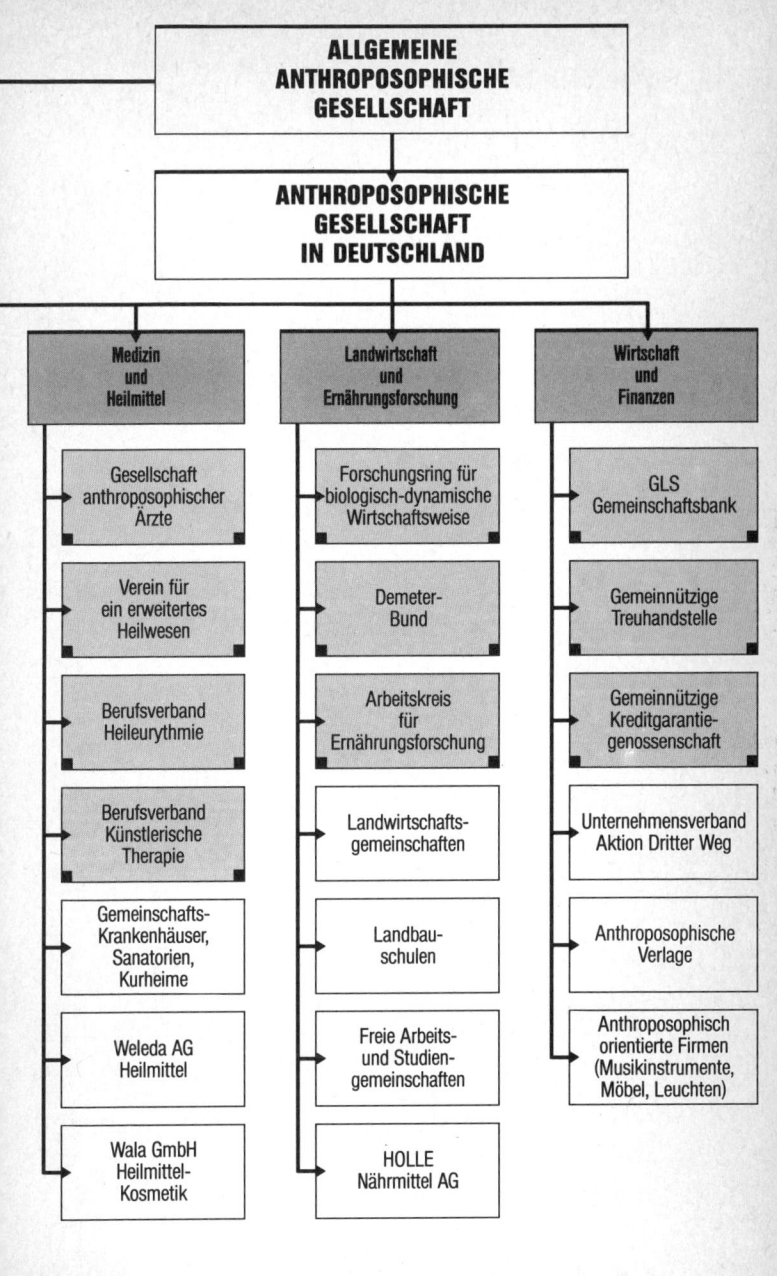

ALLGEMEINE ANTHROPOSOPHISCHE GESELLSCHAFT

ANTHROPOSOPHISCHE GESELLSCHAFT IN DEUTSCHLAND

Medizin und Heilmittel

- Gesellschaft anthroposophischer Ärzte
- Verein für ein erweitertes Heilwesen
- Berufsverband Heileurythmie
- Berufsverband Künstlerische Therapie
- Gemeinschafts-Krankenhäuser, Sanatorien, Kurheime
- Weleda AG Heilmittel
- Wala GmbH Heilmittel-Kosmetik

Landwirtschaft und Ernährungsforschung

- Forschungsring für biologisch-dynamische Wirtschaftsweise
- Demeter-Bund
- Arbeitskreis für Ernährungsforschung
- Landwirtschafts-gemeinschaften
- Landbau-schulen
- Freie Arbeits- und Studien-gemeinschaften
- HOLLE Nährmittel AG

Wirtschaft und Finanzen

- GLS Gemeinschaftsbank
- Gemeinnützige Treuhandstelle
- Gemeinnützige Kreditgarantie-genossenschaft
- Unternehmensverband Aktion Dritter Weg
- Anthroposophische Verlage
- Anthroposophisch orientierte Firmen (Musikinstrumente, Möbel, Leuchten)

Waldorf-Pädagogik

1919 wurde durch Emil Molt, den damaligen Direktor der Waldorf-Astoria-Zigarettenfabrik in Stuttgart, die erste Waldorfschule gegründet. Rudolf Steiner hat die Schule aufgebaut und bis zu seinem Tode 1925 geleitet. Bis 1930 entstanden in Deutschland neun Schulen: Stuttgart-Uhlandshöhe (1919), Hamburg-Wandsbek (1922), Essen (1923), Hannover (1926), Berlin (1928), Dresden (1929), Kassel (1930), Breslau (1930), Hamburg-Altona (1930). Die ersten ausländischen Schulen wurden 1923 in den Niederlanden, 1925 in Großbritannien, 1926 in der Schweiz, Norwegen, Portugal und Ungarn gegründet. Ab 1941 waren alle Waldorfschulen im nationalsozialistischen Machtbereich geschlossen. Sechs Waldorfschulen nahmen gleich nach dem Zweiten Weltkrieg ihre pädagogischen Bemühungen wieder auf. 1984 wurde die achtzigste Waldorfschule in der Bundesrepublik eröffnet.

Die Schulen in Deutschland, Österreich und der Schweiz unterrichten nach dem «Lehrplan der Freien Waldorfschule», der auf Rudolf Steiners Ideen basiert und mit den Erfahrungen der ersten Waldorf-Lehrer abgestimmt ist, die noch unter Anleitung Steiners an der ersten Waldorfschule in Stuttgart-Uhlandshöhe gearbeitet haben.

Wirtschaftlicher Träger einer Waldorfschule ist in der Regel ein Schulverein, dem alle Eltern und die Lehrer angehören und dessen Vorstand die finanzielle Verwaltung der Schule leitet. Für die pädagogische Leitung ist das Lehrerkollegium verantwortlich.

Alle Schulen sind im Prinzip als Gesamtschulen mit einer zwölfjährigen Schulzeit angelegt. Jeder Schule sollte ein Kindergarten angeschlossen sein. Viele Fächer werden in sogenannten Epochen unterrichtet, das heißt über zusammenhängende Zeiträume von 2 bis 5 Wochen: Schreiben, Lesen, Grammatik, Rechnen, Heimatkunde, Tier- und Pflanzenkunde, Deutsch, Geometrie, Geographie, Physik, Chemie, Biologie. Von der ersten Klasse an werden zwei Fremdsprachen gelehrt, zumeist Englisch und Französisch. Die handwerklich-praktischen Fächer und Turnen sollen jeweils am Ende des täglichen Unterrichts stehen. Anstelle von Notenzeugnissen erhalten die Schüler einen Bericht, in dem auf die individuellen Anlagen und Leistungsmöglichkeiten des einzelnen eingegangen wird; ein Sitzenbleiben gibt es nicht. Die Schüler erreichen mit dem 10. Schuljahr den Hauptschulabschluß, in der 11. und 12. Klasse können sie den staatlich anerkannten Realschulabschluß erlangen, nach der 12. Klasse die Fachhochschulreife. Das Abitur kann nach einer speziellen, an den staatlichen Prüfungsordnungen orientierten Vorbereitung am Ende einer zusätzlichen 13. Klasse abgelegt werden. In der Reifeprüfung werden dabei die spezifischen Lehrinhalte der Waldorfschulen – in den einzelnen Ländern unterschiedlich stark – berücksichtigt.

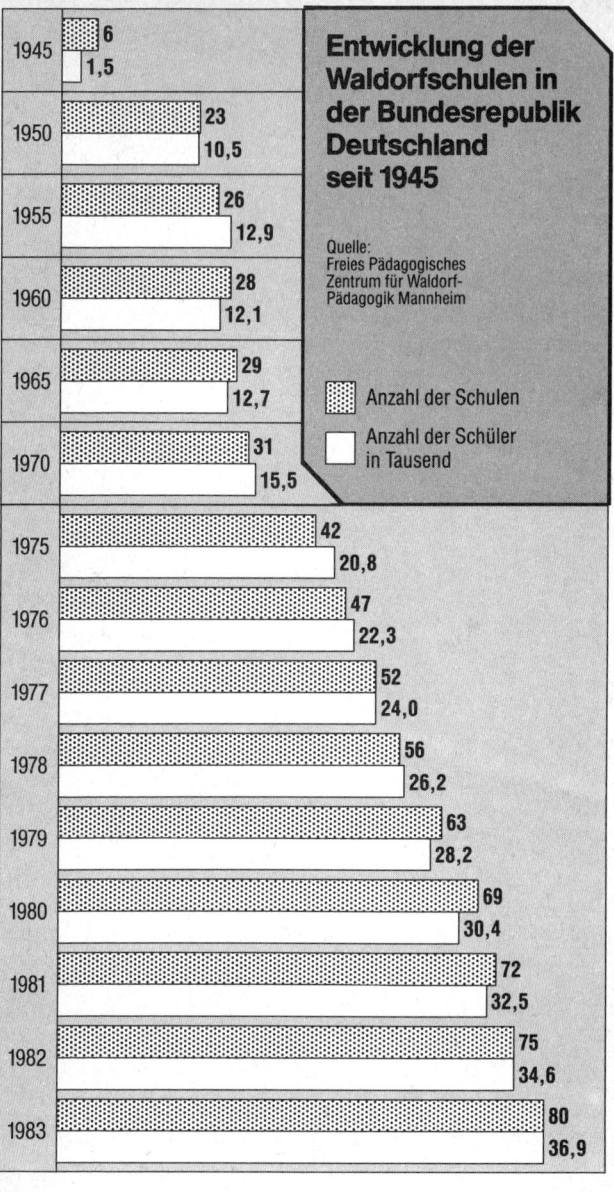

Entwicklung der Waldorfschulen in der Bundesrepublik Deutschland seit 1945

Quelle:
Freies Pädagogisches Zentrum für Waldorf-Pädagogik Mannheim

▓ Anzahl der Schulen

☐ Anzahl der Schüler in Tausend

Jahr	Anzahl der Schulen	Anzahl der Schüler in Tausend
1945	6	1,5
1950	23	10,5
1955	26	12,9
1960	28	12,1
1965	29	12,7
1970	31	15,5
1975	42	20,8
1976	47	22,3
1977	52	24,0
1978	56	26,2
1979	63	28,2
1980	69	30,4
1981	72	32,5
1982	75	34,6
1983	80	36,9

Zentrale Organisationen

Bund der Freien Waldorfschulen e.V., Libanonstraße 3–5, 7000 Stuttgart 1, Tel. (0711) 23 29 96

Österreichische Vereinigung freier Bildungsstätten auf anthroposophischer Grundlage – Bund Freier Waldorfschulen, Waldorfkindergärten, Bildungseinrichtungen für Heilpädagogik c/o Rudolf Steiner Schule Wien, Endressstraße 100, A-1238 Wien 23, Tel. (0222) 88 12 75

Internationale Vereinigung der Waldorfkindergärten e.V., Heubergstraße 11, 7000 Stuttgart 1, Tel. (0711) 43 27 41

Konferenz für Heilpädagogik und Sozialtherapie, Brosiweg 9, CH-4143 Dornach, Tel. (061) 72 84 85

Verband anthroposophischer Einrichtungen für Heilpädagogik und Sozialtherapie e.V., Obersondern 1, 5600 Wuppertal 23, Tel. (0202) 6 10 67/69

Arbeitsgemeinschaft der heilpädagogischen Schulen auf anthroposophischer Grundlage c/o Christian-Morgenstern-Schule, Haderslebener Straße 14, 5600 Wuppertal 2, Tel. (0202) 8 26 44

Kontaktadresse für die Camphill-Institutionen:
Heimsonderschule Föhrenbühl, 7799 Heiligenberg-Steigen, Tel. (07554) 231

Schulen und Kindergärten in der Bundesrepublik Deutschland, Österreich und der Schweiz

Baden-Württemberg

Schulen

Freie Waldorfschule Engelberg, Rudolf-Steiner-Weg 4,
7065 Engelberg, Post Winterbach/Württ., Tel. (07181) 704-1

Freie Waldorfschule Esslingen, Weilstraße 90,
7300 Esslingen, Tel. (0711) 38 59 98/99

Freie Waldorfschule, Schwimmbadstraße 29,
7800 Freiburg i. Br., Tel. (0761) 7 70 17

Freie Waldorfschule St. Georgen, Zechenweg 2,
7800 Freiburg, Tel. (0761) 4 12 14

Freie Waldorfschule Filstal, Ahornstraße 41,
7320 Göppingen-Faurndau, Tel. (07161) 2 70 72 und 2 79 07

Freie Waldorfschule Heidelberg, Blumenstraße 24,
6900 Heidelberg, Tel. (06221) 16 13 26

Freie Waldorfschule, Ziegelstraße 50, Postfach 1340,
7920 Heidenheim/Brenz, Tel. (07321) 4 10 38/39

Freie Waldorfschule Heilbronn, Max-von-Laue-Straße 4,
7100 Heilbronn, Tel. (07131) 5 10 12

Freie Waldorfschule Karlsruhe, Königsberger Straße 35a,
7500 Karlsruhe 1, Tel. (0721) 68 50 71

Freie Waldorfschule Ludwigsburg, Bönnigheimer Straße 2,
7140 Ludwigsburg-Eglosheim, Tel. (07141) 3 26 05

Freie Waldorfschule, Neckarauer Waldweg 131,
6800 Mannheim 24, Tel. (0621) 85 10 81

Rudolf Steiner Schule, Erlenweg 1,
7440 Nürtingen, Tel. (07022) 3 30 52

Freie Waldorfschule Offenburg, Rheinstraße 3,
7600 Offenburg, Tel. (0781) 7 86 87

Goetheschule – Freie Waldorfschule, Schwarzwaldstraße 66,
7530 Pforzheim, Tel. (07231) 29 71-3

Freie Georgenschule, Moltkestraße 29,
7410 Reutlingen, Tel. (07121) 2 20 15/17

Freie Waldorfschule Schopfheim, Stettiner Straße 9,
7860 Schopfheim, Tel. (07622) 70 20

Freie Waldorfschule Uhlandshöhe, Haußmannstraße 44,
7000 Stuttgart 1, Tel. (0711) 24 02 41/42

Freie Waldorfschule am Kräherwald, Rudolf-Steiner-Weg 10,
7000 Stuttgart 1, Tel. (0711) 29 18 20

Michael Bauer Schule, Freie Waldorfschule mit Förderklassenbereich,
Othellostraße 5,
7000 Stuttgart 80, Tel. (0711) 6 87 16 36

Tübinger Freie Waldorfschule, Rotdornweg 30,
7400 Tübingen-Waldhäuser-Ost, Tel. (07071) 6 51 18

Freie Waldorfschule am Bodensee,
7770 Überlingen-Rengoldshausen, Tel. (07551) 6 30 77/78

Freie Waldorfschule Ulm und angeschlossene Sonderklassen für
Lernbehinderte, Römerstraße 97,
7900 Ulm, Tel. (0731) 3 70 71

Rudolf Steiner Schule, Frühlingshalde 85,
7730 VS-Schwenningen, Tel. (07720) 6 16 29

Freie Waldorfschule Wahlwies,
7768 Stockach 14, Tel. (07771) 31 83

Freie Waldorfschule Wangen, Rudolf-Steiner-Straße 4,
7988 Wangen i. Allgäu, Tel. (07522) 30 69

Kindergärten

Waldorfkindergarten, Ziegelstraße 28,
7080 Aalen, Tel. (07361) 3 51 31

Kindergarten Eckwälden, Roßauchtert 6,
7325 Bad Boll-Eckwälden, Tel. (07164) 51 87

Waldorfkindergarten, Bahnhofstraße 26a,
7570 Baden-Baden 19, Tel. (07221) 6 18 30

Waldorfkindergarten Unterlengenhardt, Burghaldenweg 48,
7263 Bad Liebenzell, Tel. (07052) 34 11

Waldorfkindergarten, Birkendorfer Straße 1,
7950 Biberach / Riß, Tel. (07351) 7 54 22

Waldorfkindergarten, Allensteiner Straße 15,
7120 Bietigheim, Tel. (07142) 6 46 61

Waldorfkindergarten, Post Winterbach,
7065 Engelberg, Tel. (07181) 70 42 79

Waldorfkindergarten, Goethestraße 4,
7707 Engen, Tel. (07733) 67 61

Waldorfkindergarten, Am Schönen Rain 13,
7300 Esslingen, Tel. (0711) 37 40 45

Waldorfkindergarten, Bussardweg 3,
7300 Esslingen, Tel. (0711) 3 16 12 14

Waldorfkindergarten, Wernerstraße 39,
7012 Fellbach, Tel. (0711) 58 13 95

Waldorfkindergarten, Roggenstraße 78,
7024 Filderstadt 4, Tel. (0711) 77 46 58

Waldorfkindergarten, Bayernstraße 1a,
7800 Freiburg, Tel. (0761) 40 24 76

Walddorfkindergarten Weingarten, Auf der Haid 17,
7800 Freiburg, Tel. (0761) 49 13 00

Heilpädagogisches Sozialwerk «Haus Tobias», Wintererstraße 83,
7800 Freiburg, Tel. (0761) 3 71 50

Waldorfkindergarten, Kleiststraße 10,
7320 Göppingen, Tel. (07161) 7 45 25

Waldorfkindergarten, Wielandstraße 33,
6900 Heidelberg, Tel. (06221) 47 33 31

Kindergarten der Freien Waldorfschule, Ziegelstraße 50,
7920 Heidenheim / Brenz, Tel. (07321) 4 10 38

Waldorfkindergarten, Pfaffenhofener Straße 10,
7100 Heilbronn, Tel. (07131) 4 40 30

Vorschulkindergarten der Heimsonderschule Föhrenbühl,
7799 Heiligenberg-Steigen, Tel. (07554) 231

Waldorfkindergarten, Mannheimer Straße 65,
7500 Karlsruhe 1, Tel. (0721) 61 31 61

Regiswindiskindergarten, Kneippstraße 7,
7128 Lauffen a. N., Tel. (07133) 64 84

Waldorfkindergarten, Corneliusstraße 36,
7140 Ludwigsburg, Tel. (07141) 8 49 23

Waldorfkindergarten Gänsweide, Neckarauer Waldweg 131,
6800 Mannheim 24, Tel. (0621) 85 10 81

Waldorfkindergarten Vogelstang, Rudolstadter Weg 18-20,
6800 Mannheim 31, Tel. (0621) 70 64 89

Kindergarten des Freien Pädag. Zentrums für Waldorfpädagogik e.V.,
Langstraße 45,
6800 Mannheim 1, Tel. (0621) 31 58 12

Waldorfkindergarten, Ravensburger Straße 11,
7778 Markdorf, Tel. (07544) 54 98

Rudolf Steiner Kindergarten, Bahnhofstraße 5,
7133 Maulbronn, Tel. (07043) 23 64

Waldorfkindergarten, Hebelstraße 1a,
7840 Müllheim (Baden), Tel. (07631) 1 28 76

Waldorfkindergarten der Gruppe Öschelbronn, Am Eichhof,
7532 Niefern 2, Tel. (07233) 680

Kindergarten der Rudolf Steiner Schule, Urbanstraße 13,
7440 Nürtingen, Tel. (07022) 3 15 30

Waldorfkindergarten, Schulstraße 22a,
7600 Offenburg-Zell-Weierbach, Tel. (0781) 3 13 93

Waldorfkindergarten der Goetheschule, Schwarzwaldstraße 66,
7530 Pforzheim, Tel. (07231) 29 71

Waldorfkindergarten der Goetheschule, Vogesenallee 77,
7530 Pforzheim, Tel. (07231) 29 73

Kindergarten Freie Georgenschule, Kantstraße 10,
7410 Reutlingen, Tel. (07121) 2 20 15

Waldorfkindergarten, Grüttgasse 6,
7888 Rheinfelden, Tel. (07623) 25 57

Waldorfkindergarten, Wengertstraße 5,
7032 Sindelfingen, Tel. (07031) 87 58 53

Waldorfkindergarten, Webergasse 17,
7860 Schopfheim-Eichen, Tel. (07622) 74 62

Waldorfkindergarten, Lachenäcker-Straße 10,
7071 Schwäbisch Gmünd – Groß Deinbach,
Tel. (07171) 7 11 49

Waldorfkindergarten, Crailsheimer Straße 26,
7170 Schwäbisch Hall, Tel. (0791) 4 16 65

Kindergarten im Pestalozzi-Kinder- und Jugenddorf,
7768 Stockach 14, Tel. (07771) 40 31 und 20 36

Waldorfkindergarten der Freien Waldorfschule Wahlwies,
7768 Stockach 14, Tel. (07771) 31 83

Kindergarten der Freien Waldorfschule Uhlandshöhe,
Haußmannstraße 44,
7000 Stuttgart 1, Tel. (0711) 24 02 75

Waldorfkindergarten Sillenbuch, Himbeerweg 21,
7000 Stuttgart 75, Tel. (0711) 47 19 26

Waldorfkindergarten Sonnenberg, Kremmlerstraße 1a,
7000 Stuttgart 70, Tel. (0711) 76 35 90

Waldorfkindergarten Kaltental, Waldburgstraße 147,
7000 Stuttgart 80, Tel. (0711) 7 35 16 41

Kindergarten der Freien Waldorfschule am Kräherwald,
Rudolf-Steiner-Weg 10,
7000 Stuttgart 1, Tel. (0711) 22 47 47

Kindergarten der Christengemeinschaft, Schemppstraße 50,
7000 Stuttgart 75, Tel. (0711) 47 24 73

Sonderschulkindergarten der Karl-Schubert-Schule für Seelenpflege-
bedürftige Kinder, Obere Weinsteige 40,
7000 Stuttgart 70, Tel. (0711) 76 40 84

Tagesstätte Wernhalde, Wernhaldenstraße 66,
7000 Stuttgart 1, Tel. (0711) 24 48 28

Kindergarten der Tübinger Freien Waldorfschule,
Rotdornweg 30-74,
7400 Tübingen, Tel. (07071) 6 51 18

Waldorfkindergarten,
7770 Überlingen-Rengoldshausen, Tel. (07551) 6 30 79

Kindergarten der Freien Waldorfschule Ulm, Römerstraße 97,
7900 Ulm, Tel. (0731) 3 70 71

Waldorfkindergarten an der Blau, Buchmillergasse 3,
7900 Ulm, Tel. (0731) 3 55 56

Waldorfkindergarten, Frühlingshalde 85,
7730 VS-Schwenningen, Tel. (07720) 6 16 29

Waldorfkindergarten, Gerokstraße 30,
7143 Vaihingen / Enz, Tel. (07042) 1 70 50

Waldorfkindergarten, Neustädter Hauptstraße 53,
7050 Waiblingen, Tel. (07151) 2 25 69

Waldorfkindergarten, Morfstraße 5,
7988 Wangen, Tel. (07522) 51 40

170

Bayern

Schulen

Freie Waldorfschule Augsburg, Dr.-Schmelzing-Straße 52,
8900 Augsburg, Tel. (0821) 70 40 11

Freie Waldorfschule Chiemgau, Grabenstätter Straße 6,
8221 Erlstätt, Tel. (0861) 1 34 31

Freie Waldorfschule Kempten-Allgäu, Poststraße 22,
8960 Kempten / Allgäu, Tel. (0831) 1 30 78

Rudolf Steiner Schule, Leopoldstraße 17,
8000 München 40, Tel. (089) 34 81 42 und 39 62 07

Rudolf Steiner Schule, Zweigschule Daglfing, Max-Proebstl-Straße 7,
8000 München 81, Tel. (089) 93 20 71-73

Rudolf Steiner Schule, Steinplattenweg 25,
8500 Nürnberg, Tel. (0911) 59 30 77

Freie Waldorfschule Würzburg, Oberer Neubergweg 14,
8700 Würzburg, Tel. (0931) 7 20 71

Kindergärten

Waldorfkindergarten, Euler-Chelpin-Straße 23,
8900 Augsburg, Tel. (0821) 7 82 28

Waldorfkindergarten, Dr.-Schmelzing-Straße 52,
8900 Augsburg, Tel. (0821) 70 40 11 / 12

Waldorfkindergarten Chiemgau, Bahnhofstraße 186,
8221 Bergen, Tel. (08662) 54 23

Waldorfkindergarten am Regnitztal, Noetherstraße 2,
8520 Erlangen, Tel. (09131) 6 74 55

Waldorfkindergarten, Dambacher Straße 96,
8510 Fürth, Tel. (0911) 77 05 57

Waldorfkindergarten, Irmenfriedstraße 21,
8032 Gräfelfing, Tel. (089) 8 54 37 88

Waldorfkindergarten Marthashofen,
8082 Grafrath, Tel. (08144) 76 31

Kindergarten der Rudolf Steiner Schule, Leopoldstraße 151a,
8000 München 40, Tel. (089) 3 61 51 82

Kindergarten der Rudolf Steiner Schule, Nibelungenstraße 62,
8000 München 19, Tel. (089) 17 43 48

Kindergarten der Rudolf Steiner Schule, Wilhelm-Diess-Weg 7,
8000 München 81, Tel. (089) 93 63 52

Waldorfkindergarten Pasing, Otto-Engl-Platz 5,
8000 München 60, Tel. (089) 8 34 86 83

171

Kindergarten der Rudolf Steiner Schule Nürnberg,
Steinplattenweg 25,
8500 Nürnberg 20, Tel. (0911) 59 30 77

Waldorfkindergarten Wernstein,
8651 Wernstein 21, Tel. (09229) 70 52

Waldorfkindergarten, Hofmeierstraße 30,
8700 Würzburg, Tel. (0931) 8 28 50

Berlin

Schulen

Rudolf Steiner Schule Berlin, Auf dem Grat 3,
1000 Berlin 33, Tel. (030) 8 32 70 86

Emil Molt Schule, Freie Waldorfschule für Erziehungshilfe,
Claszeile 60 – 66,
1000 Berlin 37, Tel. (030) 8 15 57 57 und 8 15 20 61

Kindergärten

Waldorfkindergarten I, Lindenthaler Allee 14,
1000 Berlin 37, Tel. (030) 8 01 79 21

Waldorfkindergarten II, Auf dem Grat 3,
1000 Berlin 33, Tel. (030) 8 32 70 86

Waldorfkindergarten III, Mansfelder Straße 37,
1000 Berlin 31, Tel. (030) 8 61 44 40

Waldorfkindergarten Kreuzberg, Obentrautstraße 52,
1000 Berlin 61, Tel. (030) 7 86 50 56

Waldorfkindergarten Forum Kreuzberg, Eisenbahnstraße 22,
1000 Berlin 36, Tel. (030) 6 12 40 35

Bremen

Schulen

Freie Waldorfschule Bremen, Touler Straße 3,
2800 Bremen 1, Tel. (0421) 44 78 02

Kindergärten

Waldorfkindergarten, Heinrich-Heine-Straße 60,
2800 Bremen 1, Tel. (0421) 23 03 06

Waldorfkindergarten, Freiligrathstraße 15,
2800 Bremen 1, Tel. (0421) 23 24 82

172

Waldorfkindergarten der Gretel-Schopf-Stiftung Bremen,
Touler Straße 3,
2800 Bremen 1, Tel. (0421) 44 78 02

Hamburg

Schulen

Rudolf Steiner Schule, Wandsbeker Allee 55,
2000 Hamburg 70, Tel. (040) 68 50 00

Rudolf Steiner Schule Nienstedten, Elbchaussee 366,
2000 Hamburg 52, Tel. (040) 82 99 17

Rudolf Steiner Schule in den Walddörfern,
Bergstedter Chaussee 203,
2000 Hamburg 65, Tel. (040) 6 04 70 90

Rudolf Steiner Schule Harburg, Am Radeland 98,
2100 Hamburg 90, Tel. (040) 7 90 72 88

Kindergärten

Kindergarten der Christengemeinschaft in Hamburg,
Johnsallee 17,
2000 Hamburg 13, Tel. (040) 44 41 54

Kindergarten der Christengemeinschaft in Hamburg,
Bergstedter Chaussee 203,
2000 Hamburg 65, Tel. (040) 6 04 78 56

Kindergarten der Christengemeinschaft in Hamburg,
Rögeneck 23, 2000 Hamburg 67, Tel. (040) 6 03 82 73

Waldorfkindergarten an der Rudolf Steiner Schule Nienstedten,
Elbchaussee 366,
2000 Hamburg 52, Tel. (040) 82 39 38

Waldorfkindergarten, Heimburgstraße 4,
2000 Hamburg 52, Tel. (040) 82 74 46

Waldorfkindergarten, Lengerckestraße 2-4,
2000 Hamburg 70, Tel. (040) 6 52 25 35

Waldorfkindergarten Bergedorf, Kirchwerder Landweg 2,
2050 Hamburg 80, Tel. (040) 7 23 37 77

Waldorfkindergarten Tonndorf, Holstenhofstieg 11,
2000 Hamburg 70, Tel. (040) 6 56 21 54

Blankeneser Kindergarten der Christengemeinschaft,
Schenefelder Landstraße 87,
2000 Hamburg 55, Tel. (040) 8 70 19 39

Waldorfkindergarten Harburg, Großmoordamm 223,
2100 Hamburg 90, Tel. (040) 77 01 40

Hessen

Schulen

Freie Waldorfschule Darmstadt, Arndtstraße 6,
6100 Darmstadt-Eberstadt, Tel. (06151) 5 40 33

Freie Waldorfschule, Friedlebenstraße 52,
6000 Frankfurt 50, Tel. (0611) 52 00 91

Freie Waldorfschule Kassel, Hunrodstraße 17,
3500 Kassel-Wilhelmshöhe, Tel. (0561) 3 09 31

Rudolf Steiner Schule Loheland,
6411 Künzell 5 / Fulda, Tel. (0661) 6 90 08 / 09

Freie Waldorfschule Marburg, Ockershäuser Allee 14,
3550 Marburg / Lahn, Tel. (06421) 2 52 56

Kindergärten

Waldorfkindergarten, Herdweg 50,
6100 Darmstadt, Tel. (06151) 4 51 00

Waldorfkindergarten Bingenheim, Weidgasse 34 b,
6363 Echzell 2, Tel. (06035) 13 23

Kindergarten der Freien Waldorfschule Frankfurt,
Friedlebenstraße 52,
6000 Frankfurt 50, Tel. (0611) 52 07 93

Waldorfkindergarten «Der Hof», Alt Niederursel 51,
6000 Frankfurt 50, Tel. (0611) 58 50 08

Waldorfkindergarten, Brabanter Straße 47,
3500 Kassel-Wilhelmshöhe, Tel. (0561) 3 09 31

Waldorfkindergarten Goetheanlage, Goethestraße 87,
3500 Kassel, Tel. (0561) 31 33 40

Kindergarten der Freien Waldorfschule, Ockershäuser Allee 14,
3550 Marburg, Tel. (06421) 2 58 90

Waldorfkindergarten, Zeppelinstraße 10,
6078 Neu-Isenburg, Tel. (06102) 2 71 54

Waldorfkindergarten, V.-Leyden-Straße 21,
6200 Wiesbaden, Tel. (06121) 56 25 85

Niedersachsen

Schulen

Freie Waldorfschule Landschulheim Benefeld,
3036 Bomlitz-Benefeld über Walsrode / Hann., Tel. (05161) 40 21

Freie Waldorfschule Braunschweig, Münchenstraße 25,
3300 Braunschweig, Tel. (0531) 84 90 31/32

Freie Waldorfschule Evinghausen,
4550 Bramsche 8 – Evinghausen, Tel. (05468) 424

Freie Waldorfschule Göttingen, Martin-Luther-Straße 10,
3400 Göttingen, Tel. (0551) 9 10 75

Freie Waldorfschule, Rudolf-von-Bennigsen-Ufer 70,
3000 Hannover 1, Tel. (0511) 80 03 36

Freie Waldorfschule Hannover-Bothfeld, Weidkampshaide 17,
3000 Hannover 51, Tel. (0511) 6 49 06 86

Freie Waldorfschule Hildesheim, Kaiserstraße 45,
3200 Hildesheim, Tel. (05121) 13 29 75

Freie Waldorfschule, Kleiststraße 43,
2900 Oldenburg, Tel. (0441) 50 21 12

Freie Rudolf Steiner Schule, Amtshof 5,
2802 Ottersberg 1, Tel. (04205) 366

Kindergärten

Waldorfkindergarten, Rathausplatz 4a,
3406 Bovenden, Tel. (0551) 8 32 03

Waldorfkindergarten, Giersbergstraße 1,
3300 Braunschweig, Tel. (0531) 7 35 22

Waldorfkindergarten Evinghausen,
4550 Bramsche 8, Tel. (05468) 424

Waldorfkindergarten, Stargarder Weg 11,
3400 Göttingen, Tel. (0551) 7 14 20

Kinderkreis des «Kuratoriums Rudolf-Steiner-Pädagogik»,
Schlesierring 44,
3400 Göttingen, Tel. (0551) 7 31 72

Waldorfkindergarten, Am Rott 17,
3131 Grabow, Tel. (05864) 567

Waldorfkindergarten Lister Damm, Lister Damm 13,
3000 Hannover, Tel. (0511) 66 57 24

Kindergarten der Freien Waldorfschule,
Rudolf-von-Bennigsen-Ufer 70,
3000 Hannover 1, Tel. (0511) 88 37 71

Kindergarten für das Seelenpflege-bedürftige Kind, Martinsschule,
Stresemannallee 23,
3000 Hannover 1, Tel. (0511) 3 52 20 26

Waldorfkindergarten, Weinberg 63,
3200 Hildesheim, Tel. (05121) 8 51 07

175

Waldorfkindergarten, Dahlenburger Landstraße 151,
2120 Lüneburg, Tel. (04131) 8 21 20

Kindergarten des Heil- und Erziehungsinstitutes Birkenhof,
2121 Neu-Neetze, Tel. (05850) 415-416

Waldorfkindergarten, Schäferstieg 3,
2152 Nottendorf, Tel. (04163) 62 91

Waldorfkindergarten, Alexanderstraße 500,
2900 Oldenburg, Tel. (0441) 68 20 81

Waldorfkindergarten, Am Brink 5,
2802 Ottersberg, Tel. (04205) 3 66 30

Waldorfkindergarten c/o Wolf Tutein, Regerstraße 34,
2940 Wilhelmshaven, Tel. (04421) 8 35 69

Waldorfkindergarten, Otto-Pöhling-Straße 1,
3180 Wolfsburg 12, Tel. (05362) 21 46

Nordrhein-Westfalen

Schulen

Rudolf Steiner Schule, An der Stiftskirche 13,
4800 Bielefeld 1, Tel. (0521) 8 59 08

Rudolf Steiner Schule Ruhrgebiet, Hauptstraße 238,
4630 Bochum 7, Tel. (0234) 2 81 31

Freie Waldorfschule Bonn-Köln, Brunnenallee 30,
5303 Bornheim-Roisdorf, Tel. (02222) 39 80 und 41 90

Rudolf Steiner Schule, Mergelteichstraße 45,
4600 Dortmund 50, Tel. (0231) 71 07-336

Freie Waldorfschule Düsseldorf, Diepenstraße 15,
4000 Düsseldorf 12, Tel. (0211) 23 62 32

Freie Waldorfschule, Schellstraße 47,
4300 Essen 1, Tel. (0201) 47 39 58

Freie Waldorfschule Gladbeck, Horsterstraße 82,
4390 Gladbeck, Tel. (02043) 2 12 12

Rudolf Steiner Schule Hagen, Enneper Straße 30,
5800 Hagen-Haspe, Tel. (02331) 33 82 00

Freie Waldorfschule Köln, Martinusstraße 28,
5000 Köln 71, Tel. (0221) 5 90 51 37

Freie Waldorfschule Krefeld, Kaiserstraße 61,
4150 Krefeld, Tel. (02151) 5 31 57

Freie Waldorfschule in Mülheim, Karl-Forst-Straße 13,
4330 Mülheim / Ruhr 13, Tel. (0208) 48 23 16

Freie Waldorfschule Münster, Laerer Landweg 153-157,
4400 Münster, Tel. (0251) 31 47 87

Rudolf Steiner Schule Landschulheim Schloß Hamborn,
4799 Borchen-Schloß Hamborn, Tel. (05251) 389-210

Rudolf Steiner Schule Siegen, Marienborner Straße 151,
5900 Siegen 1, Tel. (0271) 6 13 33

Hiberniaschule, Holsterhauser Straße 70, Postfach 2849,
4690 Herne 2, Tel. (02325) 4 10 81

Widar Schule Wattenscheid, Reiterweg 13,
4630 Bochum 6, Tel. (02327) 7 30 96

Rudolf Steiner Schule Witten, Billerbeckstraße 2,
5810 Witten-Heven, Tel. (02302) 5 10 21

Rudolf Steiner Schule, Schluchtstraße 21,
5600 Wuppertal 2, Tel. (0202) 8 12 33 und 8 09 69

Christian-Morgenstern-Schule, Haderslebener Straße 14,
5600 Wuppertal 2, Tel. (0202) 8 26 44

Kindergärten

Waldorfkindergarten, Lütticher Straße 320,
5100 Aachen, Tel. (0241) 7 84 78

Waldorfkindergarten, Lessingstraße 21,
4800 Bielefeld 1, Tel. (0521) 17 36 77

Waldorfkindergarten, Hauptstraße 238,
4630 Bochum 7, Tel. (0234) 28 44 10

Waldorfkindergarten und Freizeitschule Wattenscheid, Reiterweg 13,
4630 Bochum 6, Tel. (02327) 7 30 96

Waldorfkindergarten, Im Bachele 1,
5300 Bonn-Bad Godesberg, Tel. (0228) 31 19 06

Waldorfkindergarten, Bonner Straße 9,
5303 Bornheim-Roisdorf, Tel. (02222) 41 90

Waldorfkindergarten Datteln, Klostern 26,
4354 Datteln, Tel. (02363) 5 41 37

Waldorfkindergarten, Leopoldstraße 32,
4930 Detmold, Tel. (05231) 3 27 37

Waldorfkindergarten Hörde, Dessauer Straße 32,
4600 Dortmund 1, Tel. (0231) 41 37 35

Waldorfkindergarten, Mergelteichstraße 43,
4600 Dortmund 50, Tel. (0231) 71 07-477

Waldorfkindergarten für Seelenpflege-bedürftige Kinder,
Friedenstraße 4,
4600 Dortmund 1, Tel. (0231) 57 95 73

Waldorfkindergarten, Hesseweg 24,
4600 Dortmund 14, Tel. (0231) 23 20 10

Waldorfkindergarten, Heerdter Landstraße 30,
4000 Düsseldorf 11, Tel. (0211) 50 22 59

Waldorfkindergarten, Moorenstraße 41,
4300 Essen 1, Tel. (0201) 78 77 77

Waldorfkindergarten, Vittinghoffstraße 21,
4300 Essen-Stadtwald, Tel. (0201) 44 02 93

Waldorfkindergarten, Koststraße 8,
4650 Gelsenkirchen-Horst, Tel. (0209) 5 43 33

Waldorfkindergarten, Horsterstraße 82,
4390 Gladbeck, Tel. (02043) 2 11 77

Waldorfkindergarten, Stephanstraße 8,
5800 Hagen 7, Tel. (02331) 4 96 10

Waldorfkindergarten, Am Hessenberg 32,
5804 Herdecke (Ruhr), Tel. (02330) 621

Waldorfkindergarten Herford, Lortzingstraße 4,
4901 Hiddenhausen, Tel. (05221) 6 60 70

Hibernia-Schulkindergarten, Holsterhauser Straße 70,
4690 Herne 2, Tel. (02325) 4 10 81

Waldorfkindergarten, Vorgebirgswall 29,
5000 Köln 1, Tel. (0221) 37 13 99

Waldorfkindergarten, Kaiserstraße 43,
4150 Krefeld, Tel. (02151) 59 62 64

Waldorfkindergarten, Krefelder Straße 379,
4050 Mönchengladbach, Tel. (02161) 66 69 06

Waldorfkindergarten, Toppheideweg 51,
4400 Münster, Tel. (0251) 8 03 73

Waldorfkindergarten, Triftweg 14,
4790 Paderborn-Wewer, Tel. (05251) 9 22 22

Kinderhaus am Häusling, Melanchthonstraße 59,
5900 Siegen, Tel. (0271) 5 49 45

Waldorfkindergarten Seelbach, Schelderberg 9,
5900 Siegen 1, Tel. (0271) 37 10 52

Waldorfkindergarten, Hasencleverweg 13,
5840 Schwerte, Tel. (02304) 4 36 06

Waldorfkindergarten, Billerbeckstraße 40,
5810 Witten, Tel. (02302) 2 20 75

Waldorfkindergarten, Schluchtstraße 21,
5600 Wuppertal 2, Tel. (0202) 8 33 71

Sonderkindergarten im Troxlerhaus, Nommensenweg 12,
5600 Wuppertal 2, Tel. (0202) 8 14 21

Rheinland-Pfalz

Schulen

Freie Waldorfschule Mainz, Merkurweg 2,
6500 Mainz-Finthen, Tel. (06131) 47 20 77 / 78

Freie Waldorfschule, Montessoriweg 11,
5500 Trier, Tel. (0651) 3 50 93

Kindergärten

Waldorfkindergarten Bendorf, Am Schulenberg 13,
5413 Bendorf, Tel. (02622) 1 51 31

Waldorfkindergarten Freie Waldorfschule, Merkurweg 2,
6500 Mainz-Finthen, Tel. (06131) 47 32 97

Pädagogisch-therapeutische Kinderspielgruppe, Talstraße 69,
6731 Franckeneck, Tel. (06325) 27 59

Waldorfkindergarten, Südallee 59,
5500 Trier, Tel. (0651) 4 29 17

Waldorfkindergarten, Montessoriweg 11,
5500 Trier, Tel. (0651) 3 50 93

Saarland

Schulen

Freie Waldorfschule Saar-Pfalz, Parkstraße,
6652 Bexbach, Tel. (06826) 32 60

Freie Waldorfschule Saarbrücken, Großwaldstraße 2,
6623 Altenkessel, Tel. (06898) 8 06 60

Kindergärten

Waldorfkindergarten Schwarzenacker, Zweibrücker Straße 48,
6650 Homburg, Tel. (06848) 489

Waldorfkindergarten Erbach, Steinbachstraße 59,
6650 Homburg, Tel. (06841) 7 21 21

Waldorfkindergarten, Feldmannstraße 67,
6600 Saarbrücken 6, Tel. (0681) 5 11 47

Schleswig-Holstein

Schulen

Freie Waldorfschule Flensburg, Valentiner Allee,
2390 Flensburg, Tel. (0461) 9 70 95

Freie Waldorfschule Kiel, Hofholzallee 20,
2300 Kiel 1, Tel. (0431) 52 38 14

Freie Waldorfschule Lübeck, Dieselstraße 18,
2400 Lübeck, Tel. (0451) 60 10 61 – 63

Freie Waldorfschule, Nobiskrüger Allee 75 – 77,
2370 Rendsburg, Tel. (04331) 50 71

Kindergärten

Waldorfkindergarten Wieseneck, Lübecker Straße 3,
2061 Bliestorf, Tel.(04501) 215

Waldorfkindergarten, Pastorengang 10,
2330 Eckernförde, Tel. (04351) 59 29

Waldorfkindergarten, Schulstraße 58,
2200 Elmshorn, Tel. (04121) 2 46 21

Waldorfkindergarten Flensburg, Emil-Nolde-Straße 31,
2390 Flensburg, Tel. (0461) 5 75 22

Waldorfkindergarten, Sandkuhle 2,
2210 Itzehoe, Tel. (04821) 28 70

Rudolf Steiner Kindergarten für Seelenpflege-bedürftige Kinder,
Esmarchstraße 60,
2300 Kiel 1, Tel. (0431) 8 40 11

Waldorfkindergarten der Freien Waldorfschule, Hofholzallee 20,
2300 Kiel 1, Tel. (0431) 52 38 14

Freier Waldorfkindergarten, Möwenstraße 15,
2302 Molfsee, Tel. (04347) 26 38

Waldorfkindergarten, Dieselstraße 18,
2400 Lübeck, Tel. (0451) 60 10 61

Christophorus Kindergarten, Jürgen-Wullenwever-Straße 3,
2400 Lübeck 1, Tel. (0451) 6 31 12

Waldorfkindergarten, Burgstraße 36,
2430 Neustadt in Holstein, Tel. (04561) 87 78

Waldorfkindergarten, Nobiskrüger Allee 75-77,
2370 Rendsburg, Tel. (04331) 50 71

Waldorfkindergarten «Hoheluft», Felix-Mendelssohn-Straße 8-12,
2370 Rendsburg, Tel. (04331) 2 77 37

Kinderstube Uetersen, Tornescher Weg 70,
2082 Uetersen, Tel. (04122) 4 39 90

180

Österreich

Schulen

Freie Waldorfschule, Stiftingtalstraße 79,
A-8010 Graz, Tel. (0316) 3 13 54

Rudolf Steiner Schule Klagenfurt, Linsengasse 21,
A-9020 Klagenfurt, Tel. (04222) 8 60 43

Freie Waldorfschule, Spittelwiese 8-10,
A-4020 Linz, Tel. (0732) 7 60 96

Rudolf Steiner Schule, Maierwiesweg 7,
A-5023 Salzburg-Langwied, Tel. (06222) 77 06 74

Rudolf Steiner Schule, Endresstraße 100,
A-1238 Wien 23, Tel. (0222) 88 12 75

Rudolf Steiner Schule, Geymüllergasse 1,
A-1180 Wien, Tel. (0222) 47 31 21

Kindergärten

Waldorfkindergarten, Mandellstraße 39 I,
A-8010 Graz

Waldorfkindergarten, Stiftingtalstr. 79,
A-8010 Graz, Tel. (0316) 3 13 54

Waldorfkindergarten Hall, Fuxmagengasse 2,
A-6060 Hall in Tirol

Waldorfkindergarten, Linsengasse 21,
A-9020 Klagenfurt, Tel. (04222) 8 60 43

Verein zur Förderung der Waldorfpädagogik Salzburg,
Fürstenallee 19,
A-5020 Salzburg

Kindergarten nach der Pädagogik Rudolf Steiners, Reisnerstraße 26,
A-1030 Wien,

Kindergarten der Rudolf Steiner Schule, Markgemeindegasse 42,
A-1238 Wien-Mauer

Schweiz

Schulen

Rudolf Steiner Schule «Siehlau», Sihlstraße 23,
CH-8134 Adliswil / ZH, Tel. (01) 7 10 12 42

Rudolf Steiner Schule, Jakobsbergerholzweg 54,
CH-4059 Basel, Tel. (061) 50 62 50

Christophorus Schule, Bührenfluhstraße 20,
CH-4059 Basel, Tel. (061) 50 46 90

Helfenbergschule, Starenstraße 41,
CH-4059 Basel, Tel. (061) 35 07 10

Rudolf Steiner Schule Bern, Ittigenstraße 31,
CH-3063 Ittigen, Tel. (031) 58 18 22

Rudolf Steiner Schule Bern, Effingerstraße 34,
CH-3000 Bern, Tel. (031) 25 38 33

Rudolf Steiner Schule, Rosenheimweg 1,
CH-2502 Biel, Tel. (032) 42 59 19

Rudolf Steiner Schule Chur, Münzweg 20,
CH-7000 Chur, Tel. (081) 22 32 88

Rudolf Steiner Schule Birseck, Wollmattweg 10,
CH-4143 Dornach, Tel. (061) 72 62 90

Rudolf Steiner Schule, Zwinglistraße 25,
CH-9000 St. Gallen, Tel. (071) 22 60 18

Ecole Rudolf Steiner, 213, route d'Aire-la-Ville,
CH-1242 Satigny, Tel. (022) 53 18 48

Heimschule «Schlößli»,
CH-3232 Ins / BE, Tel. (032) 83 10 50

Rudolf Steiner Schule, Bahnhofstraße 15,
CH-8280 Kreuzlingen, Tel. (072) 72 17 10

Ecole Rudolf Steiner de Lausanne, La Longerie,
CH-1110 Morges / VD, Tel. (021) 71 74 94

Rudolf Steiner Schule Oberaargau, Ringstraße 30,
CH-4900 Langenthal, Tel. (063) 22 69 05

Rudolf Steiner Schule Aargau, Alte Bernstraße,
CH-5503 Schafisheim, Tel. (064) 51 76 48

Scuola Rudolf Steiner, Via degli Amadio 1,
CH-6900 Lugano, Tel. (091) 23 98 29

Rudolf Steiner Schule Mayenfels, Schloß Mayenfels,
CH-4133 Pratteln, Tel. (061) 81 22 66

Rudolf Steiner Schule, Vordersteig 24,
CH-8200 Schaffhausen, Tel. (053) 5 95 80

Bergschule Avrona, Rudolf Steiner Schule,
CH-7553 Tarasp bei Scuol, Tel. (084) 9 13 49

Rudolf Steiner Schule, Allmendstraße 75,
CH-4500 Solothurn, Tel. (065) 22 41 12

Rudolf Steiner Schule Berner Oberland, Niederliweg 5,
CH-3700 Spiez, Tel. (033) 54 33 73

Rudolf Steiner Schule Zürcher Oberland, Usterstraße 141,
CH-8621 Wetzikon, Tel. (017) 930 77 97

Rudolf Steiner Schule, Maienstraße 15,
CH-8406 Winterthur, Tel. (052) 22 19 97

Rudolf Steiner Schule, Plattenstraße 37,
CH-8032 Zürich, Tel. (01) 2 51 45 02

Rudolf Steiner Schule Zug, Asylstraße 15,
CH-6340 Baar, Tel. (042) 31 30 77

Kindergärten

Rudolf Steiner Schulverein, Postfach 672,
CH-5001 Aarau

Kindergarten der Rudolf Steiner Schule Bern, Ittigenstraße 31,
CH-3063 Ittigen

Kindergarten der Rudolf Steiner Schule, Schützengasse 54,
CH-2502 Biel

Waldorfkindergarten, Hügelweg,
CH-4143 Dornach

Freier Kindergarten Dornach, Hauptstr. 20,
CH-4143 Dornach

Jardin d'Enfants Rudolf Steiner, 15, Chemin des Ouches,
CH-1203 Genève

Rudolf Steiner Kindergarten, Bärenstraße 30,
CH-8280 Kreuzlingen

Arbeitskreis Rudolf Steiner Schule Oberaargau, Postfach,
CH-4900 Langenthal

Ecole Rudolf Steiner, Chemin de la Cigale 27,
CH-1010 Lausanne-Vennes

Waldorfkindergarten, Berglistraße 42,
CH-6003 Luzern

Rudolf Steiner Kindergarten, Wassergasse 19,
CH-4900 Solothurn

Wirtschaft

GLS Gemeinschaftsbank e.G.

Oskar-Hoffmann-Straße 25, 4630 Bochum, Tel. (0234) 3 76 53
Vorstand: Walter Burkart, Albert Fink, Rolf Kerler, Gisela Reuther,
Gerhard Waterstradt

Die GLS («Gemeinschaft für Leihen und Schenken auf der Grundlage von Sparprozessen») wurde 1973 gegründet und ist ihrer Rechtsform nach eine Genossenschaft. Gegenstand des Unternehmens ist die Ausführung von Bankgeschäften im Sinne des Kreditwesengesetzes. Dabei geht es, gemäß der Satzung, nicht um die Gewinnerzielung für ein einzelnes Mitglied oder für die Genossenschaft, sondern um gegenseitige Hilfe. Die Bank sieht ihre Hauptaufgabe darin, als Vermittler von finanziellen Patenschaften und Stifter von finanziellen Solidargemeinschaften (Wirtschafts-Gemeinschaften, speziell Landwirtschaftsgemeinschaften, Leihgemeinschaften, Kapitalgemeinschaften, Grundstücks- und Gebäudegemeinschaften) aufzutreten. 1982 hatte die Bank ein haftendes Eigenkapital von 5,9 Millionen Mark und Spareinlagen von 49 Millionen Mark, 1977 betrugen die entsprechenden Summen 3 Millionen Mark beziehungsweise 22 Millionen Mark. Der Bank angegliedert sind die Gemeinnützige Kredit-Garantiegenossenschaft (GKG) und die Gemeinnützige Treuhandstelle. Die GKG übernimmt Bürgschaften für anthroposophische Einrichtungen (Waldorfschulen, Kindergärten, etcetera) sowie für anthroposophisch orientierte Solidargemeinschaften. 1982 betrug das haftende Eigenkapital 3,15 Millionen Mark. Die Gemeinnützige Treuhandstelle ist eingerichtet worden, um geschenktes Geld treuhänderisch für anthroposophische Einrichtungen zu verwenden. Bank, GKG und Treuhandstelle bilden in Bochum eine Bürogemeinschaft. Die Geschäfte der Bank werden in Personalunion mit der GKG und der Treuhandstelle geführt. Seit 1982 unterhält die Bank eine Zweigstelle: GLS Gemeinschaftsbank e.G., Haußmannstraße 50, 7000 Stuttgart 1.

Unternehmensverband Aktion Dritter Weg e.V.

Schwanenwik 32, 2000 Hamburg 76, Tel. (040) 2 50 99 99
Präsidium: Michael Bader, Wilfried Heidt, Rudolf Saacke
Geschäftsführer: Jochen Abeling

Der Unternehmensverband wurde 1977 gegründet. Vorausgegangen waren die Jahreskongresse «Dritter Weg» 1973-1975 in Achberg, auf denen eine Alternative zu Kapitalismus und Kommunismus diskutiert wurde. Im Verband arbeiten eine Reihe von Betrieben zusammen, die modellhaft die von Rudolf Steiner entwickelte soziale Dreigliederung in die Praxis umsetzen wollen. Die Aktion Dritter Weg betrachtet sich selbst als ein inner- und überbetriebliches Selbstverwaltungsmodell

Unternehmensverband der Aktion Dritter Weg

Stiftungsverein als unternehmerisch-passiver Eigentümer
CCS GmbH als unternehmerisch-aktives, selbstbestimmt handelndes Unternehmen

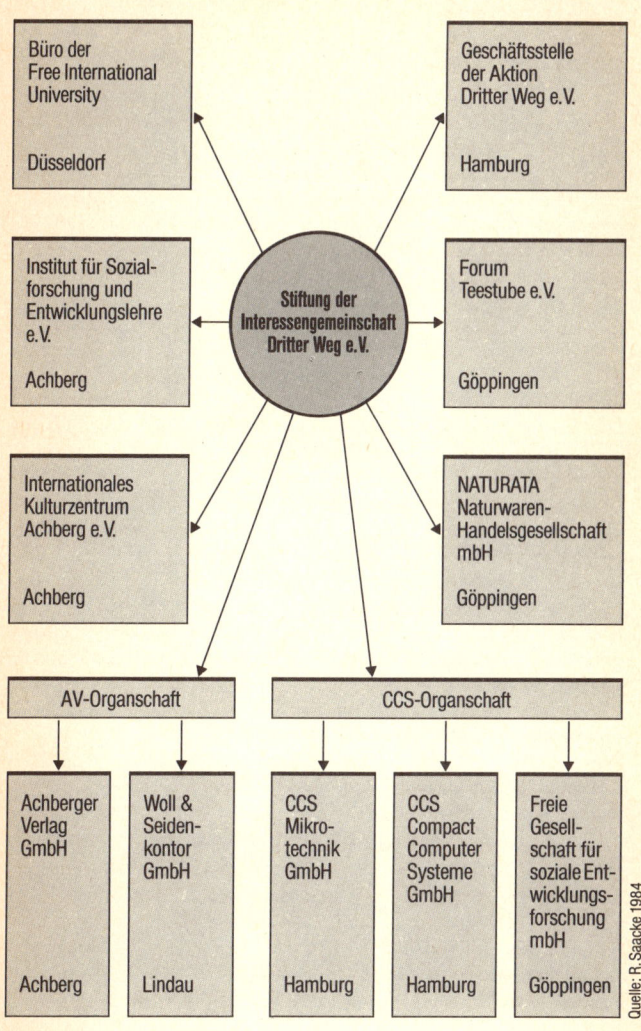

Büro der
Free International
University

Düsseldorf

Geschäftsstelle
der Aktion
Dritter Weg e.V.

Hamburg

Institut für Sozial-
forschung und
Entwicklungslehre
e.V.

Achberg

**Stiftung der
Interessengemeinschaft
Dritter Weg e.V.**

Forum
Teestube e.V.

Göppingen

Internationales
Kulturzentrum
Achberg e.V.

Achberg

NATURATA
Naturwaren-
Handelsgesellschaft
mbH

Göppingen

AV-Organschaft

CCS-Organschaft

Achberger
Verlag
GmbH

Achberg

Woll &
Seiden-
kontor
GmbH

Lindau

CCS
Mikro-
technik
GmbH

Hamburg

CCS
Compact
Computer
Systeme
GmbH

Hamburg

Freie
Gesell-
schaft für
soziale Ent-
wicklungs-
forschung
mbH

Göppingen

Quelle: R. Saacke 1984

mit folgenden Zielen: Erstens wird ein Ausgleich von Gewinnen und Verlusten zwischen den zusammenarbeitenden Betrieben angestrebt; zweitens wird jeder Betrieb selbstverwaltet; drittens ist eine Einkommensobergrenze für alle Mitglieder festgelegt, die nach Familienstand und Zahl der Kinder variieren kann (zur Zeit beträgt die Grenze für Alleinstehende brutto 40 000 Mark im Jahr). Die Stiftung der Interessengemeinschaft Dritter Weg als gemeinnütziger Verein ist Träger der Vermögenswerte der im Unternehmensverband zusammengeschlossenen Betriebe. Mehrere Betriebe haben sich zu Organschaften vereinigt, die durch Ergebnisabführungsverträge steuerrechtlich eine Einheit bilden.

Anthroposophische Verlage

Rudolf Steiner Verlag
Haus Doldeck, CH-4143 Dornach, Tel. (061) 72 25 11

Schwerpunkte: Gesamtausgabe der Werke Rudolf Steiners aufgrund des Nachlaß-Archivs; Taschenbuchreihe. Insgesamt etwa 600 lieferbare Titel.

Verlag Freies Geistesleben
Haußmannstraße 76, 7000 Stuttgart 1, Tel. (0711) 28 32 55

Schwerpunkte: Schriftenreihen, die von der Anthroposophischen Gesellschaft und vom Bund der Freien Waldorfschulen herausgegeben werden. Insgesamt etwa 400 lieferbare Titel.

Verlag Urachhaus
Urachstraße 41, 7000 Stuttgart 1, Tel. (0711) 26 05 89

Schwerpunkte: Publikationen der «Christengemeinschaft»; Veröffentlichungen der Universität Witten/Herdecke; erste wissenschaftliche Gesamtausgabe der Werke Christian Morgensterns. Insgesamt etwa 250 lieferbare Titel.

Philosophisch-Anthroposophischer Verlag am Goetheanum
Goetheanum,
CH-4143 Dornach, Tel. (061) 72 11 16

Schwerpunkte: Schriften der Allgemeinen Anthroposophischen Gesellschaft sowie der Sektionen der Freien Hochschule für Geisteswissenschaft. Insgesamt etwa 250 lieferbare Titel.

Novalis-Verlag
Hohlenbaumstraße 13, CH-8201 Schaffhausen, Tel. (053) 4 12 45

Schwerpunkte: Kinderbücher, pädagogische und musikwissenschaftliche Veröffentlichungen. Insgesamt etwa 100 lieferbare Titel.

Wissenschaft und Bildung

Universität Witten/Herdecke
Ruhrstraße 70, Postfach 2480, 5810 Witten (Ruhr),
Tel. (02302) 5 70 62/63.

Am 13. Juli 1982 wurde die Universität Witten/Herdecke als erste
nicht-staatliche Hochschule der Bundesrepublik Deutschland von der
Landesregierung Nordrhein-Westfalens anerkannt und am 30. April
1983 mit der Aufnahme des Studienbetriebes im Fach Medizin eröffnet.
Gründungspräsident war der Mitte 1983 verstorbene Privatdozent Gerhard Kienle. Die Gründungsidee war aus einem Zusammenschluß internationaler, mehrheitlich anthroposophisch orientierter Wissen-
schaftler zu einer «Freien Europäischen Akademie der Wissenschaf-
ten» entstanden, die 1977 ein Konzept zu einer Hochschule vorlegte.
1980 folgte die Verabschiedung einer Satzung und die Gründungsver-
sammlung für einen Universitätsverein.

Nach der Aufnahme des medizinischen Studienbetriebes 1983 im
Gemeinschaftskrankenhaus Herdecke wurde im gleichen Jahr der
Grundstein für eine Poliklinik der Zahn-, Mund- und Kieferheilkunde
gelegt sowie ein Institut für klinisch-morphologische Forschung gegründet. Für 1984 ist der Aufbau von Forschungs- und Lehreinrichtun-
gen für Chemie, Physik und Biologie vorgesehen. Gleichzeitig soll mit
dem Studium der Zahnmedizin und der Wirtschaftswissenschaften begonnen werden. Physik und Chemie sollen 1985 folgen. In Planung sind
die Studienfächer Biologie (im Verband mit Landwirtschaft und Ökotechnik), Veterinärmedizin, Jura, Mathematik, Orientalistik, Inge-
nieurwissenschaften, Philosophie und Sprachen. Nach dem nordrhein-
westfälischen Gesetz über die wissenschaftlichen Hochschulen hat die
freie Hochschule keinen Anspruch auf staatliche Finanzierung. Durch
Spenden soll sichergestellt werden, daß die Studenten nicht mehr zahlen müssen als an staatlichen Hochschulen. Ein Kuratorium hat sich die
Aufgabe gestellt, die finanzielle Unabhängigkeit der Universität zu sichern. Ihm gehören fast ausschließlich Personen aus Industrie- und
Wirtschaftskreisen an.

Mitgliederliste: Dr. Hans-Helmut Kuhnke (Vorsitzender),Vor-
standsvorsitzender Ruhrkohle AG i.R.; Dr. Ludwig Bölkow, Mitinha-
ber der MBB; Dr. Christian Draeger, Vorstand Draeger-Werk AG;
Wolfgang Habig, Vorstandsvorsitzender Westfalia Separator AG; Dr.
Alfred Herrhausen, Vorstandsmitglied der Deutschen Bank AG; Rudolf Judith, Vorstandsmitglied der IG Metall; Dr. Helmut Keßler, Ge-
schäftsführender Präsident des Westfälisch-Lippischen Sparkassen-
und Giroverbandes; Ulrich Kleiner, Staatssekretär im Ministerium für

Studienplan Medizin der Universität Witten/Herdecke

Lehrstoff	ERSTER STUDIENABSCHNITT 1.–6. TRIMESTER (2 JAHRE)					
	I	II	III	IV	V	VI
Allgemeiner klinischer Untersuchungs-Kurs		●80				
Anatomie	■48	■64	■45	■48	●80	
Anthropologie und Evolutionslehre		■32				
Biologie	■48 ●36					
Biomathematik und Statistik					■20	
Chemie und Biochemie			●70 ■20	■48		
Embryologie					■20	
Erste Hilfe				●24		
Gesundheitssysteme					■20	
Krankengymnastik			●18	●36		
Mathematik	■24					
Medizinische Propädeutik					■30	
Medizinische Psychologie und Soziologie				■48		
Medizinische Termin- u. Begriffsgeschichte				■24		
Mikroskopische Anatomie				●72		
Physik und Biophysik		■56		●72		
Physiologie		■20 ●70	■40 ●140		■50	
Physiologische Chemie					■20 ●70	
Klinische Chemie und Hämatologie	●110 ■70					
Psycho-Soziales Praktikum	■50 ●142					
Philosophische Grundlagen der Medizin	●72					
Erkenntnistheorie		■16				
Logik, Disputationskurs			■27			
Geistes-/Wissenschaftsgeschichte			■36			
Geschichte der Medizin					■20	
Denkmodelle der Wissenschaft					■30	
Etymologie und Sprachlehre		■16				

VI: Vorbereitung auf das erste Examen

■ = Seminar/Vorlesung   ● = Praktikum   (Angaben jeweils in Stunden)

Wissenschaft und Forschung des Landes Nordrhein-Westfalen; Hans-Joachim Knieps, Vorstandsmitglied der Bank für Gemeinwirtschaft AG; Prof. Dr.-Ing. Klaus Knizia, Vorstandsvorsitzender der VEW AG; Rolf Meyer, Geschäftsführer der Westdeutschen Lotterie-GmbH & Co; Dr. Egon Overbeck, Vorstandsvorsitzender der Mannesmann AG; Ernst-Günter Plutte, Vorsitzender der Arbeitgeberverbände Wuppertal e.V.; Dr. Detlev Rohwedder, Vorstandsvorsitzender der Hoesch AG; Dieter Wendelstadt, Vorstandsvorsitzender der Colonia Versicherung AG; Reinhard Wiederhold, Stadtkämmerer Stadtverwaltung Witten; Günter Zimmermann, Vorstandsmitglied der AVU AG.

Friedrich von Hardenberg Institut für Kulturwissenschaften
Hauptstraße 59, 6900 Heidelberg, Tel. (06221) 2 84 85

Das Forschungs- und Bildungsinstitut entstand 1978 in Zusammenarbeit mit dem regionalen Arbeitszentrum Frankfurt der Anthroposophischen Gesellschaft und einer Heidelberger Studentengruppe. Schwerpunkt der Forschung ist zur Zeit: «Entstehung und Entwicklung des Bewußtseins im Zeitalter der Naturwissenschaft». Zusammen mit der Freien Waldorfschule Heidelberg werden Kurse für Anthroposophie und Waldorf-Pädagogik angeboten, die für Studenten und Berufstätige zum ersten Kennenlernen der Anthroposophie gedacht sind. Daneben werden Seminare und Lehrgänge angeboten. Für Studenten der geisteswissenschaftlichen Fächer ist von Mitarbeitern des Instituts ein Begleitstudium «Philosophie und Kulturwissenschaften» eingerichtet worden. Kontaktadressen: Nicholas Dodwell, Kurze Straße 1, 7800 Freiburg, Tel. (0761) 6 95 89; Thymian Immler, Lotzestraße 6, 1000 Berlin 45; Valeria Schneider, Neufferstraße 1, 8400 Regensburg, Tel. (0941) 5 88 47; Dr. Thomas Kracht, Hardenberg Institut, Hauptstraße 59, 6900 Heidelberg, Tel. (06221) 2 84 85.

Das Institut beschäftigt drei hauptamtliche wissenschaftliche Mitarbeiter und wird kollegial geleitet. Es finanziert sich aus Zuschüssen des Trägervereins, der «Heidelberger Gesellschaft zur Förderung der Kulturwissenschaften e.V.», aus Beiträgen der Teilnehmer, Zuwendungen des anthroposophischen Arbeitszentrums Frankfurt sowie Spenden und zinslosen Darlehen.

Institut für soziale Gegenwartsfragen e.V.
Prinz-Eugen-Straße 16, 7800 Freiburg, Tel. (0761) 7 77 48

Die Gründung des Instituts 1963 in Berlin war initiiert von der «Berliner Gruppe 1958», einem Zusammenschluß anthroposophisch orientierter Studenten. 1975 wurde die Geschäftsstelle nach Freiburg verlegt. Zur Zeit hat das Institut folgende Forschungsschwerpunkte: assoziative Wirtschaftsordnung, soziale Eigentumsordnung, anthroposo-

189

phisch fundierte Wirtschaftswissenschaft, Friedensforschung. Jährlich werden zwei bis drei Kolloquien veranstaltet. Publiziert werden die Schriftenreihen «Das soziale Rätsel», «Fallstudien», «Bausteine für eine soziale Zukunft».

Anthroposophische Jugend- und Studentengruppen

Im deutschsprachigen Raum gibt es zur Zeit rund 60 anthroposophische Studentengruppen. Sie sind in den meisten Universitätsstädten vertreten. In Arbeitsgruppen, Seminaren, Tagungen und öffentlichen Vorträgen werden wissenschaftliche Themen besprochen, aber auch künstlerische Übungen durchgeführt. Das Spektrum reicht von der Erkenntnistheorie, Philosophie, Pädagogik, Medizin, Geschichte, Naturwissenschaft bis zur Eurythmie, Sprachgestaltung und zum Plastizieren. Neben Studenten sind Schüler und junge Berufstätige vertreten. Kontakte und Informationen vermitteln folgende Gruppen:

Anthroposophische Hochschulgruppe, Studentenhaus Bornstraße, Bornstraße 11, 1000 Berlin 41;

Anthroposophischer Studentenkreis, Heinestraße 2, 6000 Frankfurt 1, Tel. (0611) 58 16 92 und 59 22 26;

Anthroposophische Studentengruppe, Mittelweg 147, 2000 Hamburg 13, Tel. (040) 4 10 40 06;

Anthroposophische Studentengruppe, Studentenheim Bavariastraße, Bavariastraße 6a, 8000 München 2, Tel. (089) 7 25 34 79;

Anthroposophische Studentengruppe, Johann-Gottlieb-Fichte-Haus, Herrenbergerstraße 40, 7400 Tübingen, Tel. (07071) 4 91 27 (Büro) und 21 14 21 (Haus);

Initiativkreis für das Geistesstreben der Jugend in Österreich, Tilgnerstraße 3, A-1040 Wien, Tel. (0222) 65 32 07.

Alanus-Hochschule der musischen und bildenden Künste
Johannishof, 5305 Alfter b. Bonn, Tel. (02222) 37 13.

Träger der Hochschule ist die 1971 gegründete «Alanus-Gesellschaft – Verein zur Förderung einer freien Kunsthochschule e.V.». Die Finanzierung wird bestritten aus Studiengebühren, Zuschüssen des Staates, Spenden, Mitgliedsbeiträgen der Alanus-Gesellschaft sowie zinslosen Darlehen der gemeinnützigen Genossenschaft «Freie Kunsthochschule am Johannishof e.G.». Die Hochschule gliedert sich in die Fachbereiche: Architektur, Bildhauerei, Malerei, Musik, Eurythmie, Sprachgestaltung und Schauspiel. Das drei bis vier Jahre dauernde Grundstudium setzt sich zusammen aus dem gewählten Fachstudium und aus Basiskursen, in denen die Studenten in die anderen Fachbereiche sowie allgemein in das anthroposophische Lehrgebäude eingeführt werden. Ein anschließendes Aufbaustudium von ein bis zwei Jahren führt in folgende Berufsrichtungen: 1. Freie Kunst (zum Beispiel Rezitator,

190

Schauspieler, Musiker); 2. Kunstpädagogik; 3. Künstlerische Therapie (zum Beispiel Sprachgestaltungstherapeut); 4. Kunst im sozialen Bereich (zum Beispiel im Strafvollzug, in der Altenfürsorge).

Der Hochschule angegliedert ist eine Schreinerei, eine Glaswerkstatt, eine Metallwerkstatt, ein Therapeutikum, wo künstlerische Therapien durchgeführt werden, sowie ein selbständig arbeitendes Architekturbüro und ein biologisch-dynamischer Gemüse- und Obstgarten.

Freie Kunst-Studienstätte Ottersberg
Am Wiestebruch 66 – 68, 2802 Ottersberg 1, Tel. (04205) 596.
Sprecherin (für Vorstand und Dozentenkollegium): Rose Maria Pütz

Die Studienstätte wurde 1967 als «Private Hochschule für das soziale Wirken der Kunst» gegründet und 1974 als Ergänzungs- und Berufsfachschule anerkannt; damit besteht für die Studierenden die Möglichkeit, Bafög-Mittel in Anspruch zu nehmen. Träger der Schule ist die «Vereinigung der Rudolf-Steiner-Studien- und Arbeitsstätten für das soziale Wirken der Kunst». 280 Studienplätze stehen zur Verfügung. In einem vierjährigen Studium werden Plastiker, Grafiker und Maler mit dem Abschluß-Diplom als Kunstpädagoge oder Kunsttherapeut ausgebildet. Arbeitsmöglichkeiten bestehen in den Bereichen Sonder- und Heilpädagogik, Fürsorgeerziehung, Psychiatrie, Resozialisierung und Altenfürsorge sowie bei der Therapie von Rekonvaleszenten und Drogenabhängigen. Die Studiengebühren betragen pro Trimester 840 Mark. Studienbewerber, Therapiebedürftige und Berufstätige können an künstlerischen Kursen oder als Gasthörer an Seminaren teilnehmen.

Medizin

Gesellschaft anthroposophischer Ärzte e.V.

Trossinger Straße 53, Postfach 75 02 21, 7000 Stuttgart 75, Tel. (0711) 47 15 01.

Sekretariat: Susanne Donato; geschäftsführendes Vorstandsmitglied: Dr.med. Jürgen Schürholz c/o Filderklinik, Haberschlaiheide 7, 7024 Filderstadt 4, Tel. (0711) 77 03 450.

Die Gesellschaft ging 1977 aus der 1953 gegründeten «Arbeitsgemeinschaft anthroposophischer Ärzte e.V.» hervor. Sie sieht in der Lehre Rudolf Steiners eine wissenschaftliche Methode, Erkenntnisse über Zusammenhänge des Geistigen im Menschen mit seinem Organismus sowie mit den Krankheits- und Heilungsvorgängen zu gewinnen. Sie bildet Ärzte, Zahnärzte, Tierärzte und Apotheker fort und betreut Arbeitsgruppen anthroposophisch interessierter Medizinstudenten. Weiterhin fördert sie auf anthroposophischer Grundlage produzierte Arzneimittel und die Verbreitung nicht-medikamentöser therapeutischer Methoden (zum Beispiel Heileurythmie) und vertritt die von ihr propagierten medizinischen Auffassungen gegenüber Krankenkassen, Behörden und Gerichten. In Kursen, Seminaren und Tagungen werden Medizinstudenten und junge Ärzte in die anthroposophisch orientierte Medizin eingeführt. Die Gesellschaft gibt die Zeitschrift «Beiträge zu einer Erweiterung der Heilkunst» heraus.

Verein für ein erweitertes Heilwesen e.V.

Johannes-Kepler-Straße 58, 7263 Bad Liebenzell 3-Unterlegenhardt, Tel. (07052) 567, 2034, 2035.

Der 1953 gegründete Verein ist eine Laienorganisation, die in der Öffentlichkeit für ein besseres Verständnis der anthroposophischen Medizin und die Förderung naturgemäßer Heilmethoden eintritt – mit Vorträgen, Wochenendseminaren, Tagungen und der Herausgabe von regelmäßigen Informationen («Soziale Hygiene – Merkblätter zur Gesundheitspflege im persönlichen und sozialen Leben»). Daneben betreut der Verein Arbeitsgruppen und Patienteninitiativen in folgenden Orten: Hamburg, Kiel, Kassel, Marburg, Dortmund, Bonn, Herdecke, Frankfurt, Dreieich, Darmstadt, Oberursel, Heidelberg, Stuttgart, Winterbach, Göppingen, Tübingen, Badenweiler, Schopfheim, München, Puchheim, Nürnberg, Hannover, Bochum, Wuppertal, Filderstadt, Karlsruhe, Ettlingen, Pforzheim, Freiburg. Weiter zählt der Verein zu seinen Aufgaben: Neugründung, Ausbau und Förderung anthroposophischer Kliniken, Sanatorien und anderer therapeutischer Einrichtungen; Förderung der Aus- und Weiterbildung von Ärzten und aller im anthroposophischen Heilwesen Berufstätigen und Studierenden durch Stipendien und Spenden. Der Verein ergänzt in dieser Hinsicht die Gesellschaft anthroposophischer Ärzte, mit der er eng zusammenarbeitet.

Berufsverband Heileurythmie e.V.
Heubergstraße 15, 7000 Stuttgart 1, Tel. (0711) 28 29 27.

Die Heileurythmie ist eine Bewegungstherapie. Sie wird in der Regel in Einzelbehandlung, seltener in kleinen Patientengruppen ausgeübt. Die Heileurythmisten sind in eine Reihe von medizinischen Fachgebieten tätig: Kinderheilkunde, Innere Medizin, Augenheilkunde, Neurologie, Psychiatrie, Orthopädie, Chirurgie, Frauenheilkunde. Sie arbeiten in anthroposophisch ausgerichteten Kliniken, Sanatorien und Kurheimen, in heilpädagogischen Einrichtungen und Waldorfschulen sowie in ärztlichen und heileurythmischen Praxen.

Die Ausbildung dauert eineinhalb Jahre (drei Trimester) und findet am Verbandssitz in Stuttgart statt. Eine (vierjährige) abgeschlossene Grundausbildung in Eurythmie wird vorausgesetzt. Die Studiengebühren betragen pro Trimester 800 Mark.

Berufsverband Künstlerische Therapie auf anthroposophischer Grundlage e.V.
Urachstraße 40 a, 7800 Freiburg, Tel. (0761) 716 58.

Die Kunsttherapie versteht sich als Bestandteil der anthroposophischen Medizin und bemüht sich, durch künstlerisches und therapeutisches Arbeiten die Selbstheilungskräfte zu beleben und zu fördern. Die etwa 170 zur Zeit in der Bundesrepublik tätigen Kunsttherapeuten arbeiten in Kliniken, Sanatorien, Rehabilitationszentren, als frei niedergelassene Kunsttherapeuten in Kooperation mit Ärzten, in Schulen und heilpädagogischen Einrichtungen. Es gibt die Arbeitsgebiete Maltherapie, Sprachtherapie, plastisch-therapeutisches Gestalten und Eurythmie.

Für jede dieser Fachrichtungen existiert ein spezifischer Ausbildungsgang: Studium des künstlerischen Faches dreieinhalb bis viereinhalb Jahre und Studium der medizinisch-therapeutischen Grundlagen ein bis eineinhalb Jahre. Zur Ausbildung gehört außerdem ein Anerkennungsjahr unter der Mentorenschaft eines Therapeuten und eines Arztes.

Rudolf-Steiner-Seminar für Heilpädagogik
Michael-Hörant-Weg 6, 7325 Bad Boll, Tel. (07164) 3149 und 3121.

Heilpädagogik auf anthroposophischer Grundlage gibt es seit dem Jahre 1924. Heilpädagogen sind unter anderem tätig in Heil- und Erziehungsinstituten für Kinder und Jugendliche, heilpädagogischen Tagesstätten, Kindergärten, Erziehungsberatungsstellen, Kinder- und Jugendheimen.

Die Ausbildung gliedert sich in eine dreijährige Grundausbildung in bestimmten anthroposophisch ausgerichteten Heil- und Erziehungsinstituten und in ein dreisemestriges Studium am Seminar. Nach Abschluß des Studiums und einer einjährigen Berufsbewährung erteilt die Medizinische Sektion der Freien Hochschule für Geisteswissenschaft die Berechtigung, selbständig heilpädagogisch tätig zu sein.

Gemeinnütziges Gemeinschaftskrankenhaus Herdecke
Beckweg 4, 5804 Herdecke/Ruhr, Tel. (02330) 621.

Das Akutkrankenhaus ist seit Gründung der Universität Witten/ Herdecke (1.5.1983) auch deren Klinikum. Es verfügt zur Zeit über 440 Betten und folgende medizinische Abteilungen: Innere Medizin, Röntgenologie, Geburtshilfe und Gynäkologie, Chirurgie, Kinderheilkunde, Neurologie, Psychiatrie, Physikalische Therapie, Künstlerische Therapie (Heileurythmie, Maltherapie, Musiktherapie). Angeschlossen ist ein Ausbildungsinstitut für Krankenpflege. Das Krankenhaus ist für alle Kassen zugelassen; der Pflegesatz beträgt zur Zeit 230,80 Mark. Privathonorare für ärztliche Behandlungen werden unmittelbar dem Gemeinschaftskrankenhaus zugeführt.

Klinik Öschelbronn – Krankenhaus für Innere Krankheiten
Am Eichhof, 7532 Niefern-Öschelbronn 2, Tel. (07233) 680.

Die Gründung des Krankenhauses im Jahr 1975 geht auf die Initiative der Gesellschaft zur Förderung der Krebstherapie e.V. und des Carl Gustav Carus-Instituts zurück. Die Klinik verfügt über 70 Betten. Aufgenommen werden Patienten mit Erkrankungen aus dem Bereich der Inneren Medizin: akute und chronische Entzündungen, Krankheiten der Atmungsorgane, Herz- und Kreislauferkrankungen, Rhythmusstörungen, Stoffwechsel- und Verdauungskrankheiten, Krankheiten der Wirbel und Gelenke, Geschwulsterkrankungen. Das besondere Interesse gilt der Krebstherapie. Die wirtschaftliche Leitung liegt bei einer kollegial arbeitenden Klinikkonferenz. Das Krankenhaus ist für alle Kassen zugelassen; der Pflegesatz beträgt zur Zeit 225,87 Mark.

Ita Wegman Klinik
Pfeffingerweg 1 / Stollenrain, CH-4144 Arlesheim, Tel. (061) 721 011.

1921 gründete die holländische Ärztin Ita Wegman auf Anregung Rudolf Steiners die Klinik in Arlesheim in der Schweiz. Das «Klinisch-Therapeutische Institut Arlesheim», wie es ursprünglich hieß, sollte zugleich auch Forschungszentrum einer anthroposophisch orientierten Medizin und Ausbildungsstätte für Ärzte und Krankenschwestern sein. Viele Heilmittel der Weleda AG wurden hier entwickelt beziehungsweise erprobt. Die Klinik verfügt über 60 Betten. Behandelt werden sämtliche innere Krankheiten sowie neurologische und dermatologische Erkrankungen. 1936 wurde als Dependance das Kurheim Casa Andrea Christoforo in Ancona/Tessin begründet. Angeschlossen ist der Klinik auch das heilpädagogische Institut «Kinderheim Sonnenhof» in Arlesheim mit insgesamt 130 internen und externen Plätzen. Zugelassen ist die Klinik für Schweizer Krankenkassen, teilweise auch für Krankenkassen anderer Länder; der Pflegesatz beträgt zur Zeit zwischen 228 und 318 Schweizer Franken.

Ausbildungsmöglichkeiten: Ein einjähriger Fortbildungskurs für diplomierte Krankenschwestern führt in die speziellen Heil- und Pflegemethoden der anthroposophisch orientierten Medizin ein. Daneben bestehen Praktikantenstellen für Assistenzärzte, Heileurythmisten und Maltherapeuten.

Filderklinik – Gemeinnütziges Gemeinschaftskrankenhaus
Haberschlaiheide, 7024 Filderstadt 4, Tel. (0711) 770 31.

Das Akutkrankenhaus wurde 1975 eröffnet. Es verfügt zur Zeit über 209 Betten und folgende medizinische Abteilungen: Anästhesie, Chirurgie, Frauenheilkunde und Geburtshilfe, Innere Medizin, Kinderheilkunde, Röntgenologie, künstlerische Therapie und Psychosomatik. Die Klinik ist für alle Kassen zugelassen; der Pflegesatz beträgt zur Zeit 265,30 Mark. Die einzelnen medizinischen Fachabteilungen sind zur Facharztweiterbildung zugelassen. Seit 1982 besteht eine Krankenpflegeschule mit dreijähriger Ausbildung.

Friedrich Husemann-Klinik – Fachklinik für Psychiatrie und Neurologie
7801 Buchenbach bei Freiburg i. Br., Tel. (07661) 833.

Der Arzt Friedrich Husemann begann 1925 mit der klinisch-psychiatrischen Arbeit auf anthroposophischer Grundlage, seit 1930 leitete er in Buchenbach das Privatkrankenhaus «Sanatorium Wiesneck e.V.». Nach seinem Tod, 1959, führte der gemeinnützige Verein «Friedrich Husemann-Klinik e.V.» die Arbeit weiter. Heute stehen in zwei Klinikgebäuden 100 Krankenbetten zur Verfügung. In der Klinik werden psychotische und psychoreaktive Erkrankungen sowie in beschränkter Anzahl auch psychosomatische und organische Nervenleiden behandelt. Neben den bewährten Medikamenten und Behandlungsmethoden der Schulmedizin und Homöopathie werden bespielen die von der anthroposophischen Medizin entwickelten Heilmittel und -verfahren angewendet. Einen breiten Raum im Behandlungsplan nehmen die Heileurythmie und die künstlerischen Therapien ein. Die Klinik ist für alle Kassen zugelassen; der Pflegesatz beträgt 175,50 Mark.

Ausbildungsmöglichkeiten: ein Jahr Facharztausbildung in Psychiatrie; Fortbildungskurs für examinierte Pflegekräfte in anthroposophisch erweiterter Psychiatrie; psychiatrische Spezialausbildung für Krankenpflegeschüler des Gemeinschaftskrankenhauses Herdecke und der Filderklinik; Pflegepraktika und Famulaturen von Medizinstudenten; Anerkennungspraktika in den künstlerischen Therapien.

Paracelsus-Krankenhaus
Burghaldenweg 60, 7263 Bad Liebenzell-Unterlengenhardt, Tel. (07052) 2041.

Das Krankenhaus wird seit 1970 als eine interne Klinik geführt. Es verfügt zur Zeit über 72 Betten. Aufgenommen werden Patienten mit akuten und chronischen internen Erkrankungen sowie Krankheiten aus den Bereichen Neurologie, Dermatologie, Gynäkologie, Orthopädie. Es werden angewendet: Heileurythmie, künstlerische Therapie, medizinische Bäder und rhythmische Massagen. Alle Diätformen werden auf der Grundlage von Demeter-Produkten verabreicht. Die Klinik wird von einem Ärztekollegium geleitet. Sie ist für alle Kassen zugelassen; der Pflegesatz beträgt zur Zeit 151,42 Mark. Ausbildungsmöglichkeiten bestehen für: Praktikanten in der Pflege, Heileurythmie, Maltherapie, physikalischen Therapie, Hauswirtschaft und Küche; Schwesternschülerinnen der Krankenpflegeschule Filderklinik; Medizinstudenten als Pflegepraktikanten und Famuli.

Lukas Klinik
Brachmattstraße 19, CH-4144 Arlesheim, Tel. (061) 72 33 33.

Rechtsträger der Spezialklinik zur Behandlung Geschwulstkranker nach anthroposophischen Heilmethoden ist der Verein für Krebsforschung in Arlesheim in der Schweiz. Es werden vornehmlich Tumorpatienten bei Beginn der Erkrankung behandelt. Die Klinik wurde 1963 eröffnet und hat zur Zeit 45 Betten. Sie ist für alle Schweizer Krankenkassen zugelassen, teilweise auch für Krankenkassen anderer Länder; der Pflegesatz beträgt zur Zeit zwischen 320 und 460 Schweizer Franken.

Ausbildungsmöglichkeiten: Die Fortbildungsstätte Lukas Klinik wurde 1970 eröffnet. Sie ist der Medizinischen Sektion der Freien Hochschule für Geisteswissenschaft am Goetheanum in Dornach angeschlossen. Jährlich werden zwei Seminare abgehalten, die jeweils drei Monate dauern. Außerdem besteht die Möglichkeit zur Aufnahme von Medizinstudenten.

Weleda AG
CH-4144 Arlesheim, Tel. (061) 72 41 41.
Zweigniederlassung in Deutschland: Möhlerstraße 3, Postfach 1309/ 1320, 7070 Schwäbisch Gmünd, Tel. (07171) 60 50.

196

Das Pharmazie- und Kosmetik-Unternehmen wurde 1921 auf Initiative von Rudolf Steiner begründet. Aktionäre sind mehr als 600 zur anthroposophischen Bewegung zählende Organisationen und Einzelpersonen. 1982 wurden im Werk Arlesheim (etwa 100 Beschäftigte) 13 Millionen Mark und in Schwäbisch Gmünd (etwa 350 Beschäftigte) 49 Millionen Mark Umsatz erzielt. Ausländische Gesellschaften mit Mehrheits- beziehungsweise Minderheitsbeteiligung der Weleda AG bestehen in: Frankreich, Großbritannien, Niederlande, Österreich, Italien. Die Produktion umfaßt zwei Bereiche: Arzneimittel, die über Apotheken vertrieben werden und etwa 50 Prozent des Gesamtumsatzes ausmachen (das wichtigste Produkt ist zur Zeit «Iscador», ein Mistelpräparat zur Krebsbehandlung). Die andere Hälfte des Umsatzes entfällt auf naturkosmetische Produkte, die über Apotheken, Drogerien, Reformhäuser und über ausgesuchte Bio-Läden vertrieben werden. Die Grundlagenarbeit hat das Forschungsinstitut Hiscia übernommen. Ein großer Teil der Rohstoffe wird bei Schwäbisch Gmünd auf etwa 10 Hektar Land biologisch-dynamisch angebaut.

Wala GmbH
7325 Eckwälden/Bad Boll, Tel. (07164) 2071, 2073.

Der Name WALA steht für eine spezielle Herstellungsmethode: **Wä**rme-**A**sche- und **L**icht-**A**sche-Verfahren. Das Unternehmen hatte 1983 etwa 175 Beschäftigte und einen Jahresumsatz von rund 17 Millionen Mark. Es ist spezialisiert auf die Herstellung von Arzneimitteln ohne Alkohol. Bei der Herstellung von WALA-Grundsubstanzen aus Heilpflanzen wird nach einem rhythmischen Prozeß vorgegangen: Erwärmen-Abkühlen, Belichten-Abdunkeln. Elixiere und diätetische Erzeugnisse werden mit folgenden Pflanzen zubereitet: Schlehen, Weißdorn, Hagebutten, Holunderblüten, Ebereschen, Birkenblätter, Enzian, Wermut, Ingwer, Aprikosen, Quitten, Rosenblüten. Salben haben als Grundlage zum größten Teil Wollfett. Öle basieren in der Hauptsache auf Oliven- oder Erdnußöl. Rund 60 Prozent der Produkte sind Arzneimittel, 40 Prozent Kosmetika und diätetische Erzeugnisse.

Anschriften von weiteren anthroposophisch-medizinischen Einrichtungen

Augenklinik Dr. Schad, Schönleinstraße 11, 7000 Stuttgart, Tel. (0711) 24 56 79

Sanatorien:

Sanatorium für dynamische Therapie «Studenhof», 7821 Dachsberg-Urberg, Tel. St. Blasien (07672) 739

Sanatorium Sonneneck, Kanderner Straße 18, 7847 Badenweiler, Tel. (07632) 5081

Sanatorium Schloß Hamborn, 4791 Borchen 3, Tel. (05251) 3 80 91

Sanatorium für Allgemeinmedizin «Haus am Stalten», 7853 Steinen-Endenburg, Tel. (07629) 471

Diät- und Kneipp-Sanatorium Dr. Felbermayer, A-6793 Gaschurn/Montafon, Vorarlberg, Tel. (05558) 6170

Kurheime:

Haus Raphael, Rosenburgweg 22, 5300 Bonn 1, Tel. (0228) 23 35 57

Casa Andrea Cristoforo, CH-6612 Ascona-Collina, Tel. (093) 35 18 41

Öffentliche Krankenhäuser und Belegabteilungen, in denen auf der Grundlage der anthroposophischen Medizin gearbeitet wird:

Kreiskrankenhaus Heidenheim, Homöotherapeutische Abteilung, Schloßhausstraße 100, 7920 Heidenheim, Tel. (07321) 34 95 23

Deutsches Rotes Kreuz- und Freimaurer-Krankenhaus Hamburg-Rissen Gemeinnützige Gesellschaft mbH, 1. Innere Abteilung, Suurheid 20, 2000 Hamburg 56, Tel. (040) 8 18 15 64

Merian-Iselin-Spital, Föhrenstraße 2, CH-4054 Basel, Tel. (061) 44 00 81

Klinik Siloah, Chirurgie, Worbstraße 316, CH-3073 Gümlingen, Tel. (031) 52 36 52

Landwirtschaft

Forschungsring für biologisch-dynamische Wirtschaftsweise
Gemeinnütziger e.V., Baumschulenweg 11, 6100 Darmstadt, Tel.
(06155) 26 74.
Geschäftsführer: Jan van Ledebur

Der Forschungsring geht zurück auf den 1924 entstandenen «Versuchsring anthroposophischer Landwirte», der später in «Versuchsring für biologisch-dynamische Wirtschaftsweise» umbenannt wurde. Während der nationalsozialistischen Ära konnte der «Versuchsring» im Gegensatz zu anderen anthroposophischen Einrichtungen nahezu ungehindert arbeiten und setzte 1946 als «Forschungsring» seine Arbeit fort.

Die Vereinigung untersucht Probleme der Bodenfruchtbarkeit, des Pflanzenbaus, der Tierzucht und der Ernährung, berät Bauern, Gärtner und Kleingärtner bei der Anwendung der biologisch-dynamischen Wirtschaftsweise und führt Kurse sowie Tagungen durch. Der Forschungsring hat sich zum Ziel gesetzt, Nahrungsmittel hoher Qualität umweltschonend zu erzeugen, unter Einsparung von Fremdenergie und seltenen Rohstoffen. Mineraldünger, Pflanzenschutzmittel, Wachstumsregler, Beifuttermittel und Tierheilmittel aus der chemischen Industrie sollen dabei möglichst nicht verwendet werden. Der Forschungsring und das mit ihm verbundene «Institut für biologisch-dynamische Forschung e.V.» halten Kontakt zu anderen Gruppen, die ökologischen Landbau betreiben, aber auch zu Einrichtungen der konventionellen Landwirtschaft. Ferner bietet der Forschungsring Einführungskurse und Weiterbildungsseminare an.

Die Produkte der biologisch-dynamischen Farmen kommen unter den Marken «Demeter» und «Biodyn» in den Handel.

Demeter-Bund e.V.
Wellingerstraße 24, 7000 Stuttgart 75, Tel. (0711) 47 51 89

Die erste Verwertungsgenossenschaft Demeter wurde 1928 mit Sitz in Bad Saarow/Mark Brandenburg gegründet. Sie vertrieb Produkte der Mitglieder des «Versuchsringes anthroposophischer Landwirte». 1930 wurde die Genossenschaft aufgelöst und der Demeter-Wirtschaftsbund gegründet. 1941 wurde die Organisation durch die Nationalsozialisten verboten.

Der Demeter-Bund in seiner jetzigen Form wurde 1954 neu gegründet. Das Warenzeichen Demeter selbst wird seit Ende der zwanziger Jahre zur Kennzeichnung von Nahrungsmitteln aus biologisch-dynamischem Anbau verwendet. Nach dem Kriege wurde das Zeichen vom

Forschungsring für biologisch-dynamische Wirtschaftsweise übernommen und dem Demeter-Bund als Treuhand-Organisation übertragen. Im Endverkaufspreis der Demeter-Lebensmittel ist ein Betrag enthalten, der zur Förderung und Finanzierung der Aufgaben des Bundes dient. Anfang Februar 1984 stand der Demeter-Bund im Vertragsverhältnis mit 570 Landwirten und Gärtnern, 21 Großhändlern, 16 Mühlen, 55 Bäckereien und 28 weiteren Verarbeitungsbetrieben. In über 2000 Reformhäusern sowie 700 Obst- und Gemüseläden werden Demeter-Produkte angeboten. Interessenten schickt der Demeter-Bund Verkaufsstellenverzeichnisse und Prospekte. Ferner erscheinen zweimal jährlich die Demeter-Blätter und zweimonatlich ein Rundbrief («Demeter-Mitteilungen»).

Arbeitskreis für Ernährungsforschung e.V.
Zwerweg 19, 7263 Bad Liebenzell-Unterlengenhardt, Tel. (0 70 52) 717
Geschäftsführer: Karl Heinz Scherer

Der Arbeitskreis wurde 1970 durch den Arzt Udo Renzenbrink als gemeinnütziger Verein gegründet. Er fördert insbesondere die Getreideernährung und bemüht sich, Gemüse und Früchte aus biologisch-dynamischem Anbau so zu verarbeiten, daß ihre Nährwerte weitgehend erhalten bleiben. In Unterlengenhardt hat er ein Institut mit einer Lehrküche und einem Labor eingerichtet. Hier werden Hausfrauen und ausgebildete Köche in Kurzlehrgängen in die Getreideküche eingeführt. Der Verein führt auch an anderen Orten Seminare und Kochkurse zur Vollwertkost auf Getreidegrundlage durch. Zusätzlich hat der Verein einen Beratungsdienst für Krankheitsdiät eingerichtet. Viermal jährlich erscheint der «Ernährungsrundbrief» des Arbeitskreises.

Landwirtschaftsgemeinschaften
Zentrale Auskunftsstelle:
Agentur für geisteswissenschaftliche Arbeit c/o Ingeborg Diederich, Oskar-Hoffmann-Straße 25, 4630 Bochum, Tel. (0234) 3 76 53

Zahlreiche Landwirte, die biologisch-dynamisch wirtschaften, haben zusammen mit der GLS-Bank sogenannte «Landwirtschaftsgemeinschaften» begründet. Dabei bietet die Bank Interessenten den Erwerb einer – auf Wunsch grundbuchmäßig abgesicherten – Beteiligung an bestehenden landwirtschaftlichen Betrieben an. Der Erwerber und die auf dem Hof Tätigen bilden als «Verantwortungsberechtigte» eine Landwirtschaftsgemeinschaft in Form einer Gesellschaft bürgerlichen Rechts. Jeder Verantwortungsberechtigte zahlt eine unkündbare Einlage von rund 3000 Mark, zeichnet einen 200-Mark-Anteil an der GLS und übernimmt gegenüber der Bank eine einmalige Bürgschaft von 2500 Mark. Damit finanziert die Bank die Produktion des Hofes so lange vor, bis die eingehenden Erlöse den Kredit wieder abdecken.

Darüber hinaus sollen die Erlöse (ohne Getreide) die Sachkosten und die privaten Entnahmen der auf dem Hof lebenden Personen decken.

Holle-Nährmittel AG
Untertalweg 50, CH-4144 Arlesheim, Tel. (061) 72 30 72

Das Unternehmen wurde 1933 von dem Arzt Albert Diefenbach gegründet und stellt Nährmittel auf Getreidebasis her. Zur Zeit werden 45 Personen beschäftigt. Die Produktliste umfaßt Säuglings- und Kindernahrung, Vollkorn-Getreidenahrung, Holle-Brote. Die Ausgangsprodukte sind Weizen, Roggen, Hafer, Gerste, Reis, Hirse. Das Gebäck (Zwieback, Feingebäck, Brote) wird ohne Trieb- und Backhilfsmittel und ohne Konservierungsmittel hergestellt, wie auch die übrigen Erzeugnisse der Holle AG. Der Vertrieb erfolgt über die vom Demeter-Bund belieferten Reformhäuser und Naturkostläden, mit Ausnahme der Holle-Brote, die nur in der Schweiz verkauft werden.

Literaturhinweise

Anthroposopie allgemein

Becker, Kurt E. und Hans-Peter Schreiner (Hg.): Anthroposopie heute, Fischer Taschenbuch Verlag, Frankfurt a. M. 1984

Huber, Joseph: Astral – Marx. Über Anthroposopie, einen gewissen Marxismus und andere Alternatiefen, in: Kursbuch 55, 1979, S. 139-161

Lindenau, Christof: Soziale Dreigliederung. Der Weg zu einer lernenden Gesellschaft. Ein Entwurf zum anthroposophischen Sozialimpuls, Verlag Freies Geistesleben, Stuttgart 1983

Wehr, Gerhard: Der innere Weg. Anthroposophische Erkenntnis, geistige Orientierung und meditative Praxis, Rowohlt Verlag, Reinbek 1983

„Perspektiven der Anthroposophie", Reihe im Fischer Taschenbuch Verlag, Frankfurt a. M. 1981 ff. (bis April 1984 sind 38 Titel erschienen, meist Lizenzausgaben anthroposophischer Verlage)

Rudolf Steiner und sein Werk

Becker, Kurt E. und Hans-Peter Schreiner (Hg.): Rudolf Steiner – Praktizierte Anthroposophie. Beiträge für ein humaneres Leben, Fischer Taschenbuch Verlag, Frankfurt a. M. 1983

Hemleben, Johannes: Rudolf Steiner in Selbstzeugnissen und Bilddokumenten, Rowohlt Taschenbuch Verlag, Reinbek 1963

Wehr, Gerhard: Rudolf Steiner. Wirklichkeit, Erkenntnis und Kulturimpuls, Aurum Verlag, Freiburg i. Br. 1982

Kugler, Walter: Rudolf Steiner und die Anthroposophie, Du Mont Buchverlag, Köln 1980

Waldorfpädagogik

Bai, Sönke, Wilhelm Ernst Barkhoff, Michael Bockemühl u. a.: Die Rudolf Steiner Schule Ruhrgebiet: Leben, lehren, lernen in einer Waldorfschule. Eine freie Schule sieht sich selbst, Rowohlt Taschenbuch Verlag, Reinbek 1976

Carlgren, Frans: Erziehung und Freiheit. Die Pädagogik Rudolf Steiners, Fischer Taschenbuch Verlag, Frankfurt a. M. 1981

Jaenicke, Hans-Friedbert: Heilpädagogische Schulen auf anthroposophischer Grundlage, in: Arbeitsgemeinschaft Freier Schulen (Hg.): Handbuch Freier Schulen, Rowohlt Taschenbuch Verlag, Reinbek 1984

Kranich, Ernst-Michael: Die Freien Waldorfschulen, in: Arbeitsgemeinschaft Freier Schulen (Hg.): Handbuch Freie Schulen, Rowohlt Taschenbuch Verlag, Reinbek 1984

Kügelgen, Helmut von (Hg.): Plan und Praxis des Waldorfkindergartens. Beiträge zur Erziehung des Kindes im ersten Jahrsiebt, 8. erweiterte und überarbeitete Auflage, Verlag Freies Geistesleben, Stuttgart 1983

Leber, Stefan: Die Sozialgestalt der Waldorfschule. Ein Beitrag zu den sozialwissenschaftlichen Anschauungen Rudolf Steiners, Fischer Taschenbuch Verlag, Frankfurt a. M. 1984

Leschinsky, Achim: Waldorfschulen im Nationalsozialismus, in: Neue Sammlung – Zeitschrift für Erziehung und Gesellschaft 23 (1983), S. 255-278

Lindenberg, Christoph: Waldorfschulen: Angstfrei lernen, selbstbewußt handeln. Praxis eines verkannten Schulmodells, Rowohlt Taschenbuch Verlag, Reinbek 1975

Lindenberg, Christoph: Die Lebensbedingungen des Erziehens. Von Waldorfschulen lernen, Rowohlt Taschenbuch Verlag, Reinbek 1981

Rist, Georg und Peter Schneider: Die Hiberniaschule. Von der Lehrwerkstatt zur Gesamtschule: eine Waldorfschule integriert berufliches und allgemeines Lernen, Rowohlt Taschenbuch Verlag, Reinbek 1977

Schneider, Peter: Einführung in die Waldorfpädagogik, Verlag Klett-Cotta, Stuttgart 1982

Wirtschaft

Löbl, Eugen: Wirtschaft am Wendepunkt. Wegweiser in eine soziale Zukunft ohne Inflation und Arbeitslosigkeit, Achberger Verlag/Europäische Verlagsanstalt, Achberg/Köln 1975

Schmundt, Wilhelm: Zeitgemäße Wirtschaftsgesetze. Über die Rechtsgrundlagen einer nach-kapitalistischen freien Unternehmensordnung – Entwurf einer Einführung, 2. erweiterte Auflage, Achberger Verlag, Achberg 1980

Schweppenhäuser, Hans Georg: Das kranke Geld. Vorschläge für eine soziale Geldordnung von morgen, Fischer Taschenbuch Verlag, Frankfurt a. M. 1982

Wissenschaft

Kiene, Helmut: Essentiale Wissenschaftstheorie. Grundlinien und Rahmenbedingungen für die Entwicklung der essentialen Wissenschaft. Die Erkenntnistheorie von Rudolf Steiner im Spannungsfeld der modernen Wissenschaftstheorien, Verlag Urachhaus, Stuttgart 1983

Medizin

Kienle, Gerhard (Hg.): Was bedeutet die Anthroposophie für die Medizin? in: Zeitschrift für Allgemeinmedizin 57 (1981), Heft 5 (Themenheft zur anthroposophisch orientierten Medizin)

Kienle, Gerhard und Rainer Burkhardt: Der Wirksamkeitsnachweis für Arzneimittel. Analyse einer Illusion, Verlag Urachhaus, Stuttgart 1983

Landwirtschaft

Heynitz, Krafft von und Georg Merckens: Das biologische Gartenbuch, Ulmer Verlag, Stuttgart 1980

Koepf, Herbert H., Bo Petterson und Wolfgang Schaumann: Biologisch-dynamische Landwirtschaft, Ulmer Verlag, Stuttgart 1980

Pfeiffer, Ehrenfried und Erika Riese: Der erfreuliche Pflanzgarten. Anleitung zur Gartenpflege nach der biologisch-dynamischen Wirtschaftsweise, Fischer Taschenbuch Verlag, Frankfurt a. M. 1982

Schaumann, Wolfgang: Zum Begriff der Alternative im Landbau am Beispiel von Düngung und Pflanzenqualität, Landwirtschaftliche Forschung, Sonderheft 35, 1978

Wistinghausen, Almar von: Erinnerungen an den Anfang der Biologisch-Dynamischen Wirtschaftsweise. Vom landwirtschaftlichen Auftrag Rudolf Steiners und von seinen Schülern, Verlag Lebendige Erde, Darmstadt 1982

Heinze, Hans: Lebendige Landwirtschaft durch Naturerleben und Naturverstehen, Verlag Lebendige Erde, Darmstadt 1980.

Zeitschriften

Beiträge zu einer Erweiterung der Heilkunst nach geisteswissenschaftlichen Erkenntnissen. Zweimonatsschrift, hrsg. von der Medizinischen

Sektion der Freien Hochschule für Geisteswissenschaft. Redaktion: Gisbert Husemann. Verlag: Gesellschaft Anthroposophischer Ärzte, Trossinger Straße 53, 7000 Stuttgart 75, Tel. (0711) 47 15 01

die Drei – Zeitschrift für Wissenschaft, Kunst und soziales Leben. Monatsschrift, hrsg. von der Anthroposophischen Gesellschaft in Deutschland. Redaktion: Hermann Schütz. Verlag: Freies Geistesleben, Haußmannstraße 76, 7000 Stuttgart 1, Tel. (0711) 28 32 55.

Erziehungskunst – Monatsschrift zur Pädagogik Rudolf Steiners, hrsg. vom Bund der Freien Waldorfschulen. Redaktion: Manfred Leist, Justus Wittich. Verlag: Freies Geistesleben, Haußmannstraße 76, 7000 Stuttgart 1, Tel. (0711) 28 32 55

Gegenwart. Zweimonatsschrift für Freies Geistesleben und Soziale Dreigliederung, hrsg. von Kurt Brotbeck u. a. Redaktion: Kurt Brotbeck. Verlag: Rudolf Saurer, Kirchbühlweg 44, CH-3007 Bern, Tel. (031) 45 71 49

Das Goetheanum – Wochenschrift für Anthroposophie, hrsg. von Friedrich Hiebel. Redaktion: Martin Barkhoff, Manfred Krüger. Verlag: Goetheanum, CH-4143 Dornach, Tel. (061) 72 42 42

Info 3 – Sozialberichte aus der anthroposophischen Arbeit. Monatsschrift, hrsg. von Ramon Brüll. Redaktion: Ramon Brüll. Verlag: Info 3, Alt-Nierursel 49, 6000 Frankfurt 50, Tel. (0611) 58 46 47

Die Kommenden. Ein unabhängiges Monatsmagazin mit dem Mut zu neuen Gedanken. Monatsschrift, hrsg. von F. Herbert Hillringhaus. Redaktion: F. Herbert Hillringhaus. Verlag: Die Kommenden, Am Kirchhofplatz 14, CH-8201 Schaffhausen, Tel. (053) 5 87 64

Lebendige Erde. Zweimonatsschrift, hrsg. vom Forschungsring für Biologisch-Dynamische Wirtschaftsweise. Redaktion: Forschungsring für Biologisch-Dynamische Wirtschaftsweise. Verlag: Lebendige Erde, Baumschulenweg 11, 6100 Darmstadt, Tel. (06155) 26 73/74

Mitteilungen aus der Anthroposophischen Arbeit in Deutschland. Vierteljahresschrift, hrsg. von der Anthroposophischen Gesellschaft in Deutschland. Redaktion: Erika Beltle, Kurt Vierl. Verlag: Anthroposophische Gesellschaft in Deutschland, Zur Uhlandshöhe 10, 7000 Stuttgart 1, Tel. (0711) 68 49 67

Stil – Goetheanistisches Bilden und Bauen. Vierteljahresschrift, hrsg. von Wilhelm Oberhuber. Redaktion: Wilhelm Oberhuber. Verlag: Bilden und Bauen, Inselstraße 8, 7815 Kirchzarten, Tel. (07661) 6 15 55

«Bleibt zu hoffen, daß alle die Amtsträger, die in Ministerien und Behörden die Genehmigungen für die Luftverschmutzung erteilen, das SPIEGEL-Buch nicht nur lesen, sondern auch begreifen. Denn die Beeinträchtigung der Gesundheit von Kleinkindern ist eine Form von Schwerstkriminalität, für die harte Strafen gelten müßten.» *Bundesverband Bürgerinitiativen*

SPIEGEL-BUCH   316 Seiten/DM 20,–

SPIEGEL-BUCH

SPIEGEL-BUCH

SPIEGEL-BUCH

SPIEGEL-BUCH